Theory and Practice of
Tax Planning

税务筹划理论与实务

法商融合的视角

黄胜忠　葛　静◎主编

知识产权出版社
全国百佳图书出版单位
—北京—

图书在版编目（CIP）数据

税务筹划理论与实务：法商融合的视角 / 黄胜忠，葛静主编．—北京：知识产权出版社，2020.6

（西南政法大学法商融合丛书 / 黄胜忠总主编）

ISBN 978-7-5130-7252-6

Ⅰ.①税… Ⅱ.①黄… ②葛… Ⅲ.①企业管理—税收筹划 Ⅳ.①F810.423

中国版本图书馆 CIP 数据核字（2020）第 205704 号

责任编辑： 雷春丽　　**责任校对：** 谷　洋

封面设计： 张新勇　　**责任印制：** 孙婷婷

西南政法大学法商融合丛书

税务筹划理论与实务

——法商融合的视角

黄胜忠　葛　静　主编

出版发行： 知识产权出版社有限责任公司　　**网　　址：** http://www.ipph.cn

社　　址： 北京市海淀区气象路 50 号院　　**邮　　编：** 100081

责编电话： 010-82000860 转 8004　　**责编邮箱：** leichunli@cnipr.com

发行电话： 010-82000860 转 8101/8102　　**发行传真：** 010-82000893/82005070/82000270

印　　刷： 北京九州迅驰传媒文化有限公司　　**经　　销：** 各大网上书店、新华书店及相关专业书店

开　　本： 720mm×1000mm　1/16　　**印　　张：** 18

版　　次： 2020 年 6 月第 1 版　　**印　　次：** 2020 年 6 月第 1 次印刷

字　　数： 280 千字　　**定　　价：** 88.00 元

ISBN 978-7-5130-7252-6

序　言

PREFACE

市场经济乃法治经济。诺贝尔经济学奖得主斯蒂格勒教授曾指出，“法律如同其他社会制度，在经济学家的视野中，是社会生活组织的工具”①。伴随经济全球化进程的深入，以及市场经济体制的日益完善，中国企业面临着更加广阔的市场机遇和更加严峻的竞争环境，不仅需要按照市场规律实施商业行为，而且亟须依据法律规则规范商业行为。在当下的市场经济社会，任何商业行为都必须在合法范围下展开；而法律本身也在深深地影响并保护着正当的商业行为。中兴通讯高额罚款、万科股权之争、安邦被接管、獐子岛扇贝“逃跑”、王老吉与加多宝包装纠纷等大量商业事件说明：企业正面临着前所未有的挑战，需要从“法”与“商”融合的角度提升企业经营管理水平，从而有效规避市场和法律的双重风险。这也是需要认真解决的重大课题。

在过去四十多年改革进程中，按照社会主义市场经济体制的要求，我国基本建立起了规范和调整市场经济运行的法律体系。中国企业也接受和遵行了依法治企、合规经营的理念，并在预防、控制市场风险、妥当解决法律问题方面发挥了积极作用。法律与商业的融合首先体现在思维上。专业的分工属于工业化时代的产物，为了提高效率，必须要适应规模效应，讲求分工，并且分工越细效率越高。但从实际商业运作的逻辑来讲，法离不开商、商也离不开法，两者其实天然地融合在一起。因此，在实际的经营管理中越来越需要法律和商业的深度融合。“法”“商”融合至少涉及以下领域：第一，在企

---

① Stigler G. J. Law or Economics［J］. Journal of Law & Economics，1992，35（2）：455 –468.

业内部，法务、合规、风控、监察、审计等是与大风控、大监管息息相关的领域，都能反映出“法”“商”融合的鲜明特色；第二，在企业外部，律师事务所、会计师事务所、税务师事务所等机构，越来越需要提供“法”“商”融合的服务，才能够使服务更加全面、更加深入；第三，个体层面，在网络时代、共享时代，个体逐步崛起，逐渐被激活。无论是创业，还是从事管理工作，个人不仅要懂得如何从事商业活动，还要懂得规则的运行，遵守法律的规定。既然融合是必然的，就特别需要在法律和商业不同的知识体系、能力架构以及应用方面进行深层次的结合。通过一系列的融合安排，无论是商业操作，还是应对外部环境的变化，都要找到更加均衡的点，才能使得企业行稳致远，让个体更加安全可靠。通过对“法”“商”融合环境的辨识、主体行为的观察以及制度安排和均衡的分析，可以发现深度推进“法”“商”融合无论是对个体和还是企业以及服务机构都能够取得非常好的绩效。

作为指导管理实践的理论学科——管理学，其发展应当遵循问题导向，即应该适应社会经济生活对管理提出的新要求，因此，管理离不开特定的时空条件。通过不断推进和完善管理学理论，确保管理学与不同学科的交叉和融合。虽然管理学与法学均有自己特定的发展轨迹，但是纵观管理理论的发展历程，企业在管理实践中业已运用法律和管理的方法，“企业与法律被假定存在，而其本身并不是研究的主题。于是，人们几乎忽视了在决定由企业和市场进行各种活动时，法律所起的重要作用”①。科斯曾在 1937 年提出企业契约理论，隶属于权威关系的法律规范乃配置企业资源的有效方式。从某种意义上讲，企业契约理论成为构建“法”“商”融合理论的出发点。“法”“商”融合理论的提出，正是从“法”与“商”的结合上提供了动态、直接地认识现行法治与现实经济的新型关系的有效途径。“法”“商”融合理论作为一种客观存在，是对现实中法律与管理结合现象的概括、提炼与升华，其综合了管理学、法学等相关知识，是对企业商业行为进行计划、组织、管理和控制的理论和方法。“商”泛指企业的商业行为，也可被解读为商事活动，

---

① Coase R. H. The Firm, the Market and the Law [M]. Chicago: University of Chicago Press, 1988: 5.

“法”主要指与商业行为、商事活动相关的法律法规的集合。“法”“商”融合强调从商业规则和法律规则两个方面规避企业经营风险和法律风险，这是对传统管理理论与方法的拓展与创新。

“法”“商”融合的深入推进，无论是对法学教育，还是对商科教育都是大有裨益的。“法”“商”融合更有助于打造富有竞争力的学科专业。西南政法大学商学院，前身是1985年建立的司法行政管理系。作为在传统政法院校中发展起来的专门从事商科教育与研究的学院，商学院基于学校法学优势学科以及错位发展的考量，自2004年以来一直秉承“法商融合”的特色定位，在师资队伍、人才培养、科学研究、社会服务等领域采取了系列举措，例如，我院在工商管理、审计学本科专业分别设置“卓越法商人才实验班”“监察审计实验班”，在工商管理一级学科硕士点下设立法务管理学二级学科，依托法学一级学科设立审计与法治博士点培育学科。搭建扎实的科研团队和研究平台，积极探索审计与法治、司法会计、合规管理、劳动关系管理、知识产权管理、税务筹划等商科与法学交叉领域的发展，促使我院在科研项目申报、学术成果发表、学术交流等方面取得了长足的进步。为了更好地促进“法”“商”融合研究与交流，推动“法”“商”实践深入发展，我们将前期积累形成的成果逐步结集出版，以期能有更多的理论研究者与实务从业者关注该领域。当然，由于知识的局限和掌握资料的有限性，成果在深度和广度方面还有待进一步提升，期望大家给予真诚的批评指正。

黄胜忠

西南政法大学商学院院长

2019年10月于重庆

目 录

CONTENTS

第一章 税务筹划概论

本章概述

税务筹划是基于“理性经济人”的假设，以税收法定主义和私法自治原则为合法性基石，由纳税人或者委托代理组织在纳税行为发生前，在不违反法律的前提下，通过对纳税人的经营活动或投资行为等涉税事项作出事先安排，以达到少缴税或递延纳税目标的一系列谋划活动。广义的税务筹划包括节税筹划、避税筹划、税负转嫁和降低税收风险。狭义的税务筹划通常仅包括节税筹划和避税筹划，认为税负转嫁属于定价策略，将降低税收风险纳入企业的合规管理。本书对税务筹划的理解偏重于广义的税务筹划。税务筹划的方法主要包括纳税人身份筹划法、税额筹划法、税基筹划法、税率筹划法。税务筹划是一项融合法律、管理、财税于一体的技术性、政策性很强的活动，属于跨学科的战略管理行为，当前的研究侧重于有效税务筹划理论、税务筹划的风险管理、利益相关者筹划研究等。

第一节 税务筹划概述

税收，自古以来对于民众皆为负担。在“溥天之下，莫非王土；率土之滨，莫非王臣”① 的君主制社会里，税收是百姓对君主或国王的捐献；在现代社会里，基于契约论和交换学说的观点，税收是居民购买社会公共服务的对价。无论是捐献还是支付的对价，当然是越少越好。孟子曾言：“市，廛而不征，法而不廛，则天下之商皆悦，而愿藏于其市矣。关，讥而不征，则天下之旅皆悦，而愿出于其路矣。耕者，助而不税，则天下之农皆悦，而愿耕于其野矣。”② 可见，在两千多年前的春秋时期，商户、旅人和农民都以无税而市，无税而出，无税而耕。在中世纪的欧洲，房产税的形式是“窗户税”，通过按照窗户数量征税来降低征收成本，实现税收的相对公平。对于居民而言，为了少交税不惜把门做大而减少窗户的数量。法国作家雨果在《悲惨世界》里就曾提到法国人民的房子很多只有一个门两扇窗户，甚至穷人的房子只有门没有窗户。被称为“经济学之父”的英国古典经济学家亚当·斯密提出了“经济人”假设③，每一个从事经济活动的人所采取的经济行为都是力图以自己最小经济代价去获得最大的经济利益，只有这样的人才是“合乎理性的人”；否则，就是非理性的。如何减少税收负担，符合“经济人”假设，是合乎理性的人的正常追求。

一、税务筹划的发展历程

（一）西方税务筹划的发展历程

税务筹划，又称税收筹划、纳税筹划④，西方学者称之为 tax planning。

---

① 《诗经·小雅》。

② 《孟子·公孙丑章句上》。孟子认为，在市场上提供储货的地方却不征税，把滞销的货物依法收购不使其积压，那么天下的商人都乐于在这样的市场做生意了；海关只稽查而不征税，那么天下的旅客都乐于在这样的地方旅行了；种庄稼只按井田制，助耕公田而不再征税，那么天下的农民都乐于在这样的土地上耕种了。

③ 经济人的概念来自亚当·斯密的《国富论》，《国富论》全称为《国民财富的性质和原因的研究》。“经济人”假设，也称“合乎理性人”假设，由亚当·斯密最早提出，此后，西尼尔定量地确立了个人经济利益最大化公理，约翰·穆勒在此基础上总结出“经济人假设”，最后，帕累托将“经济人”这个专有名词引入经济学。“经济人”假设成为西方经济学的最基本的前提假设和逻辑起点。

④ 本书将其称为税务筹划，基于以下理由：一是笔者认为“税务”与“税收”“纳税”相比是更广泛的概念，税务对纳税人包括所有涉税性事务，如经营、投资、融资活动，比税收和纳税更侧重于纳税人的缴税义务。二是与会计相对应时，税务会计是指纳税人的会计核算内容，税收会计是指税务机关征解会计。

税务筹划起源于19世纪中叶的意大利，当时意大利的税务咨询业务中已经有税务筹划行为。后来在发展过程中出现了两个里程碑式的涉税诉讼案例：一是1935年英国税务局长诉温斯特大公案，英国上议院议员汤姆林爵士做了关于税务筹划的声明："任何人都有权安排自己的事业，如果依据法律这样做可以少缴税……那就不能强迫他多缴税。"二是1945—1947年美国税务委员会诉纽曼案中，美国知名法官勒尼德·汉德在陈述时有一句名言："人们安排自己的活动以达到低税负的目的，是无可指责的。每个人都可以这样做，不论他是富翁还是穷光蛋，而且这样做是完全正当的，因为他无须超过法律的规定来承担国家赋税。税收是强制课征的，而不是靠自愿捐款。以道德的名义来要求税收，不过是奢谈。"① 这两个判例不仅对英国、美国自身产生了重要影响，而且在世界范围内奠定了税收筹划的合法地位。

1959年，欧洲税务联合会在法国巴黎成立，该联合会最初由欧洲五个国家的从事税务咨询的专业团体发起成立，后来规模不断扩大，其主要业务就是为纳税人进行税务筹划。

税务筹划被正式提出是1992年美国财务会计准则：《SFAS109—所得税的会计处理》，该准则的意义在于：一是以一个经济学意义上的财务规则宣告了税务会计与财务会计的分离，二是第一次正式提出了"税务筹划战略"(Tax – Planning Strategy)，三是认为税务筹划战略与税务会计密不可分。

（二）我国税务筹划的发展历程

在我国，自20世纪八九十年代以来，随着社会主义市场经济的发展，社会对税务筹划的认识经历了从"难以接受"到"澄清观念"再到"特别重视"的三个阶段：第一个阶段（20世纪80年代初至90年代），在思想观念上存在将税务筹划等同于偷税、漏税的误区而大加批驳；第二个阶段(2000—2007年)，以《中国税务报》开辟"纳税筹划"专栏为标志，以企业所得税"两税合并"为终止，该阶段着力于澄清税务筹划的概念，划清税务筹划和偷逃税的界限，明确税务筹划是纳税人的一项正当权利；第三个阶段（2008年至今)，企业所得税"两税合并"意味着内外资企业税制的统一

---

① 唐腾翔，唐向．税收筹划［M］．北京：中国财政经济出版社，1994：14.

和税务筹划空间的扩大，通过十余年的经济发展和法治意识的提高，税务筹划已经深入人心，尤其是国家税务总局2015年发布的《关于严禁违规插手涉税中介经营活动的通知》，要求税务机关与涉税机构脱钩，涉税机构得以独立而自由竞争地发展，税务筹划行业迎来发展的春天。

二、税务筹划的概念

目前，关于税务筹划比较权威的概念主要有以下几种。

荷兰国际财税文献局（International Bureau of Fiscal Documentation，IBFD）编著的《IBFD国际税收词汇》将税务筹划定义为："税务筹划是指纳税人通过经营活动或个人事务活动的安排，实现缴纳最低的税收。"①

印度税务专家N. J. 雅萨斯威在《个人投资和税务筹划》一书中认为，税务筹划是"纳税人通过财务活动的安排，充分利用税务法规提供的包括减免在内的一切优惠，从而享受最大的税收利益"。②

美国南加州大学W. B. 梅格斯在《会计学》一书中认为，"人们合理合法地安排自己的经营活动，以缴纳最低的税收，他们适用的方法称为税务筹划"。③

目前，我国的任何一部法律中都没有税务筹划和合理避税的定义，部分学者观点如下。

天津财经大学盖地教授在其《税务筹划学》（第5版）中将税务筹划定义为：税务筹划是纳税人依据所涉及的税境，在遵守税法、尊重税法的前提下，规避涉税风险，控制或减轻税负，以有利于实现企业财务目标的谋划、对策与安排。④

中央财经大学蔡昌教授认为，税务筹划是纳税人在既定的税制框架内，通过对纳税主体的战略模式、经营活动、投资行为、理财涉税事项进行事先

---

① 荷兰国际财政文献局．国际税收辞汇［M］．国家税务局税收科研所，译．北京：中国财政经济出版社，1992：198.

② 唐腾翔，唐向．税收筹划［M］．北京：中国财政经济出版社，1994：14.

③ W. B. 梅格斯，R. F. 梅格斯．会计学：英文版［M］．北京：机械工业出版社．转引自张彤，等．如何做税务筹划［M］．大连：大连理工大学出版社，2000：7.

④ 盖地，孙莉．税务筹划学［M］．北京：中国人民大学出版社，2017：2.

规划和安排，以节约税款、递延纳税和降低税务风险为目标的一系列税务规划活动。①

中国人民大学朱青在其《企业税务筹划原理与方法》一书中认为，税务筹划的学术定义应为：纳税人在不违反法律（刑法和税法）的前提下，利用税法的差异、漏洞或不明之处，规避、减少或推迟其纳税义务的一种不违法行为。②

综上所述，税务筹划是纳税人为了达到降低税负和递延纳税的目的，在不违反法律、法规的前提下，依据不同的经济环境和税收政策，对纳税主体的投资活动、融资活动、经营活动等涉税事项作出的系统性和前瞻性的谋划安排。

三、税务筹划的内容范畴

（一）税务筹划的主体范畴

关于税务筹划的主体，早期研究阶段学者们有两种观点：一种观点是“双主体论”③，认为税务筹划的主体有两个——纳税人和征税机关，税务筹划既包括纳税人在政策法规允许范围内为降低税负进行的纳税筹划，也包括税务机关为完成税收任务而进行的征收管理筹划。另一种观点是“单主体论”④，大部分学者认为税务筹划的单一主体应为纳税人。随着税收法定主义和依法治税意识的增强，学者们的观点逐渐统一到“单主体论”，认为征税机关应依法征税，应收尽收，即便在内部管理中有税收计划管理，税务机关也不应该有税务筹划行为，税务机关的税务筹划本质上违反了税收法定原则。因此，税务筹划的主体应为纳税人或者纳税人委托的涉税服务机构。

（二）税务筹划的行为范畴

对于纳税人的税务筹划行为范畴，学者们的观点也不尽统一，很多财税

---

① 蔡昌，等．税收筹划理论、实务与案例［M］．北京：中国人民大学出版社，2018：6.

② 朱青．企业税务筹划原理与方法［M］．北京：中国人民大学出版社，2017：5.

③ “双主体论”见于张中秀（2001）、艾华（2006）、谈多娇（2004）等人著作，这种观点下纳税筹划和税收筹划应具有不同含义。

④ 即便是涉税服务机构所作的税务筹划，也是接受纳税人委托所提供的税务筹划服务业务。

法学者倾向于更狭窄的范畴，认为税务筹划应限于纳税人的节税，避税不符合税法的立法原则不应该提倡。大部分税务筹划学者如盖地以“理性经济人”假设为基础，认为避税是纳税人的合理选择，税务筹划至少应包括节税和避税两种行为①，蔡昌、张中秀、梁文涛则把税务筹划的范畴扩大到节税、避税、税负转嫁和降低税收风险。② 因此，税务筹划目前最广义的范畴应如图 1－1 所示，包括四个方面的内容：节税筹划、避税筹划、税负转嫁和降低税收风险。

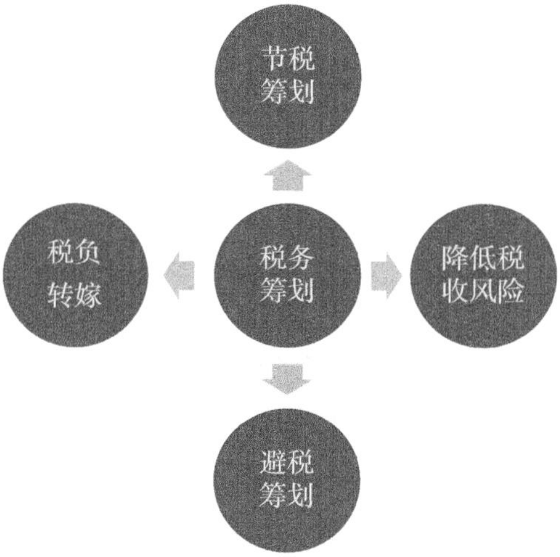

图 1－1　税务筹划广义范畴

1. 节税筹划

节税筹划是指纳税人在国家法律和税收法规许可并鼓励的范围内，利用税法所赋予的税收优惠政策，对纳税人的涉税事项进行筹划和安排。

常见的节税筹划，例如，增值税中利用小规模纳税人起征点的筹划、安置就业人员的增值税退税政策，企业所得税中利用西部大开发、高新技术企业的优惠税率的筹划，小型微利企业普惠性税收优惠政策的筹划，利用研发

① 盖地，孙莉．税务筹划学［M］．北京：中国人民大学出版社，2017：3.

② 蔡昌．税收筹划：理论、实务与案例［M］．第 2 版，北京：中国人民大学出版社，2018. 张中秀．纳税筹划教程［M］．北京：中国人民大学出版社，2011. 梁文涛，苏杉．纳税筹划［M］．第 4 版，北京：中国人民大学出版社，2019.

费用、残疾人工资加计扣除的筹划，利用鼓励安全生产、节能节水设备投资等税收优惠政策进行的税务筹划。

节税筹划符合国家的立法意图，政府通过税收优惠政策的发布期望达到调整产业结构调整、促进科技研发、鼓励绿色环保等政策目标，这些目标的实现除了需要税务机关的大力宣传之外，更重要的是纳税人知晓了如何运用税收优惠政策。因此，纳税人的节税筹划，一方面符合纳税人作为“经济人”的理性目标，能实现减少应纳税款的目的；另一方面符合国家的产业政策和立法意图，客观上能够间接促进国家产业结构调整、科技研发、绿色环保节能目标的实现，从而达到纳税人和政府“双赢”的结果，如图1－2所示。

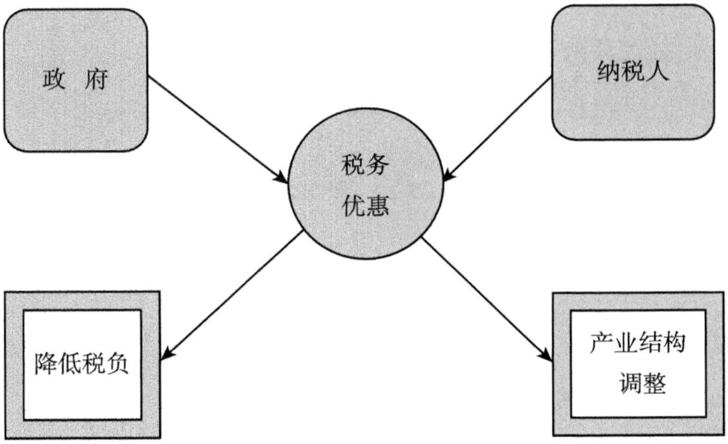

图1－2　节税筹划的“双赢”原理

2. 避税筹划

（1）避税的概念

关于避税，主要有以下两种代表性观点。

一种观点认为避税指个人或企业通过精心安排，利用税法的漏洞、特例或其他不足之处来钻空取巧，以达到少缴税的目的，通常略带贬义，尤其是部分法学者甚至认为避税不是税务筹划。因为法律中常有规定性条款，用于防范或遏制各类法律所不允许的避税行为，通常称之为“反避税条款”，税务部门从征税机关角度设立了反避税机构，以加强国际反避税的力度。

另一种观点认为避税不是非法的，它虽然是利用法律漏洞对自己所得与扣除进行谋划和设计，从而达到规避、降低或延迟纳税义务的一种方法，但建立在与交易相关的、公开的相关事实基础上，[①] 通过筹划中的交易以便得到一种特殊待遇，而并非虚构交易事实，因此避税是合法的，应该予以鼓励，或至少是不违法的，不应该予以谴责和处罚。英国经济学家西蒙·詹姆斯在其《税收经济学》中指出："会计师们把避税称为税务筹划，以强调这种行为的合法性。"[②]

本书认为避税筹划是指，企业利用法律的漏洞、空白或缺陷，对各种涉税事项进行策划或安排，通过规避税收来实现企业价值最大化。避税筹划虽然没有违反法律但却有悖于立法意图，因此相比节税筹划具有更大的法律风险，有可能会被税务机关反避税而导致筹划的失败。但在纳税人避税与税务机关反避税的博弈过程中，客观上能够促进税法更趋完善，如图1－3所示。

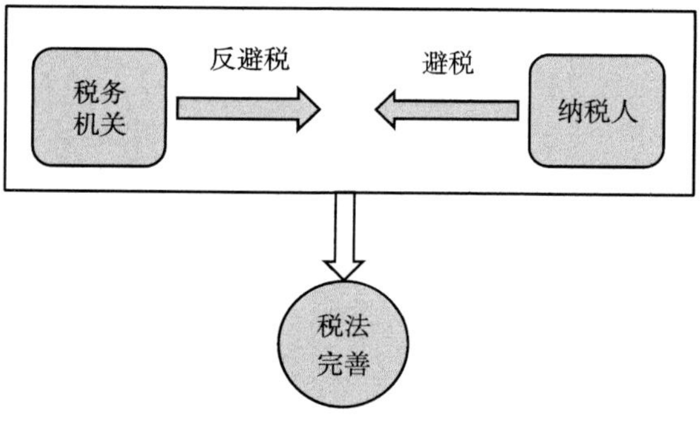

图1－3　避税筹划的作用机理

（2）避税的意义

①避税是历史发展的产物，客观上促进税收法制的完善。如果我们探究避税的源头，其实是纳税人最初为了抵抗政府沉重的税收负担，为了维护自身的生存而采取的各种偷逃税、抗税等暴力行为而受到政府的严厉制裁之后，

① 凯文·E. 墨菲，马克·希金斯．美国联邦税制［M］．解学智，等，译．大连：东北财经大学出版社，2001：35.

② 西蒙·詹姆斯，克里斯托弗·诺布斯．税收经济学［M］．罗晓林，马国贤，译．北京：中国财政经济出版社，1988.

为了寻求更有效、更安全的方法的选择。与其偷逃税、抗税遭到严厉的法律制裁，企业和个人名誉信用沦丧，不如巧妙地利用法律的空白、条文之间的互相矛盾、文字表述的含混不清，以及不同国家之间税法的不同，轻松顺利地规避纳税义务而又不触犯法律。当越来越多的人发现税法漏洞和瑕疵而规避税收义务时，必将引起税务部门的注意，从而堵塞漏洞，完善法律，这种“避”与“堵”，加快了税收法治建设，促使税制不断健全和税收征管水平不断提高，有助于社会进步和发展。

②避税是市场经济的产物，是人性趋利避害的本能。如果我们探究避税的动因，从经济理性的角度出发，纳税人总是希望税收负担减轻或避免，从而使自己拥有更多的资金用于消费、生产和投资，因此税收规避是不可避免的，它是市场经济的产物，是人性趋利避害的本能，是早已存在、必将存在且会继续存在的经济行为和社会现象。

③避税是对“法不禁止即可行”的现代法治原则的贯彻。如果我们探究避税的法律依据，避税作为纳税人对税法的规避行为，遵循的是“法不禁止即可行”的现代法治原则，以及私法自治的原则下对企业商业模式和交易结构的安排，其法律形式是有效的，其交易事实是公开和客观存在的。因此，避税并没有、也不会、也不能不履行法律规定的义务，它并非是对法定义务的抵制和对抗。

④避税是纳税人应该享有的权利。即纳税人有权依据法律的“非禁止”即允许，进行企业交易模式的选择、经营活动的安排和投融资的决策，达到减轻税负的目的。国家针对纳税人的避税活动暴露出的税法的不健全、不完备、不合理之处，只能采取完善法律、堵塞立法漏洞的措施来应对，这也是国家立法权的体现。如果用非法律的形式来纠正法律上的缺陷，例如，以行政命令、行政处罚或者道德、舆论谴责等方式来反对、谴责纳税人，都是不合适的举动，是对纳税人权利的剥夺和侵害，会产生不良后果，甚至阻碍民主和法治的进程，回到“人治”的社会。

3. 税负转嫁

税负转嫁，是指纳税人通过经济交易过程，将所缴纳税款部分地或全部地转嫁给他人负担，自己少负担或者不负担税收的一种经济现象。

税负转嫁的特点有两个：一是税负转嫁是经济利益的再分配，纳税人与负税人的分离是税负转嫁的必然结果。二是价格变动是税负转嫁的主要途径，根据方式的不同，税负转嫁分为前转和后转，前转是纳税人通过提高商品或要素的价格，将税负向前转嫁给购买者或最终消费者，后转是纳税人通过压低商品、要素的购买价格，将税负转嫁给商品或要素的供给者。其中，前转是税负转嫁的主要形式。

影响税负转嫁的主要因素有以下三个。

（1）商品或要素的供求弹性

商品或要素的供给弹性，是指在商品供给曲线上，当商品价格变化 1% 时导致的商品供给量变化的百分比。它衡量的是商品或要素的供给量对价格变化的反应程度，商品或要素的供给弹性越大，说明供给者在价格博弈中占据主导性越强。商品或要素的需求弹性，是指在商品需求曲线上，当商品价格变化 1% 时导致的商品需求量变化的百分比。它衡量的是商品或要素的需求量对价格变化的反应程度，商品或要素的需求弹性越大，说明购买者在价格博弈中占据主导力量越强。

商品或要素的供给弹性的大小与税负向前转嫁的程度成正比，与税负向后转嫁的程度成反比。因为供给弹性越大，供给方对价格的掌控力量越强，就越容易通过提高价格将税负转嫁给购买方或消费者。商品或要素的需求弹性的大小与税负向前转嫁的程度成反比，与税负向后转嫁的程度成正比。因为需求弹性越大，需求方对价格的讨价还价能力越强，就越容易通过压低价格，将税负向供给者转嫁。

（2）税种属性

由于税种属性的不同，作为课税对象的商品或要素的供求弹性不同，税负转嫁的难易程度也不同。一般而言，以商品作为课税对象，以商品价格作为计税依据的增值税、消费税、关税等流转税比较容易进行税负转嫁。而对要素收入征收的所得税就没有那么容易转嫁，企业所得税虽然理论上可以通过提高价格、降低员工工资，以及降低股息红利等方式转嫁给消费者、员工和股东，但这些渠道过于迂回，或者会受到企业员工和股东的反对而不易实现。

（3）课税范围

一般而言，课税范围越宽，购买者或消费者寻找同类商品或要素替代品的范围越窄，税负转嫁越容易；课税范围越窄，购买者或者消费者越容易找到替代品，税负转嫁越困难。可见，课税范围是通过影响供给需求弹性来影响税负转嫁的。

4. 降低税收风险

税收风险主要包括三类。

（1）多缴税的风险

由于我国税收制度是复合型税制结构，税种有18个之多，税制改革的力度比较大，个人所得税、增值税的改革比较大，企业所得税的纳税申报表有几十个之多，因而一般的企业财务人员熟练把握纳税申报有一定的难度，存在多缴税从而增加企业成本的风险。《中华人民共和国税收征收管理法》（以下简称《税收征管法》）第51条规定："纳税人超过应纳税额缴纳的税款，税务机关发现后应当立即退还；纳税人自结算缴纳税款之日起三年内发现的，可以向税务机关要求退还多缴的税款并加算银行同期存款利息，税务机关及时查实后应当立即退还……"因此，纳税人多交税款自行发现要求退回税款的时间只有三年，超过三年将没有权利要求退还。

（2）被定性为偷逃税行为从而接受税务行政处罚的风险

《税收征管法》第63条规定："纳税人伪造、变造、隐匿、擅自销毁帐簿、记帐凭证，或者在帐簿上多列支出或者不列、少列收入，或者经税务机关通知申报而拒不申报或者进行虚假的纳税申报，不缴或者少缴应纳税款的，是偷税。对纳税人偷税的，由税务机关追缴其不缴或者少缴的税款、滞纳金，并处不缴或者少缴的税款百分之五十以上五倍以下的罚款；构成犯罪的，依法追究刑事责任。扣缴义务人采取前款所列手段，不缴或者少缴已扣、已收税款，由税务机关追缴其不缴或者少缴的税款、滞纳金，并处不缴或者少缴的税款百分之五十以上五倍以下的罚款；构成犯罪的，依法追究刑事责任。"[1]

---

[1]《税收征管法》第63条规定的"偷税"与目前《刑法》规定的不一致。

（3）逃避缴纳税款罪的法律风险

2009年通过的《中华人民共和国刑法修正案（七）》以逃避缴纳税款罪取代原来的偷税罪，规定逃避缴纳税款罪为："纳税人采取欺骗、隐瞒手段进行虚假纳税申报或者不申报，逃避缴纳税款数额较大并且占应纳税额百分之十以上的，处三年以下有期徒刑或者拘役，并处罚金；数额巨大并且占应纳税额百分之三十以上的，处三年以上七年以下有期徒刑，并处罚金。扣缴义务人采取前款所列手段，不缴或者少缴已扣、已收税款，数额较大的，依照前款的规定处罚。对多次实施前两款行为，未经处理的，按照累计数额计算。有第一款行为，经税务机关依法下达追缴通知后，补缴应纳税款，缴纳滞纳金，已受行政处罚的，不予追究刑事责任；但是，五年内因逃避缴纳税款受过刑事处罚或者被税务机关给予二次以上行政处罚的除外。"①

企业降低税负主要有节税、避税、偷逃税等途径，三者的区别主要在合法性上，如图1-4所示，节税筹划合法，避税筹划不违反法律但有悖于立法意图，偷逃税属于违法行为。目前实务中需要厘清避税与偷逃税的法律界定，使企业税务筹划的风险尽量可控。当税务机关和纳税人存在税收争议时，如税务机关对纳税人偷税行为的认定中关于"主观故意性"通常征纳双方存在争议，为了降低行政处罚和刑事责任的风险，需要及时启动纳税人救济程序——税务行政复议和税务行政诉讼②。

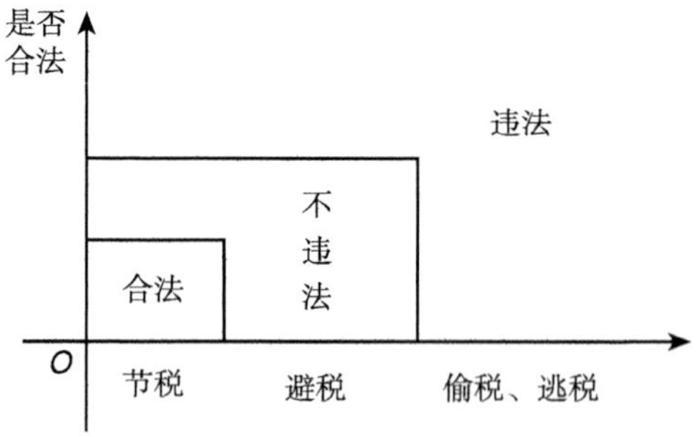

图1-4　企业降低税负形式与合法性

---

① 《刑法》第201条。

② 参见本书最后一章。

四、本书的逻辑结构

在税务筹划实务中，节税筹划、避税筹划、税负转嫁和降低税收风险四种筹划方式常常难以分割，例如，避税筹划中常通过价格渠道将税负转嫁给低税率的关联企业，而对纳税人合规风险的控制伴随着税务筹划过程的始终。因此，本书并没有按照这四种税务筹划行为方式来谋篇布局，而是如图 1－5 所示，按照实体税务筹划和税务法律救济两个部分来写，实体税务筹划是重点，实体税务筹划按照纳税主体的不同分为企业税务筹划和个人税务筹划，其中企业税务筹划是重点，企业税务筹划分为持续经营的税务筹划和企业重组兼并的税务筹划两个内容，其中持续经营的税务筹划是重点，持续经营的税务筹划按照企业的活动性质分为：投资活动的税务筹划、筹资活动的税务筹划、经营活动的税务筹划。

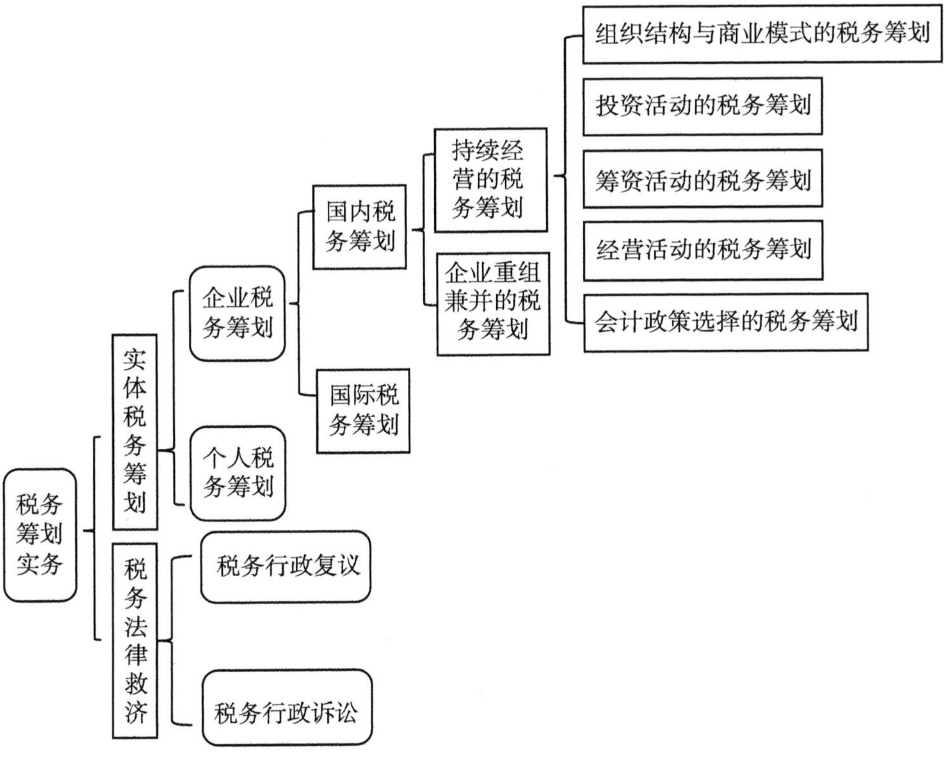

图 1－5　税务筹划实务（第 2—10 章）逻辑结构

第二节 税务筹划的方法论

税务筹划是一项融合法律、管理、财税于一体的技术性、政策性很强的活动，筹划适当会给企业带来一定的经济利益，筹划失当则可能会给企业带来损失。

一、税务筹划的基本原则

（一）合法性原则

税务筹划的合法性原则表现在两个方面：一是符合现有的法律规范，即所做的税务筹划活动要有明确的法律依据，即使税务部门提出异议，也能坦然面对。当然，我国税收法律体系复杂，整体法律层次偏低，既有全国人大常务委员会颁布的“法”，也有国务院颁布的“暂行条例”“国务院令”，还有国务院授权财政部发布的“财税字”“财字”，更有国家税务总局发布的“国税字”“国税函”，以及地方政府和各省、地、市、县税务局发布的海量的税收规范性文件。如何把握这些法律和文件，原则上要遵循《中华人民共和国立法法》（以下简称《立法法》）的规定，具体还要看税收环境，这些全靠税务筹划者对税收立法背景的了解和职业经验。二是要注意税法的新变化。就我国而言，虽然税收立法权集中在中央，税制结构相对稳定，但是近年来的税制改革力度明显加大，2016 年以来的全面“营改增”，2018 年的《个人所得税法》修正，2019 年数量较多的减税降费政策，即将出台的增值税法、消费税法和土地增值税法，酝酿之中的房地产税及与其相配套的遗产税和赠与税。进行税务筹划就要时时注意税法的变化，不论是自己制订计划还是借鉴别的企业的经验方法，都要注意“时效”问题，否则“合理”就完全有可能演变成“违法”，避税也就可能演变成偷税。

（二）合理性原则

所谓合理性原则，主要表现在税务筹划活动中所构建的事实要合理，符合合理的商业目的，不是纯粹为了少缴税而构建难以实现的交易，否则如果构建的事实明显不合理，不但容易被税务机关查出，也会无法自圆其说，导致税务筹划不成功。构建合理的事实要注意三个方面的问题：一是要符合行为特点，不能构建的事实无法做到，也不能把其他行业的做法照搬到本行业。行业不同，对构建事实的要求就不同。例如，生产啤酒、食品、洗涤剂的公司，其销售对象均为个体代理商，大多数不具备一般纳税人资格，其只关心价格，这就给利用让利、运费等分解销售收入提供了广阔天地。相反，如果把这些办法搬到生产原材料的公司，就明显不行，因为其销售对象主要为一般纳税人，购货方也要抵扣。二是不能有异常现象，要有合理的商业目的。有的产品附加值低，且大宗笨重，销售半径受到明显限制，在利用运输费分解销售收入时就要注意，不能让发生的运输费所产生的运输半径，超过正常的、合理的半径，否则就是虚假事实。三是要符合其他经济法律要求，不能仅从税务筹划角度考虑问题。在现代经济运行中，股权投资活动非常频繁，合并、分立、兼并已是正常行为，在此过程中形成大量税收问题，税务筹划空间大，但也较困难。《中华人民共和国合同法》（以下简称《合同法》）《中华人民共和国会计法》（以下简称《会计法》）等经济法律也约束我们构建合理的事实，如果不遵守这些法律，税务筹划就不能成功。总之，构建事实要合情合理合法，更要根据企业实际情况，所设计的方案一定要因时因地而宜，不能一概照搬。

（三）事前筹划原则

要开展税务筹划，纳税人就必须在经济业务发生之前，准确把握目标企业的股权结构、组织架构、经营范围、生产流程和业务环节，了解目标企业的业务链、价值链和税收链，从事的这项业务都有哪些业务过程和业务环节？涉及我国现行的哪些税种？有哪些税收优惠？所涉及的税收法律、法规中存在哪些可以利用的法律空间？掌握以上情况后，纳税人便可以利用税收优惠政策达到节税目的，也可以利用税收法律空间达到节税目的。由于纳税人的上述筹划行为是在具体的业务发生之前进行的，因而这些活动或行为就属于超前行为，需要具备超前意识才能进行。如果某项业务已经发生，相应的纳税结果也就产生了。当纳税结果产生后，纳税人如果因为承担的税负比较重，利用隐瞒收入、虚列成本等手段去改变结果，最终会演变成偷逃国家税款行为，会受到相应的处罚。例如，在筹资活动中，企业可采用多种筹资方式、从不同筹资渠道获取所需资金，筹资渠道不同，资金成本不同，所产生的税收效应也大不相同。根据税法的有关规定，负债筹资所付的利息可以计入当期费用，在所得税前列支，所以负债筹资所需支付的利息可以起到“税收挡板”的作用。例如，在企业所得税税率为25%的情况下，企业支付了100万元的利息，要减少应税所得100万元，从而减少所得税25万元，即100万元的利息支出，实际上企业只承担了75万元。而按照规定普通股股息的支付处于税后利润的分配环节，不能减轻企业的所得税税负，即实际支付数额与承担数额一致，如果企业支付100万元的股息，则实际承担的也是100万元。这两者差别导致了负债和权益资本对企业的税收成本和企业价值的不同影响。由此推论，在一定的负债范围内，企业负债越多，税收的屏蔽作用越大，企业的税收负担越小。而许多企业，总是在进行年初财务预测和资金筹集决策时，不考虑税务筹划问题，而是到临近年底需要汇算缴纳所得税时，才想到考虑节税的问题，而这时筹集的资金已注入，企业的资本结构已经确定，债务资本和权益资本的比例已无法改变。于是，就采取譬如把权益资本（以前年度的留存收益）通过做账改头换面为内部职工集资款，然后再试图通过利息的税前列支来降低所得税负担等办法来进行“筹划”，可是，这种靠做假来进行“筹划”的方式，是免不了被税务机关制裁的。

（四）成本效益原则

任何一项筹划方案都有其两面性，随着某一项筹划方案的实施，纳税人在取得部分税收利益的同时，必然会为该筹划方案的实施付出额外的费用，以及因选择该筹划方案而放弃其他方案所损失的相应机会收益。当所发生的费用或损失小于取得的利益时，该项筹划方案才是合理的；当费用或损失大于取得的利益时，该筹划方案就是失败方案。一项成功的税务筹划必然是多种税收方案的优化选择，我们不能认为税负最轻的方案就是最优的税务筹划方案，一味追求税收负担的降低，往往会导致企业总体利益的下降。例如，尽量推迟纳税是税务筹划一贯的目的，有人就依此提出企业所需的原材料等外购货物应当尽早购进，这样企业在早期就可以多发生一些进项税额，少纳增值税。尽管企业后期的外购货物会减少，进项税额下降，从而企业要多纳一些税，但企业仍可以从上述推迟纳税中得到益处。毋庸置疑，这种筹划办法确实可以给企业带来税收上的好处，但是税法规定，工业企业未入库、商业企业未付款，购进货物进项税额不得抵扣。如此一来，企业如果想用尽早购货的办法推迟增值税纳税，就可能面临库房紧缺、存货占压大量资金、管理费增加等一系列问题，从而使这种税务筹划办法的可操作性大打折扣。可见，税务筹划和其他财务管理决策一样，必须遵循成本效益原则，只有当筹划方案的所得大于支出时，该项税务筹划才是成功的筹划。

（五）风险防范原则

税务筹划，尤其是避税筹划，经常是在税收法律法规规定的边缘上进行操作，这就意味着其蕴含着很大的操作风险。如果无视这些风险，盲目地进行税务筹划，其结果可能事与愿违，因此企业进行税务筹划必须充分考虑其风险性。第一，要防范未能依法纳税的风险。虽说企业日常的纳税核算是按照有关规定去操作的，但是由于对相关税收政策精神缺乏准确的把握，容易造成事实上的偷逃税款而受到税务处罚。第二，不能充分把握税收政策的整体性，企业在系统性的税务筹划过程中极易形成税务筹划风险。例如，有关企业改制、兼并、分设的税务筹划涉及多种税收优惠，如果不能系统地理解运用，很容易发生筹划失败的风险。第三，国家政策、经济环境及企业自身活动变化的风险。例如，在较长的一段时间里，国家可能会调整有关税法，开征一些新税种，减少部分税收优惠等。为此企业必须随时作出相应的调整，采取措施分散风险，争取尽可能大的税收收益。第四，国家反避税的风险。国家为了堵塞征管漏洞而采取反避税措施，包括一般反避税条款和特殊反避税条款。一般反避税条款，是指税务机关有权对纳税人不具有合理商业目的，以减少、免除或者推迟缴纳税款为主要目标的涉税事项进行调整。特殊反避税条款通常针对关联企业不正常的价格转让行为所作的税务调整。

二、税务筹划的思路和方法

税务筹划的思路和方法如图 1－6 所示，对于纳税人来说任何税种的筹划，都不外乎：税额＝税基×税率，所以筹划的切入点有四个，分别是：纳税人身份、税额、税基、税率，相对应的是纳税人身份筹划、税额筹划、税基筹划、税率筹划。其中，纳税人身份筹划包括国际筹划中常见的管辖权回避法、设立导管公司，国内筹划常用的有“公司＋农户”经营模式、主体分割法等；税额筹划包括国际筹划的利用国际税收协定和国内筹划的供应商的选择、税收返还法等；税基筹划包括国际避税常用的转让定价法和国内筹划常用的融资法、成本费用调整法、租赁法等；税率筹划包括低税区避税法、拆分法等。

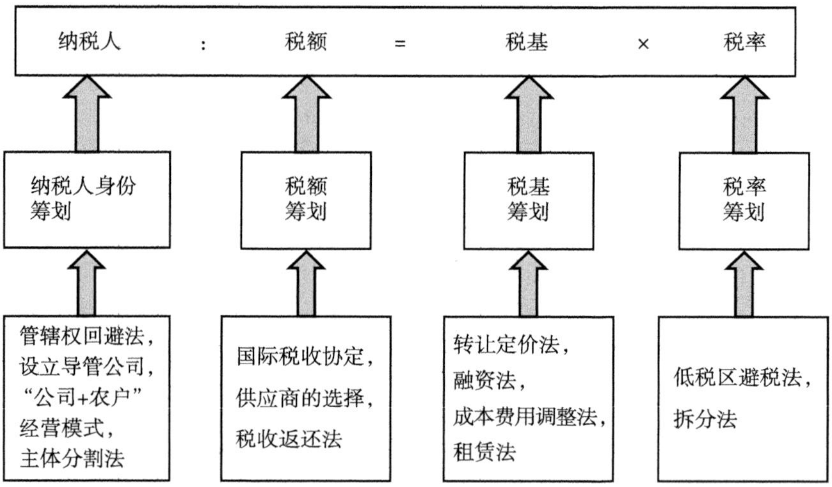

图 1－6　税务筹划的思路和方法

三、税务筹划的具体方法

（一）纳税人身份筹划方法

1. 管辖权回避法

税收管辖权是指国家所拥有的依法确定纳税居民和征税客体范围并进行征税的权力。税收管辖权是国家主权在税收实践中的具体应用和反映，是国家主权的组成部分。国际公认的确定国家税收管辖权的原则有两个，即属人主义原则和属地主义原则。按属人主义原则确定的税收管辖权，称居民管辖权，也称居住管辖权，即国家拥有对本国居民在世界范围内的一切所得和收入征税的权力，这使国家得以对本国居民来源于国外的收入行使征税权。按属地主义原则确定的税收管辖权，称收入来源地管辖权，也称所得来源地管辖权，即国家拥有对一切来源于本国的所得和收入征税的权力。世界上包括中国在内的多数国家，为维护本国利益，都采用两种税收管辖权相结合的双重税收管辖权。也有一些国家单一行使收入来源地税收管辖权，例如，阿根廷、巴西、玻利维亚、危地马拉、尼加拉瓜、巴拿马、乌拉圭、厄瓜多尔、委内瑞拉、文莱等，即仅对来源于境内的所得纳税，对于本地企业来自境外所得不纳税，从而成了国际税收洼地。此外，各国政府对于外国企业的税收居民的认定通常有一定时限，例如，外国自然人在本国居留 183 天以上成为本国个人所得税的税收居民，但短暂离境（不超过 30 天）仍要计入居留时间之内，这样，纳税人可以通过调整居留时间和离境时间，来避免成为税收居民。

2. 设立导管公司

在税制差异的前提下，跨国投资者可以预先设计投资的税务安排，他们通常并不直接从自己的居住国向所得来源国进行投资，而是通过在一个与所得来源国签订有税收协定，或者与居住国和所得来源国都签订有税收协定的第三方国家或地区设立分支机构，即所谓的导管公司，并利用导管公司进行实际利益归属于自己的经济活动，从而享受税收协定的优惠。假设 A 国与 B 国没有签订税收协定，A 国居民对 B 国的投资所得会被征收较高的预提所得税，这里假定税率为 30% 。A 国居民发现第三方——C 国与 B 国签订有税收协定，按照税收协定，B 国仅对 C 国征收较低的预提所得税，假定税率为 10% 。在此背景下，A 公司不直接投资 B 国，而是在 C 国设立一个子公司，亦即设立一个导管公司来对 B 国进行投资。这样，跨国投资者便享受 10% 的预提所得税税率，从而使其所负担的所得税大大降低。

3. “公司＋农户”经营模式

“公司＋农户”经营模式是指以公司或集团企业为主导，以农产品加工、运销为龙头，重点围绕一种或几种农产品的生产、销售，与生产基地和农户实行有机的联合，进行“一体化”的经营，形成“风险共担，利益共享”的经济共同体。基本运作方式为龙头企业和分散的农户或者农业基地签订合同，公司为农户提供生产原料、技术服务和成品回购，农户接受公司培训，生产出符合公司要求的初级加工农产品。此种经营模式的优点在于：有利于实现小生产与大市场的对接；有利于生产要素的流动和组合；有利于农业的规模经营和技术进步；有利于提高农业生产的组织化和商品化程度；有利于提高农业的比较收益和保护农民利益。更重要的是，这种生产经营模式税收成本较低，根据《国家税务总局关于“公司＋农户”经营模式企业所得税优惠问题的公告》（国家税务总局公告 2010 年第 2 号）的相关规定，采用“公司＋农户”经营模式从事农、林、牧、渔业项目生产的企业，可以享受减免企业所得税优惠政策。财政部、国家税务总局发布的《享受企业所得税优惠政策的农产品初加工范围（试行）》（财税〔2008〕149 号）规定，对于牲畜的宰杀、去皮、去内脏、分割、切块或切片、冷藏或冷冻属于农产品初加工，可享受企业所得税优惠政策。这种模式是将农产品初级加工环节的纳税主体从公司转变为农户，农户由于是初级农产品的生产者，享受公司所不能享受的税收优惠。

4. 主体分割法

根据财政部、国家税务总局发布的《关于实施小微企业普惠性税收减免政策的通知》（财税〔2019〕13 号），对月销售额 10 万元以下（含本数）的增值税小规模纳税人，免征增值税。对小型微利企业年应纳税所得额不超过 100 万元的部分，减按 25% 计入应纳税所得额，按 20% 的税率缴纳企业所得税；对年应纳税所得额超过 100 万元但不超过 300 万元的部分，减按 50% 计入应纳税所得额，按 20% 的税率缴纳企业所得税。为了享受增值税小规模纳税人起征点政策和小微企业的所得税优惠政策，可以将一个企业分割为多个企业，实现“化整为零，变大为小”，达到减轻税收负担的目的。

（二）税额筹划方法

1. 国际税收协定

国际税收协定是指两个以及两个以上国家为了消除重复征税和处理跨国纳税人征纳税收事务之间的关系所签订的书面协议。当 A 国企业有来自 B 国所得时，A 国作为税收居民管辖权国要对它全部所得征收所得税，而 B 国作为所得来源国同样拥有属地管辖权下的征税权力，这就产生了对一项所得两个国家重复征税的问题，为了解决该问题，两国政府签订税收协议，A 国政府同意对 B 国政府就同一纳税人同一笔所得所征税额在纳税申报时全额扣除或者限额扣除。如果两国政府没有签订税收协定，则纳税人需要承担两国税负。因此，我国企业在对外投资时，应优先考虑与我国签订了税收协定的国家。

2. 供应商的选择

供应商的选择主要是考虑增值税的筹划。一般纳税人在选择供应商时，如果选择的同样是一般纳税人，可以从供应商那里取得增值税专用发票，从而进行税额抵扣，抵扣税率通常是 13%、9% 或 6%；而如果选择的供应商是小规模纳税人，即便可以自开或由主管税务部门代开增值税专用发票，扣除率为 3% 或 5%。不过，并不能就此下结论认为一般纳税人为供应商的最优选择，如果小规模纳税人在价格上有优惠，并且这个优惠力度超过税负均衡点，依然可以选择小规模纳税人作为供应商，具体可见本书第五章的分析。

3. 税收返还法

根据我国有关增值税的规定，软件生产企业和动漫生产企业对其增值税实际税负超过 3% 的部分，实行即征即退政策。我国幅员辽阔，经济发展水平地方差异大，各地方政府为招商引资各出奇招，其中税收返还是一种重要手段。例如，重庆市某开发区规定，凡是在开发区成立有限公司、分公司及子公司的，享受以下税收优惠政策：企业可享受增值税地方留存部分的 50%—70% 的奖励。增值税地方留存为 50%，如果企业增值税纳税额为 100 万元，需要上交国库 50 万元，剩余 50 万元为地方留存，企业可享受 25 万—35 万元的奖励，即企业能够享受到总增值税纳税额 25%—35% 的奖励。

（三）税基筹划方法

1. 转让定价法

转让定价，是指在经济活动中，有经济联系的企业各方为了转移收入、均摊利润或转移利润而在交换或买卖过程中，不是依照市场买卖规则和市场价格进行交易，而是根据他们之间的共同利益或为了最大限度地维护他们之间的收入进行的产品或非产品转让和定价。在这种转让中，根据双方的意愿，产品的转让价格可高于或低于市场上由供求关系决定的价格，以达到少纳税甚至不纳税的目的。例如，在生产企业和商业企业承担的纳税负担不一致的情况下，若商业企业承担的税负高于生产企业，则有联系的商业企业和生产企业就可以通过某种契约的形式，增加生产企业利润，减少商业企业利润，使他们共同承担的税负和各自承担的税负达到最少。转让定价法是税务筹划的基本方法之一，被广泛地应用于国际、国内的税务筹划实务当中。

2. 融资法

利用不同筹资方式、不同筹资条件对税收的影响，精心设计企业筹资项目，以实现企业税后利润或者股东收益最大化。从避税角度来看，企业内部集资和企业之间资金拆借方式最好，向金融机构贷款次之，而靠企业自我积累资金效果最差。前两种方式产生的利息费用，允许税前扣除，产生“税收挡板效应”。

3. 成本费用调整法

成本费用调整是通过对成本费用的合理调整和分摊，抵销收益，减少利润，降低应纳税所得额，达到规避纳税义务的目标。例如，企业购进茶叶这一细小的事项，可以进入“管理费——业务招待费”、“管理费——办公经费”、制造费用、职工福利费等费用项目。根据企业所得税相关规定，这其中业务招待费和职工福利费按照有限比例进行税前扣除，业务招待费扣除标准按照实际发生的60%和营业收入的0.5%孰低为限制，业务招待费按照实发工资的14%为限，而归类到其他管理费，则可以全额扣除。这就给了企业通过费用调整进行税务筹划的空间。

（四）税率筹划方法

1. 低税区避税法

纳税人有意识地将公司、分公司、子公司或导管公司主动注册在国际“避税港”和国内“税收洼地”，以享受较低的所得税率或更简便的征收方式。著名的国际“避税港”有开曼群岛、英属维尔京群岛自治区，著名的国内“税收洼地”有西藏自治区、新疆维吾尔自治区、西部大开发地区、自由贸易港、各地方园区和开发区自治区。国际“避税港”注册公司，通常只收取牌照管理费，而不征税，西部大开发地区鼓励的产业目录中的企业可以享受15%的优惠税率，西藏自治区、新疆维吾尔自治区和各地园区有减免税和税收返还政策。

2. 拆分法

拆分法包括合同拆分法和业务流程拆分法。合同拆分法主要用于将企业混合销售转变为兼营行为。按照增值税的相关规定，混合销售以主营业务为主确定税率，则销售货物同时提供服务的，通常不得不按照货物13%的税率整体缴税，使得税负大大提高，此时就需要用到合同拆分法，将原混合销售合同拆分为销售货物合同和提供服务合同，但要注意合同主体不要为同一个，否则容易被税务机关认定为混合销售，可用集团内两个法律主体签合同，这样货物销售的增值税税率可能为13%，提供服务的增值税税率为6%，企业整体税负下降。业务流程拆分法，适用于与农产品相关的行业，目的是增加增值税进项抵扣，例如，乳业公司可以将饲养奶牛的车间单独成立畜牧公司，苎麻制品公司可以将苎麻种植分离出来专门成立种植园。

总之，税务筹划的方法多种多样，未来还会随着宏观环境、商业模式、税收制度的变化而变化，但筹划的切入点仍然需要从以上四个角度去考虑。

第三节　税务筹划的理论基础与研究前沿

税收学是一门涉及财税法学、经济学、管理学的交叉学科，税务筹划融合了法律、商业战略、财务、税务、经济学等知识，由于其具有综合性、复杂性、动态变化性和前沿性，历来有“皇冠上的明珠”的美誉，其理论基础包括法理学基础、经济学基础和管理学基础等。

一、税务筹划的法理学理论基础

（一）税务筹划合法性基础——公权力与私权利的关系理论

公权力，是依据公法所享有的权力，而公法是调整国家与普通公民、组织之间关系以及国家机关及其组成人员之间关系的法律，公权力的价值取向定位应是对私权利的确权和保障。

私权利，是依据私法所享有的权利，而私法是调整普通公民、组织之间关系的法律。私权，是一种基于可以消费或转让资产以获得效用或回报的能力，与公民个体的自主决策相关，规定了公民个体在市民社会生活领域有实现个人需求的选择性权利。

两者的关系：私权是公权的渊源，公权是私权的保障。① 私权过分膨胀便会异化，当个体交易行为产生的成本高于从中得到的收益时，社会持续稳定的健康发展和传承便会偏离预期轨道，相应的社会问题将层出不穷，如生产无序、市场不当竞争、贫富悬殊和社会冲突激化等，就会内生出对集体行动机制和公权的需要。而一旦公权介入私权，作为一种必要的“恶”的公权有着其天生的难以克制的扩张缺陷②，如果国家违背了契约而滥用其权力侵吞市民社会，则有可能对私权造成侵害。

（二）税收法定与私法自治

1. 税收法定原则

税收法定原则是税收基本原则中的核心原则，又称税收法定主义，其源于1215年英国《大宪章》③。《大宪章》明确规定，国王在未征得贵族同意的情况下不得随意地收取贡赋。后来发展到各国公认的“无代表不纳税”，即

---

① 私权的价值导向应是对公权力的赋权和控权，公权的价值导向应是对私权的确权和保障。

② 权力对人的腐蚀性和人对权力的滥用性，已经成为人们熟知的政治规律。

③ 《大宪章》中最为精髓的两条原则是以法律的形式肯定了对臣民财产及人身安全的保障权，以及臣民与君主的契约关系中臣民对君主的反抗权。《大宪章》虽然只有63条，但是奠定英国宪政制度的最重要的基石，并成为对君主权力进行限制的永久见证。

如果没有经过公民代表同意所制定的相应法律做前提，政府则不能征税，公民也没有交税的义务，这成了现代法治国家的立国基石，其基本精神在各国宪法或税法中都有体现。其具体内容包括三个部分：税种法定、税收要素法定、程序法定。《中华人民共和国宪法》（以下简称《宪法》）、《立法法》《税收征管法》中都有税收法定原则的要求，例如，《宪法》第56条规定："中华人民共和国公民有依照法律纳税的义务。"《立法法》第8条规定，"下列事项只能制定法律：……（六）税种的设立、税率的确定和税收征收管理等税收基本制度……"《税收征管法》第3条第1款规定："税收的开征、停征以及减税、免税、退税、补税，依照法律的规定执行；法律授权国务院规定的，依照国务院制定的行政法规的规定执行。"税收法定原则，是公权力的价值导向"法不赋权不可为"在税收立法权和征收权上的体现，是对政府征税权的约束，即税务机关只能够依法律征税，不能够超越税法向纳税人随意征税。同时，该原则也是私权利的价值导向"法不禁止即可行"对纳税人权利的保护，纳税人只需要依法纳税，没有超越税法的纳税义务和道德责任。

2. 私法自治原则

私法自治，又称意思自治，是民法所遵循的基本原理，指经济生活中的一切民事权利和义务关系的设立、变更和消灭，均取决于当事人自己的意思，原则上国家不作干预，只有在当事人之间发生纠纷不能通过协商解决时，国家才以仲裁者的身份出面予以裁决。私法自治在物权意义上体现为所有权自由，指所有权人在法律许可范围内可以自由占有、使用、收益和处分其所有物；在合同意义上体现为合同自由。私法自治的实质，就是由平等的当事人通过协商决定相互间的权利义务关系，保障私有财产之处分自由。基于税务筹划的所有权自由、合同自由、营业自由的原则，企业或股东有资产处置、生产决策、产品定价、供应商选择等权利，在自由抉择的过程中只要有合理的商业目的，同时客观达到了降低税负的效果，符合私法自治原则，就是无可指责的。

二、税务筹划的经济学理论基础

（一）税务筹划动因理论——理性经济人假设

理性经济人假设是经济学的理论基石，同时也是税务筹划动因的理论支撑。被称为“经济学之父”的英国古典经济学家亚当·斯密提出了“经济人”的假设，认为每一个从事经济活动的人所采取的经济行为都是力图以自己最小经济代价去获得最大的经济利益，只有这样的人才是“合乎理性的人”；否则，就是非理性的。纳税人作为市场中的纳税主体，根据市场条件、税收环境和法律条件理性选择最优纳税方案，追求税负下降或税后利益增加的经济结果，符合“经济人”的理性选择。

（二）税务筹划功能理论——科斯定理及推论

1. 科斯定理

关于科斯定理，比较流行的说法是：只要财产权是明确的，并且交易成本为零或者很小，那么，无论在开始时将财产权赋予谁，市场均衡的最终结果都是有效率的，实现资源配置的帕累托最优①。在现实世界中，科斯定理所要求的前提往往是不存在的，因为财产权的明确是很困难的，交易成本也不可能为零，有时甚至是比较大的。② 因此，放松了约束条件后，科斯定理发展为以下三个方面。

科斯第一定理：在交易费用为零的情况下，不管产权如何进行初始配置，当事人之间的谈判都会导致资源配置的帕雷托最优。

科斯第二定理：在交易费用不为零的情况下，不同的产权配置界定会带来不同的资源配置。

科斯第三定理：因为交易费用的存在，不同的权利界定和分配，则会带来不同效益的资源配置，所以产权制度的设置是优化资源配置的基础。

---

① 帕累托最优（Pareto Optimality），是指资源分配的一种理想状态，假定固有的一群人和可分配的资源，从一种分配状态到另一种状态的变化中，在没有使任何人境况变坏的前提下，使得至少一个人变得更好。

② 但是，科斯定理毕竟提供了通过市场机制解决外部性问题的一种新的思路和方法。在这种理论的影响下，美国、中国和其他一些国家先后实现了污染物排放权或排放指标的交易。

2. 税收、产权与资源配置效率

税收是调节经济的一种手段，资源配置是税收调节经济功能的其中一种功能，税收制度为配置资源的一种制度安排。受科斯定理的启示，蔡昌（2017）推演出税收、产权与资源配置效率之间关系的三个推论。①

推论 1：在信息对称且税收中性的前提下，若交易费用（含涉税交易费用②）为零，则税收不会影响资源的配置效率。

推论 2：在信息不对称、税收不中性的社会经济环境下，交易费用（含涉税交易费用）为正，则税收会对资源的配置效率产生较大影响，资源趋于流向税负较低的领域或行业。

推论 3：税收制度是对税收征纳双方权益的约定、保护和监督的契约安排，没有税收制度，不能保护正常交易的税收利益。

现对以上推论做以下分析：

推论 1 假定信息对称、税收中性且涉税交易费用为零的理想状态，税收对交易的影响恰好被当事人的合理预期调整所抵消，因此税收对资源配置不产生影响。虽然，假设条件在现实中难以实现，但这一推论提供了一个相对严谨的分析框架。推论 2 表明，在现实的税制环境和信息环境中，税收“楔子”将会对资源配置效率产生重要影响并对资源流向起引导作用，引导资源流向税负较低的行业和领域，这也是纳税人税务筹划对于宏观经济的影响。推论 3 推导出税收制度是保护征纳双方权益的规则安排，税收制度的目的在于保障财政收入，提高资源配置效率，在制度设计上应有效减少信息不对称，并按照涉税交易费用最小化原则来进行。

三、税务筹划的管理学理论基础

（一）委托代理理论

委托代理理论是现代公司治理的逻辑起点。在 20 世纪 30 年代，美国经

① 蔡昌．税道溯源［M］．北京：中国财政经济出版社，2018：10.

② 涉税交易费用，主要指税收征收成本和纳税成本，以及一部分隐性税收成本，不包含应征缴的税款。

济学家伯利和米恩斯因为洞悉企业所有者兼经营者的治理模式存在极大的弊端，提出了“委托代理理论”，倡导企业的所有权和经营权分离，所有者保留剩余索取权，将经营权让渡给职业经理人。它是20世纪60年代末70年代初一些经济学家深入研究企业内部信息不对称和激励问题而发展起来的。委托代理理论的中心任务是研究在利益相冲突和信息不对称的环境下，委托人如何设计最优契约激励代理人。

（二）税务筹划与委托代理的关系

1999年，约翰·多伊尔（John Doyle）在《公司所得税税务筹划的有效性：税收激励的角色》一文中，借鉴“委托代理理论”的理念，指出在信息不对称的现实环境下，企业所有者如果以税后业绩为依据来奖励经营者，会促使经营者进行税务筹划，从而降低企业的实际税率。2005年，迈克尔（Michael J. C.）用实证分析的方法检验了资本结构和财务政策变化对税务会计规则的影响，即在税率变化时，公司如何实现税务筹划目标和财务目标。2006年，伊戈尔·贡恰洛夫（Igor Goncharov）分析了俄罗斯公司在纳税操控行为与财务报告行为之间的权衡，发现公司操控纳税的程度随着边际税率的上升而上升，并且非上市公司操控纳税的程度高于上市公司。

四、税务筹划的研究前沿

（一）有效税务筹划理论

有效税务筹划理论是一种研究在现有各种约束条件下，如何制定对纳税人最为有利的税务筹划方案，而不以税负最小化为目标的理论。2004年，斯科尔斯和沃尔夫森等人在他们的经典著作《税收与企业战略：筹划方法》中提出了“有效税务筹划”理论，指出传统的税务筹划多倾向于实现税负最小化，这在交易成本昂贵的社会里往往会造成得不偿失的后果。有效的税务筹划重视契约观点的重要性，强调应该充分地考虑显性税收与隐性税收、税收成本与非税收成本等因素，综合衡量税务筹划的收益与成本，以达到“有效”的目标。这种观点目前已经被理论界和实务界接受，税负最小化的目标被有效税务筹划所代替。

（二）税务筹划的风险管理理论

在风险管理的一般理论里，风险管理是企业对风险的定义、测量、评估和控制的管理过程。理想的风险管理正是希望以最少的资源化解最大的危机。

企业的税务风险包含两个层次：一是选择降低税收成本方式的风险。如果将税收负担作为成本损失，企业为了降低纳税成本，通常可能采取的方式有两种——偷逃税和税务筹划。很明显，偷逃税的法律风险要高于税务筹划风险，随着大数据分析和互联网技术在税收征管中的应用，企业偷逃税行为被发现的概率增大，税务筹划成为企业降低纳税成本所采用的主要方式。二是税务筹划的风险，通常是由纳税人主观因素和外部客观因素共同作用产生的。[①] 企业纳税筹划的风险因素分为内部因素和外部因素。内部因素主要包括筹划人员的素质、企业自身的经济活动、筹划方案操作、纳税筹划成本等。外部因素主要包括法律政策因素、税务机关执法因素、宏观经济环境因素等。当前，广义的税务筹划已经把降低企业涉税风险作为其中的重要内容。

（三）基于税收链和利益相关者的合作博弈税务筹划模型

1. 税收链

1985 年，迈克尔·波特在《竞争优势》一书提出了“价值链”（value chain）的概念，即一般企业都可以看作一个由材料采购、管理、设计、生产加工、产品销售等一系列创造价值活动的链条集合体。企业所负担的税负也在业务流程和价值流转中形成，如果沿着价值链流转的路径，可以看到企业所负担的税收也形成了一个完整的税收链条，涵盖采购、管理设计、生产加工、产品销售的各个纳税环节，我们可以称之为“税收链”。

2. 利益相关者

企业的利益相关者，包括企业的所有者、经营者、员工、债权人、债务人，供应商、中间商和客户以及其他企业与政府部门。

3. 合作博弈

合作博弈又称正和博弈，不同于零和博弈，合作博弈是指一些参与者以

---

① 黄凤羽．税收筹划［M］．北京：高等教育出版社，2016：45.

同盟、合作的方式进行的博弈，通过博弈达到双方的利益都有所增加，或者至少是一方的利益增加，而另一方的利益不受损害，最终达到整个社会的利益有所增加的结果。

4. 合作博弈的税务筹划模型

合作博弈是企业开展税务筹划的战略方法，如图 1 – 7 所示，企业从股东和债权人那里通过资本投资和负债来获取资金，在这个过程中由于税收政策不尽相同，应采取筹融资税务筹划，解决企业的融资问题。企业在材料采购环节涉及供应商选择和采购价格策略的税务筹划，生产研发环节涉及产品策略的筹划、委托加工的筹划，销售环节涉及定价策略和促销方式的筹划。这些税务筹划一是基于税收链和价值链，二是需要与利益相关者如供应商、客户、股东、债权人、债务人等合作，才能达到双赢的目标。

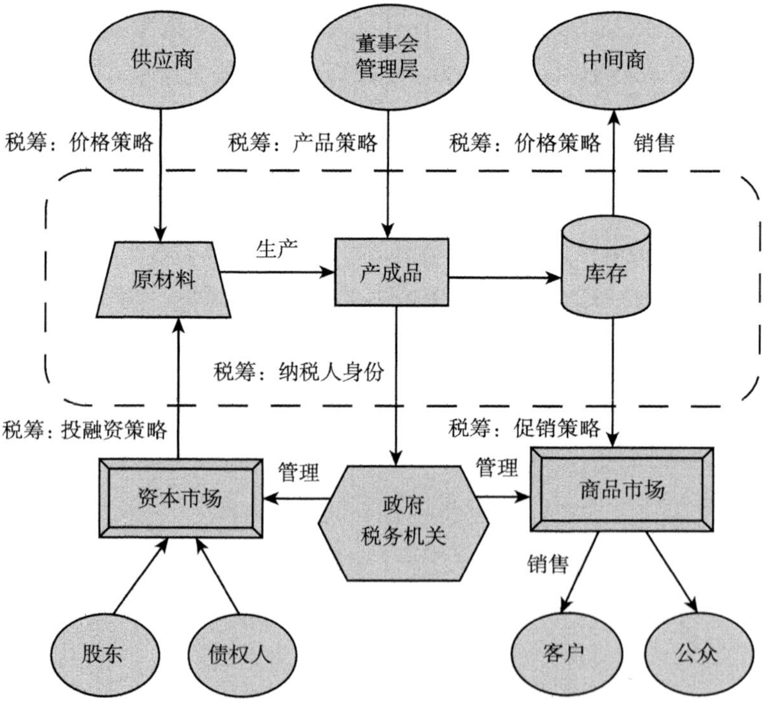

图 1 – 7　基于税收链和利益相关者的合作博弈税务筹划模型

思考题：

1. 什么是税务筹划？试述税务筹划的意义。
2. 纳税人为什么要进行税务筹划，其目标是什么？
3. 试述税务筹划的主体范畴和内容范畴。
4. 简述税务筹划的原则。
5. 简述税务筹划的具体方法。
6. 如何理解税收法定主义和私法自治原则是税务筹划合法性的基石？

第二章

企业组织结构与商业模式的税务筹划

本章概述

企业法律形式的税务筹划包括设立和扩张两个阶段的组织形式的选择。设立时可选择公司制、合伙制、个人独资，扩张时可选择分公司、子公司，选择不同的组织形式，则适用不同的税收政策，税负差异较大，税务筹划的空间较大。随着市场经济和互联网技术的发展，商业模式不断推陈出新，传统行业的互联网转型越来越受到关注，本章在千姿百态的商业模式中撷取了混业经营、电子商务、共享经济、“公司＋农户”四种商业模式进行讨论，其中电子商务以淘宝天猫、京东商城和微商为例，共享经济以滴滴打车和摩拜单车为例进行了企业战略分析（SWOT 分析）和税务筹划的讨论。

第一节　企业法律形式的税务筹划

企业在设立之初，首先要考虑的是企业设立的法律形式。不同法律形式的设立对于企业整体的战略实施具有重大的意义。我国企业设立的法律形式主要有三种：公司制、合伙制、个人独资。对于投资者来说，在选择设立什么样的企业时，除了要考虑市场、政策等因素外，最重要的是要考虑企业税后利润的最大化。设立不同性质的企业可能适用不同的税收政策，只有对企业组织形式进行周密的税务筹划，才能获取最大的税收利益。因此，本节主要基于以上三种法律形式探讨可以进行税务筹划的空间。

一、企业设立的法律形式

（一）公司制

1. 公司制组织形式的类型

公司制组织形式可以分为两种：有限责任公司和股份有限公司。

有限责任公司，简称有限公司（Limited Liability Company，简写为 Co.，Ltd.），是指根据《中华人民共和国公司登记管理条例》（以下简称《公司登记管理条例》）规定登记注册，由 50 个以下的股东出资设立，每个股东以其所认缴的出资额对公司承担有限责任，公司以其全部资产对其债务承担责任的经济组织。其主要特征包括：有限责任公司的股东，仅以其出资额为限对公司承担责任；有限责任公司不能公开募集股份，不能发行股票，其股票和债券不可以在证券交易所挂牌公开交易；有限责任公司的法定约束力较小，创办手续简单，创办费用较少。作为法律意义上的独立的民事主体，大多数国家对有限责任公司和其股东进行双重征税。

股份有限公司（Stock corporation）是指公司资本由股份所组成的公司，股东以其认购的股份为限对公司承担责任的企业法人。其主要特征包括：公司的资本总额平分为金额相等的股份；公司可以向社会公开发行股票筹资，股票可以依法转让；法律对公司股东人数只有最少人数限制，无最多人数限制；股东以其所认购股份对公司承担有限责任，公司以其全部资产对公司债务承担责任；每一股份有一表决权，股东以其所认购持有的股份享受权利、承担义务。与有限责任公司类似，大多数国家对股份有限公司和其股东也进行双重征税。

2. 有限责任公司和股份有限公司的选择

就税收负担而言，选择股份有限公司的形式更为有利，其原因是：从税收优惠角度看，以股份有限公司为组织形式的生产企业可以获得更多的税收优惠政策；从股东角度看，股份制企业的股东个人所获得的资本公积转增股本时，不征收个人所得税，股东在公开市场上转让股票，符合规定条件时免征个人所得税；从筹资角度看，股份有限公司如果符合条件可以公开上市，在资本市场上募集资金的力度更大，然而公司上市的条件比较严格①，一般的中小规模的企业很难达到标准，当企业不以上市为目标时，有限责任公司因为设立程序的简便、费用低，而成为较好的选择。

（二）合伙制

合伙企业，是指自然人、法人和其他组织依照《中华人民共和国合伙企业法》（以下简称《合伙企业法》）在中国境内设立的，由两个或两个以上的自然人通过订立合伙协议，共同出资经营、共享收益、共担风险，并对企业债务承担无限连带责任的营利性组织。合伙企业分为普通合伙企业和有限合伙企业。其主要特征包括：合伙企业由各合伙人组成；合伙企业以合伙协议作为其法律基础；合伙企业的内部关系属于合伙关系；普通合伙人对企业债务承担无限连带责任，有限合伙人对债务承担有限责任。

合伙企业不是独立的法人主体，税收义务具有“穿透性”，企业不缴纳企业所得税，合伙人是税收义务人，就取得的经营所得需要缴纳个人所得税。凡实行查账征税办法的，其税率比照《中华人民共和国个人所得税法》（以下简称《个人所得税法》）的“经营所得”应税项目，适用5%—35%的五级超额累进税率计算征收个人所得税；实行核定应税所得率征收方式的，先按照应税所得率计算其应纳税所得额，再按其应纳税所得额的大小，适用5%—35%的五级超额累进税率计算征收个人所得税。

（三）个人独资

个人独资企业，即为个人出资经营、归个人所有和控制、由个人承担经

① 中国证券监督管理委员会审议通过的《首次公开发行股票并上市管理办法》（中国证券监督管理委员会令第173号）第26条规定：发行人应当符合下列条件：（1）最近3个会计年度净利润均为正数且累计超过人民币3000万元，净利润以扣除非经常性损益前后较低者为计算依据；（2）最近3个会计年度经营活动产生的现金流量净额累计超过人民币5000万元；或者最近3个会计年度营业收入累计超过人民币3亿元；（3）发行前股本总额不少于人民币3000万元；（4）最近一期末无形资产（扣除土地使用权、水面养殖权和采矿权等后）占净资产的比例不高于20%；（5）最近一期末不存在未弥补亏损。

营风险和享有全部经营收益的企业，对债务有无限的经济责任，破产时债权人可以扣留业主的个人财产。其主要特征包括：企业资产所有权、控制权、经营权、收益权高度统一；企业业主自负盈亏和对企业的债务负无限责任成为强硬的预算约束；企业的外部法律法规等对企业的经营管理、决策、进入与退出、设立与破产的制约较小；内部机构设置简单，经营方式灵活。个人独资企业同合伙企业一样，不是独立的法人主体，企业不缴纳企业所得税，税收义务“穿透”之后由投资者承担。按照《中华人民共和国企业所得税法》（以下简称《企业所得税法》）规定不交企业所得税，而是按照《个人所得税法》的“经营所得”应税项目，适用5%—35%的超额累进税率，计算征收个人所得税。

二、不同法律形式企业税制比较

从税收负担角度看，公司制企业需要综合考虑企业所得税、个人所得税的税基、税率结构和税收优惠待遇等多种因素，因为综合税负是多重因素作用的结果，不能只考虑一种因素，以偏概全。例如，公司制企业在某些地区或行业会享有合伙企业、个人独资企业不能享有的特殊减免税政策，但公司制企业的自然人股东取得分红的税收负担要高于合伙企业和个人独资企业的股东。所以在对具体企业进行税务筹划操作时，必须把这些因素综合考虑进去。

从税收管理难易程度角度看，公司制企业设立比较麻烦，增值税按照进抵扣法进行计算，增值税的自我管理要求高，需要开具和取得增值税专用发票，有利于进行扩大市场，进行大规模的生产经营活动。合伙制企业、个人独资企业设立相对简单，一般按照简易征收法计算增值税，如果能够低于起征点，可以享受较大的节税收益，增值税的自我管理要求相对低，只能取得普通发票，不利于从事大规模的生产经营活动。

从征管方式角度看，无论是企业所得税的征管还是经营所得个人所得税的征管都有两种方式：查账征收和核定征收。实行不同的征收方式对税负都是有影响的。核定征收方式的应税所得率在实际操作过程中由税务机关进行核定，这就难免具有一定的主观性。小规模的合伙企业和个人独资企业由于会计核算不够规范，收入和成本不能准确核算，现实中采用核定征收方式的比重较大。

三、公司设立形式的税务筹划案例分析

下面就企业在设立时选择公司制企业还是合伙制企业进行举例分析。

【案例2－1】 2019年北京在校大学生小双联合同学小左，准备在学校自办一家小型快递企业“风顺快递”，预计年度收入总额为360 000元（不含税），相关成本费用为216 000元（其中投资者每月工资5000元），假定两人均无除工资之外的其他综合所得。现有两种设立形式可供选择：一是设立合伙企业，二是设立有限责任公司，请对其进行纳税筹划。

（一）税收政策

1. 个人所得税政策

根据《中华人民共和国个人所得税法实施条例》（以下简称《个人所得税法实施条例》）第6条，合伙企业的个人合伙人来源于境内注册的合伙企业生产、经营的所得属于《个人所得税法》规定的“经营所得”。该项所得适用5%—35%的5级超额累进税率，计算征收个人所得税。

表2－1　经营所得个人所得税税率

级数	全年应纳税所得额	税率	速算扣除数
1	不超过30 000元的	5%	0
2	超过30 000元 至90 000元的部分	10%	1500
3	超过90 000元 至30 0000元的部分	20%	10 500
4	超过300 000元 至500 000元的部分	30%	40 500
5	超过500 000元的部分	35%	65 500

2. 企业所得税政策

根据《财政部、国家税务总局关于实施小微企业普惠性税收减免政策的

通知》（财税〔2019〕13 号）第 2 条，对小型微利企业年应纳税所得额不超过 100 万元的部分，减按 25% 计入应纳税所得额，按 20% 的税率缴纳企业所得税；对年应纳税所得额超过 100 万元但不超过 300 万元的部分，减按 50% 计入应纳税所得额，按 20% 的税率缴纳企业所得税。上述小型微利企业是指从事国家非限制和禁止行业，且同时符合年度应纳税所得额不超过 300 万元、从业人数不超过 300 人、资产总额不超过 5000 万元等三个条件的企业。

（二）筹划方案

方案一：设立两人合伙企业，假设小双和小左的投资额各占 50% 。

每个人年收入总额 = （360 000 － 216 000） ÷ 2 + 5000 × 12 = 132 000（元）

每个人年应纳税所得额 = 132 000 － 60 000 = 72 000（元）①

每个人应纳个人所得税 = 72 000 × 10% － 1500 = 5700（元）

两人合计应缴纳个人所得税：2 × 5700 = 11 400（元）

方案二：设立有限责任公司

应纳税所得额 = 360 000 － 216 000 = 144 000（元）②

应缴纳企业所得税 = 144 000 × 25% × 20% = 7200（元）

税后利润 = 144 000 － 7200 = 136 800（元）

假设企业实现的税后利润全部作为股利分配给投资者，小双和小左应缴纳个人所得税 = 136 800 × 20% = 27 360（元），两位投资者工资薪金不需要纳税。

则税负合计 = 7200 + 27 360 = 34 560（元）

（三）筹划结论与分析

方案一比方案二节税 23 160 元，从税收负担最轻的角度，该企业应当选择方案一，设立为合伙企业更有利。

为了鼓励企业发展，2018 年以来国家为了降低企业的税收负担，在企业所得税和个人所得税方面均有一定的优惠和调整，企业所得税对小微企业有税收优惠，把小微企业的实际税率降到 5% 和 10% 的水平，《个人所得税法》

① 此处按不考虑专项扣除和专项附加扣除计算。
② 假设资产和从业人数也符合小型微利企业的标准。

对经营所得项目的五档级距拉大，相对应税率下降。以本方案为例，个人年经营所得 72 000 元，若按照原税率表，应为第四档 30% 的税率和 9750 元速算扣除数，按新汇率表为第二档 10% 的税率和 1500 元速算扣除数。

由于合伙企业和个人独资企业不是独立的法人主体，税收义务“穿透”企业由投资者负担，其只需要缴纳个人所得税，而公司制企业不具有税收义务“穿透性”，需要先缴纳企业所得税，再缴纳个人所得税，“双重课税”的税负高于合伙制。因此，合伙企业由于创设简便、行政费用少、税收负担低，建议小型服务类企业设立形式为合伙制。

第二节　企业组织形式的税务筹划

企业生产经营不断发展后，会考虑集团化、规模化经营，设立子公司与分公司是现代企业经营组织扩大的重要形式。从税务筹划的角度来分析，在市场竞争日趋激烈的条件下，一切合法的有利于提高企业经济效益的措施均是企业考虑的重点，而选择有利于纳税的组织形式，正是达到这一目标的重要途径之一。

一、企业扩大组织形式的主要方式

（一）子公司

子公司是指由母公司投入全部或部分股份，依法设立的法人企业。子公司在法律上独立于母公司，并拥有独立而完整的公司管理组织体系，因而在经营方面具有较大的独立性和一定的灵活性。同时，子公司的经营活动也要受到母公司的控制，要服从母公司的总体战略和总体利益的需要。但这种控制是间接的，也与母公司拥有股权的比例正相关。

一般来说，在国外设立子公司有如下好处：（1）在东道国同样只负有有限的债务责任（有时需要母公司担保）；（2）子公司向母公司报告企业成果只限于生产经营活动方面；（3）子公司是独立法人，其所得税计征独立进行；（4）子公司可享受东道国给其居民公司提供的包括免税期在内的税收优惠待遇；（5）东道国运用税率低于居住国时，子公司的累积利润可得到递延纳税；（6）子公司利润汇回母公司要比分公司灵活得多，这等于母公司的投资所得、资本利得可以持留在子公司，或者经选择可在税负较轻的时候汇回，得到额外的税收利益；（7）许多国家对子公司向母公司支付的股息规定减征或免征预提税。

（二）分公司

分公司是指一个公司管辖的分支机构，是指公司在其住所以外设立的以自己的名义从事活动的机构。分公司不具有企业法人资格，其民事责任由总公司承担。

一般来说，设立分公司的好处有：（1）分公司一般便于经营，财务会计制度的要求也比较简单；（2）分公司承担成本费用可能要比子公司节省；（3）分公司不是独立法人，就流转税在所在地缴纳，利润由总公司合并纳税；（4）在经营初期，分公司往往出现亏损，但其亏损可以冲抵总公司的利润，减轻税收负担；（5）分公司交付给总公司的利润通常不必缴纳预提税；（6）分公司与总公司之间的资本转移，因不涉及所有权变动，不必负担税收。

（三）两者区别

从法律地位角度看，子公司是独立的法人，拥有自己独立的名称、章程和组织机构，对外以自己的名义进行活动，在经营过程中发生的债权债务由自己独立承担。分公司则不具备企业法人资格，没有独立的名称，其名称应冠以隶属公司的名称，由隶属公司依法设立，只是公司的一个分支机构。

从控制方式角度看，母公司对子公司的控制必须符合一定的法律条件。母公司对子公司的控制一般不采取直接控制方式，更多的是采取间接控制方式，即通过任免子公司董事会成员和投资决策来影响子公司的生产经营决策。分公司则不同，其人事、业务、财产受隶属公司直接控制，在隶属公司的经营范围内从事经营活动。

从债务承担方式看，母公司作为子公司的最大股东，仅以其对子公司的出资额为限对子公司在经营活动中的债务承担责任；子公司作为独立的法人，以子公司自身的全部财产为限对其经营负债承担责任。分公司由于没有自己独立的财产，与隶属公司在经济上统一核算，因此其经营活动中的负债由隶属公司负责清偿，即由隶属公司以其全部资产为限对分公司在经营中的债务承担责任。

从税收利益角度看，子公司作为独立法人，独立承担纳税义务，独立享受税收优惠，不得与母公司进行盈亏相抵。分公司不具有独立法人地位，构成总公司的一部分，与总公司汇总纳税，企业实行“统一计算、分级管理、就地预缴、汇总清算、财政调库”的企业所得税征收管理办法。不独立享受税收优惠，可以与总公司进行盈亏相抵。

综上可见，子公司和分公司之间存在较大差异，公司企业在选择组织形式时应细心比较、统筹考虑、正确筹划。

二、企业扩大组织形式的税务筹划案例分析

【案例 2－2】深圳新营养技术生产公司，为扩大生产经营范围，准备兴建一家芦笋种植加工公司，在选择芦笋加工企业组织形式时，该公司进行如下有关税收方面的分析：芦笋是一种根基植物，在新的种植区域播种，达到初次具有商品价值的收获期需要4—5 年，这样使企业在开办初期面临着很大的亏损，但亏损会逐渐减少。经估计，此芦笋种植加工公司的盈利情况如表 2－2 所示。

表 2－2　芦笋种植加工公司盈利情况

利润（万元）	年份				
	第一年	第二年	第三年	第四年	第五年
金额	－200	－150	－100	－50	300

该新营养技术生产公司总部设在深圳，属于国家重点扶持的高新技术公司，适用的公司所得税税率为 15% 。该公司除在深圳设有总部外，在内地还有一家 H 子公司，适用的税率为 25% 。经预测，未来五年内，新营养技术生产公司总部的应税所得均为 1000 万元，H 子公司的应税所得分别为 300 万元、200 万元、100 万元、0 万元、－150 万元。

（一）税收政策

1. 子公司的设立及税收政策

《中华人民共和国公司法》（以下简称《公司法》）第14条规定，子公司具有法人资格，依法独立承担民事责任；分公司不具有法人资格，其民事责任由公司承担。子公司因其具有独立法人资格，而被设立的所在国视为居民企业，通常要履行与该国其他居民企业一样的全面纳税义务，同时也能享受所在国为新设公司提供的免税期或其他税收优惠政策。然而，建立子公司一般需要复杂的手续，并且财务制度较为严格，必须独立开设账簿，并需要复杂的审计和证明，经营亏损不能冲抵母公司利润，与母公司的交易往往是税务机关反避税审查的重点内容。

2. 分公司的设立及税收政策

《企业所得税法》第50条第2款规定，居民企业在中国境内设立不具有法人资格的营业机构的，应当汇总计算并缴纳企业所得税。汇总纳税是指一个企业总机构和其分支机构的经营所得，通过汇总纳税申报的办法实现所得税的汇总计算和缴纳。《跨地区经营汇总纳税企业所得税征收管理办法》（国家税务总局公告2012年第57号）规定：居民企业在中国境内跨地区（指跨省、自治区、直辖市和计划单列市）设立不具有法人资格分支机构的，该居民企业为跨地区经营汇总纳税企业。汇总纳税企业实行“统一计算、分级管理、就地预缴、汇总清算、财政调库”的企业所得税征收管理办法。

（二）筹划方案

方案一：将芦笋种植加工企业建成具有独立法人资格的M子公司。

深圳新营养技术生产公司总部及其子公司的纳税总额分别为：

第一年：$1000\times15\%+300\times25\%=225$（万元）

第二年：$1000\times15\%+200\times25\%=200$（万元）

第三年：$1000\times15\%+100\times25\%=175$（万元）

第四年：$1000\times15\%=150$（万元）

四年间缴纳的企业所得税总额$=225+200+175+150=750$（万元）

方案二：将芦笋种植加工企业建成总公司下属的分公司。[①]

在前四年里，深圳新营养技术生产公司总部、子公司及分公司的纳税总额分别为：

第一年：（1000－200）×15%＋300×25%＝195（万元）

第二年：（1000－150）×15%＋200×25%＝177.5（万元）

第三年：（1000－100）×15%＋100×25%＝160（万元）

第四年：（1000－50）×15%＝142.5（万元）

四年间缴纳的企业所得税总额＝195＋177.5＋160＋142.5＝675（万元）

方案三，将芦笋种植加工企业建成内地H子公司的分公司。[②]

在前四年里，新营养技术生产企业总部、子公司及其分公司的纳税总额分别为：

第一年：1000×15%＋（300－200）×25%＝175（万元）

第二年：1000×15%＋（200－150）×25%＝162.5（万元）

第三年：1000×15%＋（100－100）×25%＝150（万元）

第四年：1000×15%＝150（万元）

四年间缴纳的企业所得税总额＝175＋162.5＋150＝637.5（万元）

（三）筹划结论

通过对上述三种方案的比较，第三种组织形式的整体税负最低，建议将芦笋种植加工企业建成内地H子公司的分公司。

（四）筹划分析

设立子公司与设立分公司的税收利益孰高孰低并不是绝对的，它受到一国税收制度、经营状况及企业内部利润分配政策等多种因素的影响。通常来说，在投资初期，下属企业可能发生亏损，设立分公司，因与总公司“合并报表”冲减总公司的利润后，可以减少应税所得，少缴所得税，而设立子公司就得不到这一项好处。但如果下属企业在开设的不长时间内就可能盈利，

① 即《跨地区经营汇总纳税企业所得税征收管理办法》（国家税务总局公告2012年第57号）中规定的"不具有法人资格的二级分支机构"，为简化计算，假定税率与总公司保持一致。

② 同上注。

或能很快扭亏为盈，那么设立子公司就比较适宜，可以得到作为独立法人经营便利之处，还可以享受未分配利润递延纳税的好处。除了在开办初期要对下属企业的组织形式精心选择外，在企业的经营、运作过程中，随着整个集团或下属企业的业务发展、盈亏情况的变化，总公司仍有必要通过资产的转移、兼并等方式，对下属分支机构进行调整，以获得更多的税收利益。

第三节　企业商务模式的税务筹划

现代企业面临更加激烈和复杂的市场环境，如何在这样的市场环境中站稳脚跟，企业商务模式的构建非常重要，而商务模式的构建、战略管理的布局、税务活动的统筹安排通常需要放在一起综合考虑。这要求企业在进行税务筹划的过程中，不能仅关注对具体的税务筹划技巧的探索，更应该借鉴战略管理的思想来审视和把握企业的税收活动，于是，企业战略税务筹划便应运而生。企业战略税务筹划是在对企业内部和外部税收环境进行全面分析的基础上，就其纳税计划所作出的全局性的安排。因为行业的商务模式千差万别，本节以混业经营、电子商务、共享经济三个模式为例，探讨不同商业模式下的税务筹划。

一、混业经营模式的税务筹划

全面“营改增”以后，营业税已经被增值税全面取代，混业经营和单一经营的概念已经有所变化，由此转变成混合销售和兼营行为。因此，国家税务总局对混合销售和兼营行为进行了重新界定。

（一）混合销售和兼营行为的税收政策

1. 混合销售的行为界定和税收政策

根据《营业税改征增值税试点实施办法》第 40 条第 1 款，一项销售行为如果既涉及服务又涉及货物，为混合销售。从事货物的生产、批发或者零售的单位和个体工商户的混合销售行为，按照销售货物缴纳增值税；其他单位和个体工商户的混合销售行为，按照销售服务缴纳增值税。上述混合销售行为成立有两个要点：一是其销售行为必须是同一项（同一项销售行为、同一购买者、同一时间）；二是该项行为必须既涉及服务又涉及货物。如果一项行为只涉及货物不涉及服务，或者只涉及服务不涉及货物都不属于混合销售，混合销售按照其主业进行划分适用税率，主业为销售货物按照销售货物适用税率，主业为销售服务按照销售服务适用税率。例如，超市在销售货物的同时提供送货上门服务，按“销售货物”缴纳增值税。美容院在提供美容服务的同时销售护肤产品，按“生活服务”缴纳增值税。但是还是有例外规定的，根据《国家税务总局关于进一步明确营改增有关征管问题的公告》（国家税务总局公告2017年第11号）第1条，“纳税人销售活动板房、机器设备、钢结构件等自产货物的同时提供建筑、安装服务，不属于《营业税改征增值税试点实施办法》（财税〔2016〕36号文件印发）第四十条规定的混合销售，应分别核算货物和建筑服务的销售额，分别适用不同的税率或者征收率”。

2. 兼营的行为界定和税收政策

根据《营业税改征增值税试点实施办法》第39条，纳税人兼营销售货物、劳务、服务、无形资产或者不动产，适用不同税率或者征收率的，应当分别核算适用不同税率或者征收率的销售额；未分别核算的，从高适用税率。该实施办法第41条规定，纳税人兼营免税、减税项目的，应当分别核算免税、减税项目的销售额；未分别核算的，不得免税、减税。上述兼营行为也有两个要点：一是其销售行为不是同一项的（针对不同购买者、不同时发生的、每项行为是相互独立的），例如，汽车4S店销售汽车同时提供汽车保养维修等服务，销售货物同时提供加工修理修配劳务。二是兼营既可以是货物、服务，也可以是加工修理修配劳务、销售无形资产或者不动产。在实际业务操作中，可以通过将混合销售和兼营进行合理的转化，达到降低税负，增大企业利润的目的。

（二）混合经营模式的税务筹划案例分析

【案例2－3】Z油田是中国石化集团Z油田勘探局有限责任公司和中国石化股份有限公司Z油田分公司的统称，是东部地区乃至全国重要的油气化化工生产基地。2019年，Z油田下属建设工程有限责任公司与天然气分公司签订工程总承包合同，工程承包范围包括液化天然气项目输气干线工程三标段的全部地质勘测、工程物资采购、工程设计、工程施工和验收工作，工期为760日。合同含税总价款折合人民币约为360 000万元，其中100 000万元为施工业务的含税价款，190 000万元为采购设备材料的含税价款，70 000万元为设计服务的含税价款。公司原方案为Z油田签订工程总承包合同，不区分业务类型，统一按最高税率13%来计算销项税额。

1. 税收政策

增值税政策：2018年5月1日前，油田所生产的石油化工适用税率17%，生产天然气和液化气适用税率11%。2019年4月1日后，原适用税率分别调整为13%、9%。

城市维护建设税及附加：城市维护建设税计税依据按实际缴纳增值税税额和消费税额7%（市区）、5%（县城镇）、1%（其他）计算，教育费附加按实际缴纳增值税额和消费税额的3%计算，地方教育费附加为2%。

2. 筹划方案

变混合销售为兼营，变统一税率为分别税率，降低总体税负。Z油田经过谈判协商，将总承包合同分为三个子合同：施工、设计、采购合同，销项税的税率分别按建筑服务9%、设计服务6%、采购费用13%分别核算。

表2-3　Z油田税务筹划前后对比

（单位：万元）

税种	筹划前	筹划后
应纳增值税	360 000/（1+13%）×13% =41 415.93	100 000/（1+9%）×9%+190 000/（1+13%）×13%+70 000/（1+6%）×6%=34 077.55
应纳城市维护建设税、教育费附加、地方教育费附加	41 415.93×（7%+3%+2%）=4969.9116	34 077.55×（7%+3%+2%）=4089.306
应纳税总额	41 415.93+4969.9116 =46 385.8416	34 077.55+4089.306=38 166.856

3. 筹划结论和分析

筹划前统一采用13%的税率，增值税、城市维护建设税、教育费附加、地方教育费附加合计为46 385.8416万元，筹划后把混合销售分割为材料采购、建筑施工、设计服务后，分别适用13%、9%、6%三种不同的税率，增值税、城市维护建设税、教育费附加、地方教育费附加合计为38 166.856万元，与筹划前相比，少纳税8218.9856万元，降低税负17.72%，减税效果明显。

二、电子商务模式的税务筹划

《中华人民共和国电子商务法》（以下简称《电子商务法》）自2019年1月1日起施行，它标志着电子商务行业已有法可依，将逐步正规化。该法第10条规定，电子商务经营者应当依法办理市场主体登记。该法第11条第1款规定，电子商务经营者应当依法履行纳税义务，并依法享受税收优惠。该法第14条规定，电子商务经营者销售商品或者提供服务应当依法出具纸质发票或者电子发票等购货凭证或者服务单据。该法第28条规定，电子商务平台经营者应当按照规定向市场监督管理部门报送平台内经营者的身份信息，提示未办理市场主体登记的经营者依法办理登记……电子商务平台经营者应当依照税收征收管理法律、行政法规的规定，向税务部门报送平台内经营者的身份信息和与纳税有关的信息。可见，多年来处于税收征管“盲区”的电子商务将成为税收收入的新的增长点。

（一）电子商务的主要模式

1. 淘宝模式

淘宝网采用的是C2C（customer to customer）商业模式，即个人与个人之间的电子商务模式。淘宝网是亚太地区较大的网络零售、商圈，由阿里巴巴集团于2003年5月创立，是中国深受欢迎的网购零售平台，拥有近5亿注册用户数，每天有超过6000万的固定访客，同时每天在线商品数已经超过8亿件，平均每分钟售出4.8万件商品。日活跃用户超1.2亿人次，在线商品数量达到10亿件。在C2C市场，手机淘宝和天猫的市场份额达到85.1%。截至目前，淘宝网创造的直接就业机会达467.7万个。

淘宝模式的价值链和税收链如图2－1所示。淘宝卖家分为两种：一种是天猫店，一种是C店。天猫店是用企业营业执照注册店铺，C店是用个人身份证注册开店。C店需要到居住地工商部门办理个体工商户营业执照，由于"五证合一"，办理营业执照的同时也完成了税务登记，登记号为身份证号。店铺与淘宝网签署协议后，成为平台内经营户，消费者注册淘宝会员，与支付宝绑定银行卡，由淘宝和支付宝为双方提供信用担保，消费者购物后当日银行卡转账给支付宝，经营者一般当日发货，消费者拥有7日内免费退货的权利，最长7日内确认收货，消费者确认收货后，交易成功，支付宝将货款支付给店家，店家给与支付宝和淘宝网一定的手续费和管理费。

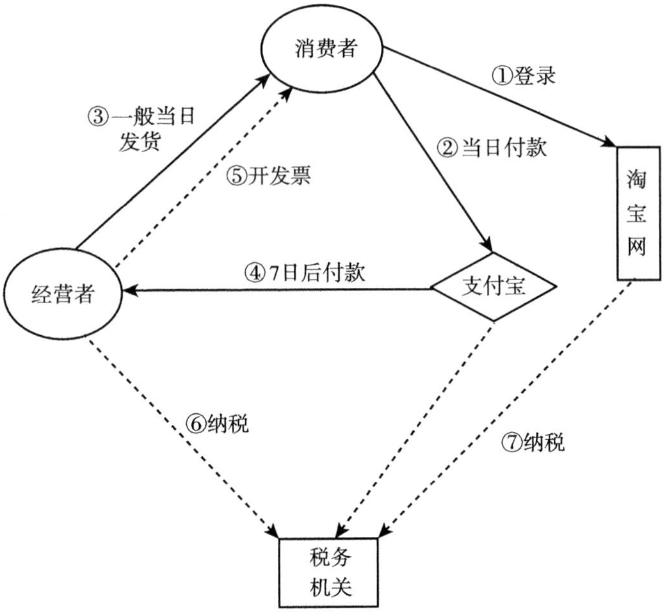

图2－1　淘宝模式价值链和税收链

2. 京东商城模式

京东商城是B2C（business to customer）商业模式的典型，B2C是企业对消费者的电子商务模式。京东是中国最大的自营式电商企业，2015年第一季度在中国自营式B2C电商市场的占有率为56.3%。京东自2004年年初涉足电子商务领域以来，专注于该领域的长足发展，凭借在信息家电产业的深厚积淀，先后组建了上海及广州全资子公司，富有远见地将华北、华东和华南三点连成一线，使全国大部分地区都覆盖在京东商城的物流配送网络下；同时，不断加强和充实公司的技术实力，改进并完善售后服务、物流配送及市场推广等各方面的软件、硬件设施和服务条件。根据战略规划，京东将组建以北京、上海、广州和成都为中心的四大物流平台，以期能为全国用户提供更加快捷的配送服务，进一步深化和拓展公司的业务空间。

京东商城的价值链和税收链如图 2 – 2 所示，京东卖家分为两类：一类是京东自营店，另一类是非京东自营店。京东商城的店家性质都是企业，在工商部门注册有企业营业执照。京东商城有自己的物流配送网，京东商城没有自己的收款工具，消费者付款方式主要为：微信支付、信用卡支付、银行卡支付、打白条分期支付。

京东商城鼓励消费者索取发票，对普通消费者开具普通发票，对企业可以开具增值税专用发票。

京东商城的纳税人包括：（1）京东非自营店家，自主申报缴纳增值税、企业所得税。（2）京东商城、京东自营店、京东物流申报缴纳增值税、企业所得税。

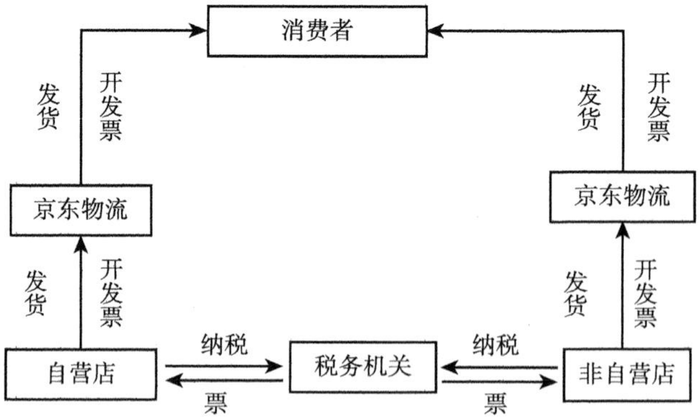

图 2 – 2　京东商城模式价值链和税收链

3. 微店模式

近年来，微店作为新生事物蓬勃兴起，而其实质就是利用手机移动端这个交易平台，通过手机号码开通自己的虚拟店铺，不需要到工商部门注册登记，当然也处于工商、税务的监管之外。微店的商品信息可以直接发到微信朋友圈，由于微信朋友圈有人数限制，所以微店的客户人数有限，属于向熟人朋友的定向推销。

（二）电子商务模式的税务筹划——基于SWOT分析

SWOT即strengths（优势）、weaknesses（劣势）、opportunities（机会）、threats（威胁），是一种战略分析方法，通过对被分析对象的优势、劣势、机会和威胁等加以综合评估与分析得出结论，通过内部资源、外部环境有机结合来清晰地确定被分析对象的资源优势和缺陷，了解对象所面临的机会和挑战。

现对淘宝模式、京东商城模式、微店模式进行SWOT分析，如表2-4所示。

表2-4　淘宝模式、京东商城模式、微店模式的SWOT分析

类别	淘宝模式	京东商城模式	微店模式
S（优势）	品牌效应深入人心，市场定位准确，支付方式便捷，客户量大	客户群定位明确，市场定位清晰，物流体系完善，技术研发能力强	成立简便，运营成本低，买卖双方信用度高，黏度强
W（劣势）	推广费用高昂，导致经营成本增加；假货、劣质货导致信誉度下降	起步相对较晚，缺少增值服务，无法实现消费者体验商品的需求，物流配送区域有限	起步晚，规模难以做大，很难树立品牌效应
O（机会）	税收政策支持，增值税低于起征点，个税核定征收；市场需求增长迅猛	网购市场高速发展，网上购物常态化	无须工商、税务注册，无须成立企业，货款直接到私人账户
T（威胁）	激烈的市场竞争	资金链紧张，税收负担重	客户数量受限

从表2-4中可以看出以上三种电子商务模式的优势、劣势、机会、威

胁，那么企业应选择哪种经营模式才更有利于企业合理性的税务安排，以下进行简要分析。

1. 税收负担比较

微店店铺目前处于工商、税务监管空白区域。淘宝普通店铺为个体工商户，增值税小规模纳税人，可以享受营业额月 10 万元，季度营业额 30 万元的起征点政策，基本不需缴纳增值税，个人所得税由淘宝平台按照核定征收方式代扣代缴。京东商城卖家为企业卖家，很多为知名品牌，增值税的一般纳税人，自主申报缴纳增值税、企业所得税。因此，从税收负担来看：京东商城模式 > 淘宝模式 > 微店模式。

2. 企业战略的税务筹划

（1）三种模式的选择。京东商城、天猫商城适合成熟的企业，不需要再大力宣传和发生广告费支出；淘宝比较适合大众创业者，如大学毕业生、青年创业者，在淘宝开店，作个体工商户，销售中低档产品和创意产品；微店适合家庭主妇，作为兼职收入的来源，还适合有固定且忠诚度高的客户群的小众设计师。

（2）京东商城的卖家税收负担最重，建议充分运用增值税起征点政策和小型微利企业政策，筹划关键点是月销售额保持在 10 万元以下，年利润保持在 100 万元以下（企业所得税实际税率 5%）或者 300 万元以下（企业所得税实际税率 10%），如果店铺的月销售额和年利润超过以上标准的，建议采用企业拆分的方法，来达到运用优惠政策节税的目的。

三、共享经济模式的税务筹划

（一）共享经济的主要模式

共享经济的一般商业模式是“闲置 + 价值 + 回报”，即供给方拥有闲置资源，在一定时间内以租、借等共享方式向需求方让渡资源使用权，需求方给予供给方一定回报。而供需间需要一个共享平台牵线搭桥。这个共享平台可以由第三方搭建，如滴滴打车平台；也可以由供给方搭建，如 ofo 小黄车和摩拜单车平台。根据平台的搭建方以及提供的产品服务是否标准化，共享经济在中国的主要商业模式可以分为 C2C① 和 B2C② 两种。2016 年之前的共享经济市场上 C2C 模式大行其道，2016 年之后以共享单车为代表的 B2C 模式开始盛行，共享经济的风口由 C2C 的独角戏转向 B2C、C2C 平分秋色。

1. C2C 模式

C2C 模式下平台由第三方搭建，其盈利模式多为抽成或按比例收取服务费。C2C 模式的企业具有轻资产、平台化的商业经营特点。其产品和服务具有一定的差异性，可以应需求方要求进行一定调整，以满足个性化和场景化的需求。根据产品和服务供给方个性化程度，可以将企业提供的产品分为标准化产品和非标准化产品，C2C 模式下多是非标准化产品。该模式下的代表企业是滴滴打车、优步（Uber）、爱彼迎（Airbnb）、小猪短租等。滴滴打车和优步的主营范围是交通运输领域，爱彼迎和小猪短租则专注于住宅租赁领域。以下以滴滴打车和爱彼迎为例对 C2C 模式做进一步分析。

滴滴打车模式具有四个特点：首先，滴滴打车不拥有车辆资源等固定资产，而是通过双向补贴和体验等方式吸引供给方和需求方，以此将线下闲置车辆资源汇集到平台上，这样，在实现企业轻资产化的同时，也为车辆供给者提供了灵活的工作方式，为社会提高了车辆利用效率。其次，滴滴打车对闲置车辆进行差异化定位，包括滴滴 SUV 高端、滴滴 Black 中端、滴滴 Taxi 低端，可以满足不同乘客的需求，充分实现个性化和场景化。并且，由于拥有大范围、多种类的交通工具，滴滴打车的业务对象拓展到了使用出租车之外的其他消费群体，如乘坐轮渡、摩托车、长途巴士等的消费者。再次，利用大数据、云计算、全球定位系统等技术，迅速及时地将需要用车的乘客和距离最近的司机进行匹配，司机自由接单。这在保证交易自由的同时极大地提高了交易成功率和交易速度，节省了双方的时间成本，加快了企业运转速度。最后，通过司机评价这一功能对司机的服务态度进行市场监督，一定程度上有助于保证乘客和司机间的交易信任。通过上述四点，C2C 模式下的滴滴打车获得了这样的商业效果：有充足的供给方和丰富的可选项来满足需求

① C2C（customer to customer）即个人与个人之间的电子商务模式。

② B2C（business to customer）即企业直接面向消费者销售产品和提供服务的电子商务模式。

方多样的需求，有充足的需求方为供给方提供稳定持续客源。巨量的业务交易构成了盈利的基石，滴滴打车对供给方每笔业务提成 20% —30% 来获取收入。总之，滴滴打车盈利模式属于对供给方抽成模式，注重线上线下资源整合，实质上是轻资产运营，属于第三方平台公司。

爱彼迎（Airbnb）采用对需求方收取服务费的盈利模式。爱彼迎虽然专注于房屋租赁这一不动产领域，但实际上它仍属于轻资产运营，是第三方平台公司。在个性化的产品服务提供上，爱彼迎表现得毫不逊色，该公司同样拥有丰富多样的选项供需求者选择，如单身公寓、家庭式公寓、独栋式公寓、酒店式公寓等。此外，得益于互联网技术的覆盖，爱彼迎的房屋信息堪称巨量，越丰富的信息会吸引到越多的客户群，盈利由此而来。

2. B2C 模式

B2C 模式下平台由供给方搭建，其盈利模式多为收取分时租赁的租金，但实质上还存在押金金融利用的问题。B2C 模式的企业具有重资产、规模化、快速周转的特点。B2C 模式下多提供标准化产品，企业建立初期需要大量资金投入运营，成本较高，因此，B2C 模式下提供的产品和服务多具有“高、频、刚”的特点，即高使用量、高频的使用次数以及刚性需求。标准化产品多会按标准化程度从高到低进行分类定价，以此来适应规模化的需求。该模式下的代表企业有共享单车企业，最为典型的是摩拜单车和 ofo 小黄车，还有酒店式公寓。下文以摩拜单车为例对 B2C 模式做进一步分析。

摩拜单车所提供的服务是自行车的分时租赁，针对解决城市中“最后一公里”的交通出行问题。共享单车的火山爆发式发展可以说是应了城市发展的时运，一方面随着城市的快速发展堵车问题愈加严重，为便捷快速的短程出行形成了巨大的市场，另一方面环保理念渐渐深入人心。可以说，共享单车的推广顺应了交通发展的潮流，绿色健康且价格低廉的出行方式流行起来是必然的。共享单车的雏形起源于 20 世纪法国的公共自行车，其运营方式发展到今天，在结合了全球定位系统、第三方支付、二维码加密、云计算等技术后，共享单车应运而生。摩拜单车每半小时租金为 1 元，单车每日使用率为 2—5 次，每次平均使用时间是 0. 5—1 小时，假设因天气导致骑行不便的日子每月有 6 天，那么每辆单车每月的收入为 48—240 元。2017 年年初，摩拜单车宣布每天骑行人次突破2000万，月用户量环比增长超过30%，租金营收颇丰。但是，除了分时租赁的租金，共享单车还存在一种隐形的盈利，即押金。摩拜单车的押金为299元/辆，这笔押金不会随着每次使用的租金而扣除，绝大多数人也不会频繁地将押金存进取出，即使每次取出也需要2—7天的滞后期。这就意味着每多一个用户，押金储蓄池里就会多299元。《中国共享出行发展报告（2019）》蓝皮书分析指出，根据交通运输部公布的数据，截至2019年8月底，我国互联网租赁自行车共有1950万辆，覆盖全国360个城市，注册用户数超过3亿人次，日均订单数达到4700万单。摩拜单车的市场份额为72.5%，即3407万用户，即使只有50%的用户将押金存放在平台里，押金规模也将超过30亿元。这相当于一个中型的投资基金或者小型的地区商业银行，现金流具备极高的稳定性。如此庞大的资金无论用于业务扩张还是金融投资都将是一种潜在的盈利。

（二）共享经济两种模式的比较

表2-5　共享经济两种模式的比较

模式	特点			
	平台搭建方	资产	产品和服务个性化程度	盈利模式
C2C模式（如滴滴打车）	第三方	轻资产、平台化	非标准化产品	抽成或按比例收取服务费
B2C模式（如摩拜单车）	供给方	重资产、规模化、快速周转	标准化产品、“高、频、刚”	收取分时租赁的租金

（三）共享经济模式存在的税法漏洞及避税空间

目前，我国税法对于共享经济商业模式下的商业交易没有明确的规定，对共享经济企业（或个人）如何征税缺少相关的法律依据，共享经济的井喷式发展使税收出现盲区。通过对共享经济现有征税模式的总结，笔者发现共享经济的税收主要存在以下问题。

1. 课税主体存在争议

我国现有税收制度未针对共享经济商业模式的纳税主体制定统一的、明确具体的规定。共享经济商业模式中，供应者和需求者之间的连接渠道仅是网络信息交互的第三方平台，资金是由需求方通过第三方支付平台（支付宝或微信）支付给网络信息交互平台，扣除平台收入后余下部分进入供给者账户，甚至在部分业务中，交互平台不会经手实际资金往来，如图2－3所示。共享经济中的供给者，特别是个人经营者如顺风车司机、代驾司机，绝大部分没有进行工商登记，因此无法准确认定课税主体。例如，在滴滴打车的代驾、出租车和顺风车业务中，平台不收取相关费用也不经手实际的资金支付，发票由乘客向司机自行索要。

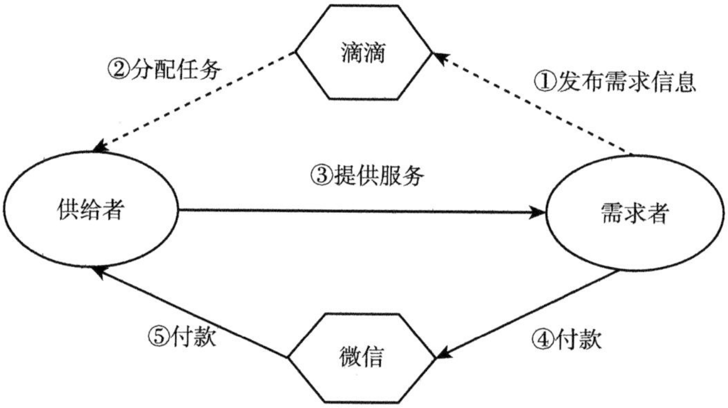

图2－3　滴滴打车流程图

2. “以票管税”不再有效

现实中税务机关监管的主要方式是利用交易所产生的物理凭证——发票为主要抓手，即票税合一，以票管税，常规经济中发票存在于交易和税收链条的每一个环节，但在共享经济商业模式下，这种判定监管的方式不再有效。滴滴打车平台下的快车、专车、豪华车以及租车业务，发票由平台出具，税务机关直接向平台征税；而滴滴代驾、出租车、顺风车业务，滴滴打车仅作为信息交互平台收取服务咨询费，发票由乘客向司机自行索取，滴滴代驾和顺风车通常不提供发票，滴滴出租车由出租车公司开具发票，是“税收洼地”领域。

3. 税目和税率存在多样性

在网约车领域，滴滴打车提供的信息服务按照咨询服务费缴纳6%的增值税，而滴滴快车、专车、豪华车服务，属于提供“交通运输业”服务，最新税率为 9%，滴滴租车业务，属于提供“有形动产租赁”业务，最新税率为 13%。在共享单车领域，根据交通运输部、中共中央宣传部等十部委联合发布的《关于鼓励和规范互联网租赁自行车发展的指导意见》，将互联网租赁自行车定位为分时租赁营运非机动车，是城市绿色交通系统的组成部分，因此对共享单车企业按“有形动产租赁”业务，征收 13% 的增值税，共享单车的数量巨大的押金是否是征税对象，法律上没有明确规定，属于“税法空白”领域。

4. 由无纸化交易带来的税收计征问题

共享经济交易活动是以共享网络交易平台为基础，交易过程中产生的交易记录以及凭证等都是各种电子化的数字信息。由于传统纸质的财务账簿和凭证被无纸化的数字信息替代，因而以票控税的方法难以有效实施。此外，数据信息易被修改和删除，使得税务机关无法准确掌握真实的数字信息，导致税务稽查困难。最后，由于存在为了赚取各类共享补贴而进行的刷单行为，使共享服务的供应者与消费者之间的真实交易金额难以与虚假的刷单金额分离，进而难以确定真实的应纳税所得额，给税收计征造成困难。

5. 税收征管权的矛盾

产品和服务提供地与企业注册地之间存在矛盾。例如，滴滴出行、摩拜单车以及 ofo 小黄车的企业注册地都在北京，但其产品服务遍布全国。虽然各地方政府为监管作出了不少努力，但税收绝大多数由北京地区税务局征管。

四、“公司 + 农户”模式的税务筹划

（一）“公司 + 农户”模式的概念和运作方式

1. 概念

“公司 + 农户”模式是指以公司为主导，以农产品加工、运销为龙头，重点围绕一种或几种农产品的生产、销售，与农户有机联合，进行一体化的经营，形成“风险共担，利益共享”的经济共同体。

2. 运作方式

龙头公司和分散的农户签订合同，公司为基地、农户提供生产原料、技

术服务和成品回购，农户生产公司所需农产品和初级加工后的农产品。

3. 优点

（1）有利于实现小生产与大市场的对接。（2）有利于生产要素的流动和组合。（3）有利于农业的规模经营和技术进步。（4）有利于提高农业生产的组织化和商品化程度。（5）有利于提高农业的比较收益和保护农民利益。（6）更重要的是，这种生产经营模式节约了农业生产经营过程中的交易费用和税收成本。

4. 缺点

（1）存在信息和履约方面的制度缺陷，从而使合约失败或者发生违约。（2）缺乏与农民利益更紧密的结合。为了弥补“公司＋农户”模式的缺点，加强公司与分散型农户之间的紧密联系，基地组织应运而生，“公司＋农户”的模式在实践中常常扩展为“公司＋基地组织＋农户”模式。

（二）各主体的职能和要求

1. 公司的职能和要求

职能：给农户提供培训，编制种植计划，提供生产资金、技术力量及基础设施，负责收购以及其他服务。

要求：资金雄厚、技术先进、规模大、管理高效、信息渠道广、形成规模、带动作用强。

2. 农户的职能和要求

职能：生产、投资。

要求：接受培训，生产出符合公司要求的产品。

3. 基地组织的职能和要求

基地组织是农民基于共同利益结合在一起的、自愿性的、民间性的组织，它的建立应该遵循农民自愿的原则，要根据市场化的进程循序渐进，而不能由政府通过行政命令的方法来强制推进，要尽量避免基地组织行政化、封闭化的倾向，尽可能地保持其自愿性、民间性、开放性的特色。

职能：基地组织既是公司的代理方，对分散农户的机会主义行为进行监督和约束，从而弥补“公司＋农户”的组织缺陷；又是农户利益的代表，对于公司的违约行为有很强的制约作用，即便提起诉讼，分摊诉讼成本也比较低。

要求：（1）强调生产的专业化和种植区域化，使基地组织尽可能“成方成片”，形成规模。（2）在基地管理上，重点强调生产技术规程的组织实施，推行农资供应、病虫害防治等统一服务。

（三）常见的组织模式及其优缺点

1. 买断土地承包权模式

买断土地承包权模式是指公司直接买断土地使用权（承包权），基地农民成为公司工人，实行工厂化管理和种植。该模式的优点：通过对整个产业链的经营，公司的优势会异常稳固，解决了履约率低的问题。该模式的缺点：投资大，组织难度大，不能解决“三农”问题。

2. 入股模式

入股模式是指公司与农户达成协议，建立股份制生产基地，是公司与农户在产权层面上的联结。该模式的优点：农户更好地分享到了产品加工和流通领域的利润，利益联结更加紧密，农户更有积极性，稳定了契约。该模式的缺点：农户承担一定风险。

3. 合同模式

合同模式是指公司与农户共同建立生产基地，生产和经营风险按合同规定分担，是公司与农户在经营层面上的联结。该模式的优点：农户利益有保障，只要产品合格，农户的风险很少。公司货源有保障，成本降低。该模式的缺点：利益联结不紧密，农户积极性不高，需要基地农户组织化水平高才能发挥基地的中介作用。

4. 收购模式

收购模式是指公司与农户直接发生关系，实行口头协议，双方在互相信任的基础上，各自履行其责任，享有其权利。目前，80% 以上的公司采取了收购模式。该模式的优点：进入成本低，组织简单。该模式的缺点：安全无保障，原料不稳定，由于门槛低，容易招来大批竞争者。

（四）税收优惠政策

“公司 + 农户”模式主要税收优惠政策有两个：（1）《关于“公司 + 农户”经营模式企业所得税优惠问题的公告》（国家税务总局公告 2010 年第 2

号)，该公告规定，采用“公司 + 农户”经营模式从事农、林、牧、渔业项目生产的企业，可以免征企业所得税。(2)《财政部、国家税务总局关于发布享受企业所得税优惠政策的农产品初加工范围（试行）的通知》（财税〔2008〕149 号)，该通知规定，对畜禽类动物的宰杀、去皮、去内脏、分割、切块或切片、冷藏或冷冻属于农产品初加工，可享受免征企业所得税的优惠政策。

（五）“公司 + 农户” 模式的税务筹划案例分析

【案例 2 -4】 旺旺公司生猪销售部门每年从个体养殖户收购再销售的生猪约 1 万头，购进成本约为 20 000 元/头，销售价格约为 21 000 元/头。

1. 税收政策

该企业的所得税税率为 25%。

毛利润 = 1 万头 × 1000 元/头 = 1000（万元）

企业所得税 = 1000 万元 × 25% = 250（万元）

2. 筹划方案

将该公司经营模式改为“公司 + 农户”合作方式，由旺旺公司向个体养殖户提供猪苗、饲料、疫苗等，一头猪的投资成本和农户的工资等仍为 20 000 元/头，企业销售价格保持 21 000 元/头不变，并将“公司 + 农户”模式进行独立核算。

毛利润 = 1 万头 × 1000 元/头 = 1000（万元）

企业所得税 = 0

3. 筹划结论

通过商业模式的转换，使得旺旺公司所得税减轻税负 250 万元。

思考题：

1. 试述纳税人设立时可选择的主要法律形式和税收政策。
2. 试述纳税人扩张时可选择的主要法律形式和税收政策。
3. 试用 SWOT 工具分析淘宝网、京东商城、拼多多的商业模式和税务筹划。
4. 如何理解互联网技术、商业模式和税务筹划之间的关系。

第三章 投资活动的税务筹划

本章概述

企业投资活动的税务筹划包括投资地点的税务筹划、投资方向的税务筹划、投资形式的税务筹划和投资规模的税务筹划等。投资地点的税务筹划主要是利用国内外“税收洼地”进行避税，在利用国内“税收洼地”进行税务筹划时，着重考虑了西藏、新疆这两个少数民族地区税收优惠、西部大开发地区税收优惠和地方政府的园区财政补贴政策。投资方向的税务筹划需要重点考虑增值税和企业所得税行业优惠政策的充分运用。投资形式的税务筹划主要集中在货币投资和非货币投资两种投资方式具有不同的税收待遇的筹划。投资规模的税务筹划，主要考虑大企业的规模经济优势和“小微”企业的减税降费政策的运用。

第一节 投资地点的税务筹划

一、国内外“税收洼地”及避税策略

（一）国际避税地及选择策略

1. 国际避税地的概念

避税地又称避税港、自由港，指的是那些可以被人们借以进行所得税或

财产税等国际避税活动的国家或地区。它为从事投资经营活动的企业提供了免税或低税的优惠待遇。很多在避税地注册的商业组织不在当地经营，但在登记、监管、信息披露、税务、管理等方面享有离岸区法律规定的特殊政策。避税地一般不直接对企业开放，而是与获得经营许可的代理注册公司合作，利用低税收、宽监管的优惠措施吸引全球资本。

2. 国际避税地的类型

（1）不征收任何所得税的国家或地区：巴哈马、百慕大、开曼群岛、瑙鲁等。

（2）征收所得税但税率较低的国家或地区：瑞士、列支敦士登、巴巴多斯、英属维尔京群岛等。

（3）所得税仅实行地域管辖权的国家或地区：中国香港、巴拿马、塞浦路斯等。

（4）对国内一般公司征收正常所得税，但对特定公司实施特殊优惠的国家或地区：卢森堡、荷属安的列斯等。

（5）与其他国家签订有大量税收协定的国家或地区：荷兰、比利时等。

3. 国际避税地的特征

国际避税地往往具有以下特征：政治和社会稳定；交通和通信便利；银行保密制度严格；对汇出资金不进行限制。

4. 跨国避税地点的选择策略*

如果进行跨国投资，仅从税收角度出发，要考虑以下几点：一是宏观税负的高低；二是所涉及的主要税种及其税负的高低；三是税收结构；四是居住国与投资地所在国关于避免双重征税的政策规定。

从国外的情况看，有的国家或地区不征收所得税，有的国家所得税税率高于或者低于我国。因此，投资地点不同，税收负担会有所差别，最终影响到投资收益。对于跨国投资者，还应考虑有关国家同时实行居民管辖权和收入来源地管辖权而导致对同一项所得的双重征税，以及为避免国际双重征税

---

* 蔡昌．税收筹划：理论、实务与案例：第2版［M］．北京：中国人民大学出版社，2018：97－98.

的双边税收协定有关税收抵免的具体规定，以进行投资国别或地区选择。

公司所得税（即企业所得税）是世界上开征相当普遍的一个税种。根据对世界各国的跟踪检索，截至2017年年底，世界各国公司所得税的基本状况是：普遍征收公司所得税的国家和地区有220个，有7个国家或地区的公司所得税税率为零，这7个国家或地区是巴哈马、巴林、百慕大、开曼群岛、马恩岛、马尔代夫、瓦努阿图。一部分国家或地区的公司所得税采取累进税制。

公司所得税综合税率存在持续下降的趋势。2010年降低公司所得税税率的国家和地区至少有21个。自从美国1986年实行以降低税率、拓宽税基为基调的税制改革以来，世界上公司所得税税率普遍呈下降趋势。2017年年底，特朗普税改方案在美国通过，这是30多年来美国税法最大的一次调整，美国的大规模减税政策引起新一轮的全球减税浪潮。

此外，不少国家各地所得税税率不一，如美国、日本、德国、瑞士、意大利等税率不同，有的差别还比较大，据统计表明，所得税税率达到30%但不超过35%这一税率段的国家和地区最多，有56个，其中税率为30%的国家和地区有37个；达到25%但不超过30%这一税率段的国家和地区次之，有48个，其中税率为25%的国家和地区有31个。

企业进行投资时，应充分利用不同地区的税制差别或区域性税收倾斜政策，选择整体税负较轻的地区进行投资，以提高投资收益率。下面列出亚太地区主要国家或地区公司所得税税率情况，供企业投资时参考，如表3－1所示。

表3－1　亚太地区主要国家（或地区）公司所得税税率

国家或地区	税率	备注
中国	25%	高新技术企业税率15%，小型微利企业优惠税率5%、10%
日本	法人税税率30%，居民税税率6.21%，企业地方税税率7.56%，其法定税率达到43.77%	有效税率降至40.69%

续表

国家或地区	税率	备注
印度	国内公司税率 33.66%（包括附加税），外国公司税率 41.82%	另有最低替代税率：国内公司为 11.22%，外国公司为 10.455%
韩国	14.3%（对第一个一亿韩元应税所得），27.5%（超过 1 亿韩元，包括 10% 的居民附加费）	
菲律宾	35%（主业务净所得），从经营的第四年起，净利润适用 2% 的最低公司所得税	
新加坡	20%	2008 年降至 18%
泰国	30%（符合特定条件可以降低税率）	
印度尼西亚	10%—30%	
斯里兰卡	当地注册的企业适用 15% 的公司所得税税率，没有在当地注册的企业适用 35% 的公司所得税税率	15% 的低税率，适用于非传统出口、农业、旅游推广、建筑业等
澳大利亚	30%	
越南	28%	
马来西亚	28%	
新西兰	33%	
中国香港	16.5%	税率较低，体现国际避税地的优势

我国《企业所得税法》所规定的 25% 税率在亚太地区是有较强竞争力的，但是，国际上出现的减税趋势对我国也可能造成较大的影响和冲击。例如，新加坡从 2008 年起，税率从 20% 降为 18%。中国香港作为国际税收优惠地区，其公司所得税税率仅为 16.5%。2018 年下半年以来，中国政府为了顺应新一轮国际减税浪潮，刺激企业投资和生产，改善营商环境，采取了一系列减税政策，其中对小型微利企业所得税的减税政策力度最强，使得小型

微利企业的实际税率最低低至5%。

（二）国内“税收洼地”政策

1. 少数民族地区——新疆、西藏税收优惠政策

为支持新疆地区经济社会发展，2010年1月1日至2020年12月31日，政府对在新疆困难地区新办的属于《新疆困难地区重点鼓励发展产业企业所得税优惠目录》范围内的企业，自取得第一笔生产经营收入所属纳税年度起，第1—2年免征企业所得税，第3—5年减半征收企业所得税。

因此，企业完全能够而且有必要在投资之前，充分考虑基础设施、金融环境等外部因素，选择整体税收负担相对较低的地点进行投资，以获得最大的税收利益。一般做法是：在低税区创办企业，即利用低税地区的各种优惠政策，其业务活动自然也可以扩大到非低税区；或在低税区设置关联机构，将更多利润留在低税区，以降低总体税负。但是企业一旦选择了在这些地区投资，必须考虑这些地区的硬件环境、软件环境及需求状况，以免为了节税影响企业盈利，得不偿失，这是企业投资前应当慎重考虑的。

2. 西部大开发地区税收优惠政策

重庆市、四川省、贵州省、云南省、西藏自治区、陕西省、甘肃省、宁夏回族自治区、青海省、新疆维吾尔自治区、新疆生产建设兵团、内蒙古自治区和广西壮族自治区，以及湖南省湘西土家族苗族自治州、湖北省恩施土家族苗族自治州、吉林省延边朝鲜族自治州，自2011年1月1日至2020年12月31日，对设在上述地区的鼓励类产业的企业减按15%的税率征收企业所得税。

3. 各地园区“土”政策——以重庆市为例

我国幅员辽阔，经济发展水平地方差异大，各地方政府为招商引资各出奇招，其中税收优惠政策是一种重要手段。以下以重庆市为例，列举几个园区的税收优惠政策：

（1）重庆市万州国家级经济开发区税收优惠政策

凡是在开发区成立有限公司、分公司及子公司的，其享有以下税收优惠政策：企业可享受增值税地方留存部分的50%—70%的奖励，增值税地方留

存为50%，例如，企业增值税纳税额为100万元，需要上交国库50万元，剩余50万元为地方留存，企业可享受25万—35万元的奖励，即企业能够享受到总增值税纳税额的25%—35%的奖励。

（2）渝中总部经济园区税收优惠政策*

①凡在园区内购房自用的新办企业，当年入库增值税、营业税、企业所得税区级实得30万元以上的，从开办之日起前三年内按当年入库增值税、营业税、所得税区级实得的50%给予扶持，其中30%奖励企业领导班子。凡在园区购房自用的企业，当年入库增值税、营业税、企业所得税区级税收100万元以上的，再按增值税、营业税、所得税区级税收2%奖励经营班子。若当年对区财政的贡献比上年增长，对增长10%以上部分按15%奖励经营班子。②入驻园区的企业符合“国家需要重点扶持的高新技术企业”征收条件的，减按15%税率征收企业所得税。③入驻园区的企业符合西部大开发优惠政策享受条件的，在国家规定的优惠期内，减按15%的税率征收企业所得税。④入驻园区且工商、税务注册在园区内的企业，首次在境内外公开发行上市的给予300万元的一次性奖励。⑤入驻园区企业认定为高新技术产业领域或战略性新兴产业领域的，从获利年度起3年内，按有关规定提取的风险补偿金（按当年利润额的3%—5%）可税前扣除。⑥入驻园区企业年纳税区实得50万元以上的，通过汇算将分散在渝中区外的其他分支机构的税收解缴区内，且该部分税收占企业总税收30%以上的，经财政认定后按解缴到区年实得部分的2%奖励企业领导班子。⑦入驻园区新办企业3年平均年入库税收全口径（增值税、营业税、所得税）200万—500万元以及500万元以上的，对其购买总部楼整层或整栋以上物业（限自用）的购楼成本分别给予300元/平方米和500元/平方米一次性补贴，但总额不得超过300万元和500万元。3年平均年入库税收全口径（增值税、营业税、所得税）1000万元以上的，给予1000元/平方米补贴，其享受的该项补贴最多不超过1000万元。⑧入驻园区新办企业年入库税收全口径（增值税、营业税、所得税）达到

---

* 重庆渝中总部经济园区管委会渝中税收优惠政策［EB/OL］.［2020-02-20］. http://www.sohu.com/a/307884692_120064303.

250万元的，采取租赁园区办公楼（自用）的入驻企业，对其租赁自用的办公用房在1000平方米以上的给予每月10元/平方米的标准据实补贴。年入库税收额全口径（增值税、营业税、所得税）在250万元基础上，每增加300万元，每月增加5元/平方米的补贴，以此类推。每户企业享受补贴面积不得超过3000平方米，补贴期为2年，按年度结算。凡享受此房租补贴的园区企业，2年内不得停租、转租和减少租赁面积。

（3）重庆市垫江总部经济园区税收优惠政策*

2018年《重庆市人民政府办公厅关于加快总部经济发展的意见》（渝府办发〔2018〕38号）出台，之后重庆垫江总部经济园区根据文件精神，出台了2019年具体招商文件，以下为与税收优惠有关的文件内容。

对新引进的总部企业，自设立年度起第1—5年，以企业缴纳的增值税、企业所得税对地方经济发展贡献值为基数，按季度给予企业以下税收扶持奖励：①园区税收留存比例。增值税留存比例为50%，所得税留存比例为40%。②增值税给予70%—80%的奖励，企业所得税给予70%—80%的奖励。返还梯度标准为年纳税额500万元以下，按70%安排；年纳税额500万—3000万元，按75%安排；年纳税额3000万元以上，按80%安排。税收奖励周期，实行每季度返还。③个人独资企业可核定征收，征收税率为0.5%—3.1%。④在园区注册的企业，可享受西部大开发地区税收优惠政策，企业减按15%的税率征收企业所得税。

二、常见的投资地点税务筹划

由于我国的地区众多且各地区发展不平衡的现象较为明显，国家为了促进各地区的共同、协调发展，在不同的地区采取有差异的税收政策。企业在对投资地点进行税务筹划时，应该充分考虑国家给予各地的税收优惠政策，投资地点的选择要更多地偏向于那些税收优惠程度较大的地区，以获取最大的税收利益。

---

* 汇国智库127. 税收洼地：重庆垫江总部经济园区税收优惠政策[EB/OL].［2020-02-20］. https://www.jianshu.com/p/6af8893df2db.

2011 年 11 月，财政部、国家税务总局为了贯彻落实《国务院关于支持喀什霍尔果斯经济开发区建设的若干意见》（国发〔2011〕33 号），颁发《关于新疆喀什霍尔果斯两个特殊经济开发区企业所得税优惠政策的通知》（财税〔2011〕112 号），明确规定：2010 年 1 月 1 日至 2020 年 12 月 31 日，对在新疆喀什、霍尔果斯两个特殊经济开发区内新办的属于《新疆困难地区重点鼓励发展产业企业所得税优惠目录》（以下简称《目录》）范围内的企业，自取得第一笔生产经营收入所属纳税年度起，五年内免征企业所得税。2016 年 1 月 1 日起《新疆困难地区重点鼓励发展产业企业所得税优惠目录（试行）（2016 版本）》执行。相较于 2011 年的版本，《目录》与时俱进将“经济、管理、会计、法律、税务、鉴证（含审计服务）等咨询与服务”纳入，同时还增加“国家级工程（技术）研究中心、国家级工程实验室、国家认定企业技术中心、重点实验室、高新技术创业服务中心、新产品开发设计中心、科研中试基地、试验基地建设”。

喀什、霍尔果斯政策性的税收优惠，通过让渡地方税收红利来激励引导各地企业和资本入驻，带来一定的人口、劳动力，促进了地方经济发展，完善了地方发展的环境、配套措施以及服务，促进产业向西部转移。一方面，能够发展当地经济，提高人民生活水平来缩小中西部区域经济差距；另一方面，能够在推进“一带一路”倡议时与“一带一路”沿线国家进行贸易，减少运输带来的费用，进而让喀什、霍尔果斯发挥地理优势，成为中国向西开放的门户。优惠的税收政策同样也可以吸引到与新疆接壤的其他国家的企业和资本，使国外资本进入新疆，加强与中亚、南亚、西亚和东欧的紧密合作，实现优势互补、互利互惠、共同发展，努力打造“外引内联、东联西出、西来东去”的开放合作平台，是实现“一带一路”倡议的重要一步。

然而，在霍尔果斯大力度的税收优惠下，却出现了大量追逐政策红利的乱象。2017 年，霍尔果斯市新登记注册各类市场主体 14472 户，注册资本（金）2015 亿元，但大部分都是没有实地经营的注册型企业，主要集中在广告影视传媒、股权投资、电子科技等经营地点不受地域限制的轻资产类企业。2018 年以前，对注册企业不要求在霍尔果斯有营业地，只要有注册营业执照就可以享受税收优惠，这造成了这些企业都是为了追求税收优惠在霍尔果斯注册，在当地没有固定资产，没有对当地进行投资，也没有给当地带来人口、劳动力、资金的流入。

三、法律风险和税收风险分析

在选择“税收洼地”时，不能只看到“税收洼地”的诱惑，还应看到“税收洼地”可能存在的风险。其主要存在以下风险。

（1）税收返还比例真实性。某些洼地以超出常理的高额度税收返还优惠吸引企业注册公司，但要求必须符合一定的条件，如果企业无法达到条件，实际上企业无法取得返还的比例，或者大大低于之前所谈的税收比例。

（2）税收优惠政策的长期性。园区的“土”政策有违背税收法定原则的可能，具有一定的风险性，这类政策一旦发生大的涉税违法案件或者被举报，则将难以持续。

（3）地方财力的保障性。税收返还实际上是以地方政府财力作保障，因而地方财力是否有能力保证扶持资金返还的履行，是需要考虑的重要因素，尤其是在地方政府入不敷出，地方债务危机频发的情况下。

（4）地方政府主要领导更换的风险。各地园区税收返还的“土”政策，是以地方政府主要领导的信用度为担保，如果地方主要领导更换频繁，也会出现“新官不管旧账”的风险，会对政策的持续性带来很大的风险。

第二节　投资方向的税务筹划

一、国家税收政策鼓励的行业

我国经济调剂中最有效的手段就是税收手段，国家通过这种手段能够有效地看出其宏观发展的导向性以及经济政策发展方向。政府对各行业的投资及税收优惠，可以直接作用于行业投资结构，也可以间接利用财税政策外部性作用，通过影响行业异质性条件促使资源在行业之间合理流动与分配，进而达到优化行业资源配置的效果。增加对行业政府税收优惠，不仅可以直接促进已进入该行业企业的利润增长，减小行业税负压力，也可以降低该行业的准入门槛，吸引更多具有潜在发展能力的企业进入。从另一个角度来看，增加对某行业的政府税收负担，可以加大劣质企业的淘汰速度，也在一定程度上保障了在该行业已占据一定垄断地位企业的利益，因此在不同的投资方向上会存在相应的倾斜性。例如，《中华人民共和国增值税暂行条例》（以下简称《增值税暂行条例》）第 15 条第 1 款规定："下列项目免征增值税：（一）农业生产者销售的自产农产品；（二）避孕药品和用具；（三）古旧图书；（四）直接用于科学研究、科学试验和教学的进口仪器、设备；（五）外国政府、国际组织无偿援助的进口物资和设备；（六）由残疾人的组织直接进口供残疾人专用的物品；（七）销售的自己使用过的物品。"

二、企业投资方向的税务筹划*

我国为优化产业结构，在税制上对不同的生产行业采取互不相同的税收优惠待遇。企业在确定投资项目之前，要结合实际情况，明确该投资项目是否能享受到国家税收优惠政策，选择适宜的投资项目，以便达到企业税收筹划的目的，扩大企业的利润收益。

（一）流转税的行业税负差异

流转税主要通过对企业现金流量的影响约束企业的投资决策。在一定时期内，企业缴纳的流转税越多，企业在该时期的现金流量就越少，从而抑制了企业的投资；反之，企业的现金流量增加会刺激企业的投资。

为此，企业投资进行行业选择时应首先考虑未来经营收入缴纳流转税的差异。尽管从经济学的角度考虑，流转税可以转嫁他人负担，但实际能否转嫁、转嫁程度如何都会对企业的税收负担及税收利润造成不同影响。具体可以从以下方面分析。

1. 适用税率的差异

不同行业业务收入适用的税种不同，实际税负也不相同。工商企业销售

---

* 蔡昌．税收筹划：理论、实务与案例：第 2 版［M］．北京：中国人民大学出版社，2018：98 – 100.

收入缴纳增值税，名义税率较高，为 13% 或 9%，但以增值税为计税依据，购进项目可作进项税额抵扣，税基较小。服务性企业提供各类服务在营改增后缴纳增值税，名义税率为 6%。

2. 使用税种数量的差异

生产销售产品的工业企业，大部分商品销售收入只缴纳增值税；而生产消费税应税产品的企业则需缴纳增值税、消费税两道流转税，并且由于消费税是价内税，增值税与消费税计税价格相同，消费税税率高低既影响消费税应纳税额的多少，又影响增值税应纳税额的多少。

3. 适用税目的差异

同样缴纳增值税、消费税，税目不同，适用税率不尽相同，税负轻重也不相同。不同类商品或劳务适用的税目税率不同；同类商品也会有税率高低的差别，如卷烟根据调拨价格在 70 元上下分为甲乙两类而适用不同的税率。另外，还需考虑免税项目、出口退税率差别、进口征税时关税对增值税及消费税的影响等问题。

4. 其他差异

混合销售、兼营行为实际适用税率、税种差异也会造成应纳税额的差别。

（二）所得税的行业税负差异

所得税对企业投资决策的影响主要体现在其直接影响企业的税后利润水平，进而影响企业的投资收益和投资决策。虽然我国企业所得税对各行业采用统一的比例税率，但各种税收优惠政策仍然为企业投资的行业选择提供了空间。例如，《企业所得税法》规定，从事农、林、牧、渔业项目的所得项目免税或减半征收；从事国家重点扶持的公共基础设施项目投资经营的所得，自项目取得第一笔生产经营收入所属纳税年度起，第 1—3 年免征企业所得税，第 4—6 年减半征收企业所得税；从事符合条件的环境保护、节能节水项目的所得，自项目取得第一笔生产经营收入所属纳税年度起，第 1—3 年免征企业所得税，第 4—6 年减半征收企业所得税；符合条件的技术转让所得，在一个纳税年度内，居民企业技术转让所得不超过 500 万元的部分免征企业所得税，超过 500 万元的部分，减半征收企业所得税。

三、法律风险和税收风险分析

（一）税务优惠的行业特征

（1）成本大利润低，即投入成本大，利润低于市场平均利润。例如，农林牧副渔行业，由于长期以来对农业产品的价格“剪刀差”，使得第一产业利润明显低于第二、第三产业，因此需要扶持。

（2）正外部效应大，需要通过税收优惠回收成本。例如，公路、铁路、桥梁、港口、码头、水利、电力等基础设施建设，有利于国计民生，产生正的外部效应，企业成本难以回收，需要国家税收鼓励。再如，对于绿色环保、节能节水、安全生产的投资，与同行业相比会增加成本，而利润的增加低于成本的增加幅度，需要税收鼓励，通过降低税收负担来弥补成本投入。

（3）具有科技战略意义。例如，集成电路生产企业、国家规划布局内重点软件生产企业、生物与新医药、航天航空、新材料、新能源产业，在创新型国家建设中具有重要地位，需要税收政策的大力倾斜。

（4）需要扶持国家品牌。例如，动漫生产企业、软件生产企业，动漫产品具有广阔的市场前景，是年轻消费者喜爱的消费产品。当前美国、日本的动漫行业已经非常成熟，而我国的动漫市场和动漫产业还比较稚嫩，需要创立蕴含中国文化和具有国风特色的动漫产品，因此，对动漫产业实行实际税率超过3%的部分即征即退的优惠政策。

（二）法律风险

企业投资方向筹划最大的法律风险是政策立法意图没有吃透，贸然投入之后发现享受税收优惠政策需要若干条件，而本企业的实际情况难以达到。例如，说高新技术企业所得税税率为15%，但认定为高新技术企业须同时满足以下八个条件：（1）企业申请认定时须注册成立一年以上。（2）企业通过自主研发、受让、受赠、并购等方式，获得对其主要产品（服务）在技术上发挥核心支持作用的知识产权的所有权。（3）对企业主要产品（服务）发挥核心支持作用的技术属于《国家重点支持的高新技术领域》规定的范围。（4）企业从事研发和相关技术创新活动的科技人员占企业当年职工总数的比例不低于10%。（5）企业近三个会计年度（实际经营期不满三年的按实际经营时间计算，下同）的研究开发费用总额占同期销售收入总额的比例符合如下要求：最近一年销售收入小于 5000 万元（含）的企业，比例不低于 5%；最近一年销售收入在 5000 万元至 2 亿元（含）的企业，比例不低于 4%；最近一年销售收入在 2 亿元以上的企业，比例不低于 3%。其中，企业在中国境内发生的研究开发费用总额占全部研究开发费用总额的比例不低于 60%。（6）近一年高新技术产品（服务）收入占企业同期总收入的比例不低于 60%。（7）企业创新能力评价应达到相应要求。（8）企业申请认定前一年内未发生重大安全、重大质量事故或严重环境违法行为。

认定程序包括：企业申请，专家评审，审查认定，认定合格享受高新技术企业待遇，三年后还需被复审，如果复审条件未达到，还要进行责任追溯，补税后缴纳滞纳金。

（三）税收风险

投资某行业之后，发现税收优惠带来的节税收益弥补不了成本投入，或者虽然弥补了成本投入但利润率偏低，低于市场正常利润或目标利润。

因此，在对企业投资方向、投资行业的筹划时，要注意以下三点：一是把税收优惠文件的立法背景、立法意图吃透，对关键条件对标企业现状，进行可行性分析，查缺补漏，认为可行性较高，才可以投资。二是不能依赖于单一的税收优惠政策，而是尽可能地把税收优惠综合性政策用足、用够，例如，既用了高新技术企业的税率优惠，又要考虑是否运用科研经费加计 75% 扣除的政策，还可以考虑购买研发设备的加速折旧政策运用。三是不但考虑节税方式，还考虑避税策略。

第三节　投资形式的税务筹划

一、不同投资形式的税收政策

企业投资形式可以分为货币性投资和非货币性投资，货币性投资在投资阶段不产生税收义务，但是非货币性投资在投资阶段视为两种性质的经济行为发生：一是投资行为发生，二是视同销售行为发生，因此，就产生视同销售收入和应纳税所得，涉及多个税种的纳税义务。

（一）企业所得税

依据《财政部、国家税务总局关于非货币性资产投资企业所得税政策问题的通知》（财税〔2014〕116号），居民企业以非货币性资产对外投资确认的非货币性资产转让所得，可在不超过5年期限内，分期均匀计入相应年度的应纳税所得额，按规定计算缴纳企业所得税。企业以非货币性资产对外投资，应对非货币性资产进行评估并按评估后的公允价值扣除计税基础后的余额，计算确认非货币性资产转让所得。依据该规定，以非货币性资产对外投资发生的资产评估增值应调增应纳税所得额，依法缴纳企业所得税。

（二）增值税

依据《中华人民共和国增值税暂行条例实施细则》（以下简称《增值税暂行条例实施细则》）规定，将自产、委托加工或者购进的货物作为投资，应视同销售，按照正常销售价款计算缴纳增值税。

（三）土地增值税

依据《财政部、国家税务总局关于土地增值税一些具体问题规定的通知》（财〔1995〕048号）规定，对于以房地产进行投资、联营的，投资、联营的一方以土地（房地产）作价入股进行投资或作为联营条件，将房地产转让到所投资、联营的企业中时，暂免征收土地增值税。对投资、联营企业将上述房地产再转让的，应征收土地增值税。根据此规定，以房屋权属作价投资入股的，不征收土地增值税。

（四）契税

依据《中华人民共和国契税暂行条例细则》（以下简称《契税暂行条例细则》）第8条规定，土地、房屋权属以下列方式转移的，视同土地使用权转让、房屋买卖或者房屋赠与征税：（1）以土地、房屋权属作价投资、入股；（2）以土地、房屋权属抵债；（3）以获奖方式承受土地、房屋权属；（4）以预购方式或者预付集资建房款方式承受土地、房屋权属。依据此规定，以土地、房屋权属作价投资入股的，视同土地使用权转让、房屋买卖征收契税。

二、投资形式的税务筹划案例

【案例3－1】2019年12月，某内资企业甲准备与某外国企业联合投资设立中外合资企业，投资额为8000万元，注册资本为4000万元。其中，甲企业出资1600万元，占40%；外方出资2400万元，占60%。

（一）出资方式

甲企业有五种出资方式：第一种以货币资金1600万元作为注册资本。第二种以甲企业存货作价1600万元作为注册资本。该批存货的购进价格为1200万元，进项税额为156万元（取得增值税专用发票，已经通过认证）。第三种以2017年11月20日购进的机器设备作价1600万元作为注册资本。该设备原价为1200万元，已经提取折旧130万元。第四种以专利技术作价1600万元作为注册资本。该专利购进原价为2000万元，账面余额为1600万元。第五种以厂房作价1600万元作为注册资本。该厂房为2016年4月30日前自建的不动产，采用简易计税方法计税，该厂房原价为2500万元，已计提折旧1000万元，经评估，该厂房的成新率为50%。

（二）筹划方案

方案一：以货币资金1600万元作为注册资本。

根据税法规定，以现金方式出资，企业无须纳税。

综上，甲企业出资行为应纳税额合计为0元。

方案二：甲企业将存货用于对外投资。

根据税法规定，甲企业应视同销售商品缴纳增值税。

应缴纳增值税额＝1600/（1＋13%）×13%－156＝28.07（万元）

城市维护建设税、教育费附加＝28.07×（7%＋3%）＝2.81（万元）

同时，将存货用于投资，属于非货币性资产交换。根据税法规定，甲企业应缴纳所得税。

应缴纳所得税额＝［1600/（1＋13%）－1200］×25%＝53.98（万元）

综上，甲企业出资行为应纳税额合计为 28.07 + 2.81 + 53.98 = 84.86（万元）。

方案三：甲企业以使用过的机器设备对外投资。

根据税法规定，应属于视同销售，应缴纳增值税额。

应缴纳增值税额 = 1600/（1 + 13%）×13% − 156 = 28.07（万元）

城市维护建设税、教育费附加 = 28.07 ×（7% + 3%）= 2.81（万元）

同时，甲企业以使用过的机器设备对外投资，属于非货币性资产交换。根据税法规定，应缴纳所得税额。

应缴纳所得税额 = [1600（1 + 3%）−（1200 − 130）]×25% = 86.48（万元）

综上，甲企业出资行为应纳税额合计为 28.07 + 2.81 + 86.48 = 117.36（万元）

方案四：甲企业以专利技术对外投资。

根据税法规定，对将不动产、无形资产投资入股换取股权行为属于有偿转让无形资产或者不动产，按有偿销售不动产、无形资产行为征收增值税。但因其售价未超过原价，免于缴纳增值税及相应的城市维护建设税、教育费附加。

同时，甲企业以无形资产对外投资，属于非货币性资产交换。根据税法规定，应缴纳所得税额。

应缴纳所得税额 =（1600 − 1600）×25% = 0（元）

综上，甲企业出资行为应纳税额合计为 0（元）

方案五：甲企业以厂房即不动产对外投资。

根据税法规定，对将不动产、无形资产投资入股换取股权行为属于有偿转让无形资产或者不动产，按有偿销售不动产、无形资产行为征收增值税。

应缴纳增值税额 = 1600/（1 + 5%）×5% = 76.19（万元）

城市维护建设税、教育费附加 = 76.19 ×（7% + 3%）= 7.62（万元）

同时，甲企业以不动产对外投资，属于非货币性资产交换。根据税法规定，应缴纳所得税额。

应缴纳所得税额 = [1600/（1 + 5%）−（2500 − 1000）]×25% = 5.95

（万元）

此外，根据税法规定，受让方需缴纳契税。

应缴纳契税额 = 1600 × 3% = 48（万元）

综上，甲企业出资行为应纳税额合计为 76.19 + 7.62 + 5.95 = 89.76（万元）

（三）筹划分析

（1）方案一以现金方式投资，没有税收问题，最好。但是，企业以货币资金进行投资，必须要考虑到企业是否有充足的货币资金，如果企业以货币资金投资可能导致企业内部资金链出现问题，考虑到企业的长远发展，建议选择非货币资金交换的方式来进行投资。

（2）方案二因为用于投资的资产有增值额，需要承担增值税及相应的城市维护建设税、教育费附加。但是，采用存货投资，必须是在被投资方接受存货投资的前提下才可以使用。

（3）方案三由于以机器设备进行投资，视同销售，而本案例中由于其售价超过原价，需要缴纳增值税。但是，如若企业进行投资时，对该机器设备的作价小于原价，则可以免征增值税，当其作价小于该机器设备的账面原值时，甚至不用缴纳企业所得税，在节税效果上，实际等同于以货币资金投资。

（4）方案四在本案例中，由于专利作价小于其取得价格，等于其账面余额，故未缴纳增值税和企业所得税。但是，如果企业作价大于其取得价格和账面余额，则结果就不一样了。假设有取得价款和账面余额都相等的无形资产和机器设备，我们应该以哪种方式投资？显然是选择无形资产，这是由于两者投资都视同销售，但是，税率的差异（无形资产 6%，机器设备 13%），会给企业带来节税效应。

（5）方案五以房地产出资，必须弄清楚其所有权，出资方是否享有财产处置权，即是否有抵押、担保等行为。

另外，以非货币资产出资，如果双方未达成一致协议，则需要对资产进行价值评估，需要支付额外的评估费用。

第四节 投资规模的税务筹划

一、规模经济及其税收意义

企业按其规模可分为大企业和小企业。大企业作为其所在地的经济支柱，在享受税务机关对其关照的同时也承担着巨大的税收负担。小企业往往得不到税务机关的关照，发生问题也无法与执法机关进行充分的沟通，但小企业由于机制灵活、经营收入少，其税收负担相对较轻。

如同收益与风险并存的道理一样，税收压力与节税利益也是并存的。一般说来，企业的业务范围越广，企业组织越庞大，经营决策越复杂，缴纳的税种越多、金额越大，那么税务风险控制的空间也就越广阔，税务风险控制收益的潜力也就越大。

二、税务筹划风险控制侧重点的差异

税务筹划风险控制的重要性对于大企业和小企业是相同的，但由于经济的因素、税收的因素、管理的因素、税务风险控制的技能因素等，从不同方面制约不同纳税人开展税务风险控制工作的深度、广度。作为税务风险控制的主体，同为纳税人的大企业和小企业除需掌握各种经营管理的必备知识外，还必须充分了解税收制度和掌握科学有效的税务风险控制方法，或者聘用税务风险控制的专家进行税务风险控制，以获得切实有效的税务风险控制成果。

大企业由于产业覆盖面广，收入水平高，业务类型多样，经营模式不断翻新，人流、资金流、信息流与物流多角度、多方位交叉，导致企业适用税种全，顺利确认应纳税额度与类型存在法律条文与实务经验的双重制约，因此大企业税务风险控制的侧重点在于，确保税务风险控制两层目标的均衡实现，即在确保不发生重大违规行为的前提下，尽可能地开展纳税规划与安排，获得合法的节税收益。因为小企业业务模式单一，经营收入不高，进行纳税规划的余地不大，且由于其经济实力有限，无法承受突发性的税务违规处罚

风险。

小企业税务风险控制的侧重点主要在于税务风险控制第一层目标的实现，即重在确保企业业务处理与纳税申报满足税法与税务机关的基本要求，并在此基础上尽可能不断改善，树立纳税信誉，从而降低税务处罚的风险。

大企业进行税务风险控制，必须从人员、机构、规章制度、操作流程等方面进行全面配置、合理安排才能起到应有的作用。从人员方面，必须配备经验丰富的税务专家并组成团队。从机构方面，必须成立专门的税务部门或在财务部门内设置专门的税务工作组。从规章制度方面，必须建立健全纳税业务规范与责任考核制度。从操作流程方面，必须建立系统完善的税务风险控制流程。小企业重在基本规范与业务操作模式的建立，不需要配备专业人员、成立专门机构。

三、大企业税务筹划

（一）缩小大企业的税基

缩小税基，可以减少应纳税额，例如，在税法允许范围和限额内，实现各项成本费用扣除和摊销的最大化等，减少应纳税所得额。

（二）使大企业整体适用较低的税率

在税法中除少数税种采用单一税率外，均有各种不同的税率，有的还采用累进税率，在税收规划方面有着广阔的规划空间。

（三）合理归属大企业所得的年度

所得归属的处理，可以通过收入、成本、损失、费用等项目之增减或分摊而达到，但需要正确预测销售的形成、各项费用的支付，了解大企业获利的趋势，作出合理的安排，才能享受最大利益。

（四）大企业整体延缓纳税期限

资金具有时间价值，延缓纳税期限可享受类似无息贷款的利益。一般而言，应纳税款延期越长，所获得利益越大。当经济处于通货膨胀期间，延缓纳税的理财效益更为明显。

（五）利用税负转嫁方式降低大企业税负水平

税负转嫁存在经济交易之中，通过价格变动实现，而大企业内部企业投资关系复杂，交易往来频繁，为税负转嫁到大企业之外创造了条件。

（六）平衡大企业各纳税主体之间的税负

大企业通过整体调控、战略发展、投资延伸、主营业务的分割和转移，以实现税负在其内部各纳税主体之间的平衡和协调，进而降低整体税负，这是大企业在纳税规划方面的特色。

四、小微企业税务筹划

（一）小微企业税收优惠政策

依据《财政部、税务总局关于实施小微企业普惠性税收减免政策的通知》（财税〔2019〕13号）规定，2019年1月1日至2021年12月31日对小型微利企业年应纳税所得额不超过100万元的部分，减按25%计入应纳税所得额，按20%的税率缴纳企业所得税；对年应纳税所得额超过100万元但不超过300万元的部分，减按50%计入应纳税所得额，按20%的税率缴纳企业所得税。

上述小型微利企业是指从事国家非限制和禁止行业，且同时符合年度应纳税所得额不超过300万元、从业人数不超过300人、资产总额不超过5000万元等三个条件的企业。

此外，该通知还规定可以由省、自治区、直辖市人民政府根据本地区实际情况，以及宏观调控需要确定，对增值税小规模纳税人可以在50%的税额幅度内减征资源税、城市维护建设税、房产税、城镇土地使用税、印花税（不含证券交易印花税）、耕地占用税和教育费附加、地方教育附加。增值税小规模纳税人已依法享受资源税、城市维护建设税、房产税、城镇土地使用税、印花税、耕地占用税、教育费附加、地方教育附加其他优惠政策的，可叠加享受以上优惠政策。

（二）小微企业税务筹划案例

【案例3－2】 JX公司是A市某区城中村村委会全资实物房产投资成立的

有限责任公司，注册资金1.5亿元，经营范围为房屋租赁、商业管理咨询、市场管理服务等。JX公司是房地产业增值税一般纳税人，主要提供不动产经营租赁服务，2018年年底账载房产建筑面积32 239平方米，房产资产账面价值115 195 640.00元。

2018年该公司各类租金收入总额17 042 040.42元。其中，适用一般计税方法的租金收入9 750 572.73元，简易计税方法的租金收入7 291 467.69元，缴纳各种税金3 271 248.27元，其中房产税与增值税是缴纳最多的两个税种，分别缴纳2 045 044.85元和1 029 385.16元。由于企业这几年连续亏损，所得税应缴税额为0元，如表3-2所示。JX公司所涉主要税种实际综合税负高达19.19%，其中，增值税一般计税方法不动产租赁税率2018年1—4月为11%、2018年5—12月为10%，① 简易计税方法税率为5%，由于该公司进项发票难以取得，增值税实际综合税负达到6.04%；房产税是按租金收入的12%征收，实际税负为12%。

表3-2 JX公司2018年实际缴纳税费情况统计

（单位：万元）

计税方法	租金收入	增值税	城建税及附加	房产税	印花税	土地使用税	企业所得税	税金合计
一般计税	975.1	66.5	8.0	117.0	1.0	5.6	0（亏损）	—
简易计税	729.1	36.5	4.4	87.5	0.7			
合计	1704.2	103.0	12.4	204.5	1.7	5.6	0	327.2

1. 税收政策

可依据《财政部、税务总局关于实施小微企业普惠性税收减免政策的通

① 2018年和2019年增值税税率发生两次变化：2018年4月4日发布《财政部、国家税务总局关于调整增值税税率的通知》（财税〔2018〕32号）规定，纳税人发生增值税应税销售行为或者进口货物，原适用17%和11%税率的，税率分别调整为16%、10%。2019年3月20日发布的《财政部、税务总局、海关总署关于深化增值税改革有关政策的公告》（财政部、税务总局、海关总署公告2019年第39号）规定，增值税一般纳税人发生增值税应税销售行为或者进口货物，原适用16%税率的，税率调整为13%；原适用10%税率的，税率调整为9%。本题为引用的2018年发生的实务问题。

知》的税务优惠政策对JX公司进行税务筹划。

2. 筹划方案

考虑JX公司所管理资产的范围、位置以及取得的时间等因素，2019年对JX公司进行资产重组，将一部分财产或业务依法分出，派生分立为四个公司（四个公司全部登记为小规模纳税人），更换与各承租方所签租赁服务合同主体，维持与各承租方所签租赁服务合同金额与2018年一致。按照简易计税方法5%的征收率计算缴纳增值税，并充分享受2019年1月1日实施的小微企业普惠性税收减免政策，如在50%的税额幅度内减征城市维护建设税、房产税等“六税两费”。经派生分立，JX公司的税金由327.2万元减至196.3万元，减少了一百余万元，如表3-3所示。

表3-3　派生分立方案税负计算

（单位：万元）

计税方法	租金收入	增值税	城建税及附加	房产税	印花税	土地使用税	企业所得税	税金合计
简易计税	1704.2	85.2	5.1	102.3	0.9	2.8	0	196.3

（三）小微企业税务筹划的风险分析

虽然国家基于目前经济形势出台了一系列针对小微企业的税收优惠政策来扶持小微企业、民营经济的发展，但我们也必须看到一些小微企业的固有弊端。就总体层面而言，因为中小企业总量较大，分布较为普遍，与市场、顾客较为相近，具有非常灵便的运营体制，能够应对消费者在消费中的各种变化，但是其相较于大规模企业，运营种类较为简单，生产能力较差。中小企业的初始本金大多源于个人自有资产或者借款，本金相对较少。加之外部融资的制约，尤其是银行贷款较难，这是限制中小企业快速发展的主要因素，资金增值也受到了极大的局限。更为严重的是，中小企业的发展与长期股权投资的需求量存在正相关关系，我国能够有效地为中小企业提供贷款的商业银行规模是有限的。此外，很多中小企业并未创建统一的评估体制、健全的投资项目与标准化的操作流程，企业财务工作者的决策也一般并未涵盖，大部分投资决策都是通过管理人员的经验给出。企业领导者有时会过于关注企业当前的盈利状况，忽视长远发展。随着市场竞争的加剧，企业会因为缺乏专业人士的帮助，而最终走向破产。

思考题：

1. 简述国内外常见的“税收洼地”及税务筹划思路。
2. 高新技术企业税务筹划常用方法。
3. 思考非货币投资的税收待遇和税务筹划思路。
4. 如何利用“小微企业”减税降费政策进行税务筹划。

第四章

筹资活动的税务筹划

本章概述

筹集资金是企业进行生产经营活动的必要环节，企业资金的有效筹集是生产经营活动持续进行的必要保证。筹资决策是任何企业都需要面临的问题，也是企业生存和发展的关键问题之一。筹资在企业的生产经营过程中占据着非常重要的地位，筹资是企业一系列生产经营活动的前提条件，筹资决策的优劣直接影响到企业生产经营的业绩。筹资决策需要考虑众多因素，税收因素是其中之一。利用不同筹资方式、不同筹资条件对税收的影响，精心设计企业筹资项目，以实现企业税后利润或者股东收益最大化，是纳税筹划的任务和目的。在现代市场经济条件下，了解企业筹资过程中常见的税收问题，以及如何进行有效的税务筹划以达到企业价值最大化目标，是值得我们长期思考和研究的重要课题。

第一节　筹资方式的税务筹划

一、企业筹资的主要方式及税收政策

（一）股东增资

股东增资是指企业直接向股东筹集企业经营资金的一种筹资方式，是企

业重要的筹资方式之一。股东增资没有固定的到期还本付息压力，有利于企业较快地形成经营能力，并且筹资风险相对较小，但是其所产生的股息红利不能从应纳税所得额中抵减，不具有节税效应，并在一定程度上会稀释原有股东权利。

国家税收政策规定，依据国家税务总局《征收个人所得税若干问题的规定》（国税发〔1994〕89 号）《关于股份制企业转增股本和派发红股征免个人所得税的通知》（国税发〔1997〕198 号），以未分配利润和任意公积金转增注册资本，属于股息、红利性质的分配。对自然人股东取得的转增资本数额，应作为个人所得征税（法人股东无须缴税）。用于转增的未分配利润应当扣除截至转增时点应纳的税收金额，因为公司很可能没有按期缴纳税款，或者缴纳日期晚于转增日期，则在增资扩股时首先需要扣除相应的税款。

《关于股份制企业转增股本和派发红股征免个人所得税的通知》（国税发〔1997〕198 号）规定，股份制企业用资本公积金转增股本不属于股息、红利性质的分配，对个人取得的转增股本数额，不作为个人所得，不征收个人所得税。

股东增资主要面临以下风险：一是财税风险。（1）投资者的资本溢价计入资本公积金属于全体股东所有。公司原股东为保障自己控股地位，往往将投资人的出资分为实收资本和资本公积金，而资本公积金属于公司所有而非出资。增资股东可按出资比例对公司主张所有者权益，但不能主张资本公积金归其所有，在一定程度上增加了投资人的财税风险。（2）货币增资扩股或征所得税，且实收资本和资本公积应全额计入股权转让的计税成本。二是法律风险。投资者不能以公司及原股东的承诺不真实为由否认增资的效力，公司资本增加后非依法定程序不可随意变更。公司成立后，为筹集资金、扩大经营规模，可依照法定的条件和程序增加公司的注册资本数额。《公司法》对公司增资具体要求作出明确规定。公司资本一经增加，非依法定程序不可随意变更。因为公司以资本为信用，所以对外具有公示效力的公司资本股东不得抽回。

（二）债务融资

1. 向金融机构借款

向金融机构借款是指企业向商业银行和非银行金融机构筹集资金的一种

筹资方式，既包括长期贷款，又包括短期贷款，其中商业银行是金融市场的主体，也是企业筹集资金的主要对象。金融机构贷款是一种直接筹资方式，纳税人在生产经营期间，向金融机构借款的利息支出按照实际发生额在税前扣除，可以减轻企业税收税负，具有较强的节税效应。依据《中华人民共和国企业所得税法实施条例》（以下简称《企业所得税法实施条例》）第 38 条第 1 项的规定，在生产经营活动中，非金融企业向金融企业借款的利息支出、金融企业的各项存款利息支出和同业拆借利息支出、企业经批准发行债券的利息支出，准予扣除。

向金融机构借款也是企业较常用的筹资方式之一，由于这种方式只涉及企业和金融机构两个主体，因而如果两者存在一定的关联关系，就可以通过利润的平均分摊来减轻税收负担。当然，这种方式需要控制在合理的范围之内，否则有可能受到关联企业转移定价的规制。但绝大多数企业和金融机构之间是不存在关联关系的，很难利用关联关系来取得税收上的利息。但由于借款利息可以在税前扣除，因而这一筹资方式相较于其他筹资方式有它内在的优势。

2. 向非金融机构借款

非金融机构贷款是指企业向企业、个人筹集资金的一种筹资方式，可分为关联方借款和非关联方借款。依据《企业所得税法实施条例》第 38 条第 2 项的规定，在生产经营活动中，非金融企业向非金融企业借款的利息支出，不超过按照金融企业同期同类贷款利率计算的数额的部分，准予扣除。

3. 发行债券

债券是经济主体为筹集资金而发行的，用以记载和反映债权债务关系的有价证券。发行债券是指企业以筹集借贷资金为目的，依照法律规定向投资者发行公司债券，约定在一定期限内按照既定利率支付利率并按照约定条件偿还本金的筹资行为。企业发行的债券又可分为企业债券和公司债券。依据《企业所得税法》第 8 条的规定，企业实际发生的与取得收入有关的、合理的支出，包括成本、费用、税金、损失和其他支出，准予在计算应纳税所得额时扣除。《企业所得税法实施条例》第 38 条第 1 项的规定，在生产经营活动中，非金融企业向金融企业借款的利息支出、金融企业的各项存款利息支出和同业拆借利息支出、企业经批准发行债券的利息支出，准予扣除。

发行债券越来越成为大公司融资的主要方案，企业发行债券所产生的利息可在税前扣除，抵减应纳税所得额。同向金融机构和非金融机构借款相比，发行债券的筹资方式，由于筹资对象广、市场大，比较容易寻找降低融资成本、提高整体收益的方法，另外，由于债券的持有者人数众多，有利于企业利润的平均分担，避免利润过分集中所带来的较重税收负担，但是其筹资的限制性条件较多，在一定程度上限制了企业使用发行债券来筹资。

4. 借款面临的税收风险和法律风险

第一，企业借款面临的税收风险。

企业向非关联自然人（包括内部职工或其他人员）借款的利息支出，应符合下列规定。《国家税务总局关于企业向自然人借款的利息支出企业所得税税前扣除问题的通知》（国税函〔2009〕777 号）第 2 条规定，“企业向除第一条规定以外的内部职工或其他人员借款的利息支出，其借款情况同时符合以下条件的，其利息支出在不超过按照金融企业同期同类贷款利率计算的数额的部分，根据税法第八条和税法实施条例第二十七条规定，准予扣除。（一）企业与个人之间的借贷是真实、合法、有效的，并且不具有非法集资目的或其他违反法律、法规的行为；（二）企业与个人之间签订了借款合同。”在实务中，应把握好如下细节以加强税收风险控制。

首先是利率限制。《国家税务总局关于企业向自然人借款的利息支出企业所得税税前扣除问题的通知》（国税函〔2009〕777 号）第 2 条规定，其利息支出在不超过按照金融企业同期同类贷款利率计算的数额的部分，准予扣除。超过部分，要做纳税调增处理。关于金融企业同期同类贷款利率的确定问题，可以参照《国家税务总局关于企业所得税若干问题的公告》（国家税务总局公告〔2011〕34 号）第 1 条的规定执行。该条明确了金融企业的同期同类贷款利率，既可以是金融企业公布的同期同类平均利率，也可以是金融企业对某些企业提供的实际贷款利率。

其次是证据的提供。借款企业负有举证义务，必须有证据表明企业与个人之间的借贷是真实、合法、有效的。这里的真实、有效，可以理解为：企业的生产经营或资产购置、项目建设过程中确实急需资金，借来的资金及时用于与取得收入相关的交易事项，没有长期闲置，也没有发生与生产经营无关的借出或抽逃；有借款资金流入证明，如提供银行进账单；履行了相关的借款手续，如签订了记载借款金额、期限、利率、双方权利与义务、违约责任等内容的借款合同，出具了加盖财务专用印章的借据。

这里的合法，指该借款符合独立交易原则，不具有非法集资目的或其他违反法律、法规的行为，如利率不是畸高，没有发生《关于取缔非法金融机构和非法金融业务活动中有关问题的通知》（银发〔1999〕41 号）和《关于进一步打击非法集资等活动的通知》（银发〔1999〕289 号）等相关法规文件中列举的行为。

有的企业不向贷款人支付借款利息，或利息畸低，这也不符合独立交易原则，很难被税务机关认可。税务机关可以依据《企业所得税法》第 41 条、第 47 条、第 48 条，《税收征收管理法》第 35 条，《税收征收管理法实施细则》第 54 条，《特别纳税调整实施办法（试行）》（国税发〔2009〕2 号）第 92 条的规定，认定其“在利益上具有相关联的其他关系”，有逃避利息收入增值税和个人所得税的嫌疑，税务机关有权核定或在该业务发生的纳税年度起 10 年内调整其利息收入，补征税款并加收利息。

最后是发票的提供。无论是向自然人还是向其他贷款人支付利息，都须取得合法有效凭证方可在税前扣除。因此，收取利息的个人需要到主管地税机关申请代开利息收入发票，并承担相应的增值税、城市维护建设税、教育费附加和个人所得税。如果企业替个人代付这些税款，该税款不是企业合理的支出，不能税前扣除。

企业向非关联企业、其他单位借款利息的扣除。企业向非关联企业、其他单位借款与向非关联自然人借款都属于向非关联方借款，从法律关系上讲是一致的，在利息的税前扣除规定上都要受利率标准、真实合法、与取得收入相关三项原则的限制。所不同的是，借款企业向贷款企业、单位支付利息时，不代扣代缴个人所得税。贷款企业取得利息收入向地税机关申报时，缴纳增值税、城市维护建设税及教育费附加，不缴纳个人所得税。

第二，企业借款面临的法律风险。

首先是关于合同的效力问题。向非金融机构借款应属民间借贷的范围，但严格地说，民间借贷并不属于法律概念，各地人民法院对民间借贷的问题反映也比较突出，对“民间借贷”这一概念的范围，司法部门与行政监管部门的理解并不一致。依据《最高人民法院关于审理借贷案件适用法律若干问题的规定》，此类案件是指自然人、法人、其他组织之间及其相互之间进行资金融通的行为。因此，企业在借款合同效力问题上应着重把握。其次是关于利息保护标准及偿还顺序问题。借贷双方对本金与利息的偿还顺序有约定的从其约定，没有约定的按照先息后本的顺序计算。借贷双方既约定了逾期还款的违约金，又约定了逾期利率的，借款人可以同时主张逾期利息和违约金，但总额以中国人民银行公布的同期同类贷款基准利率的四倍为限。企业的生产经营受多方面因素的影响，难免会有波动引起合同违约风险，从而给企业带来不好的法律后果，影响企业生产经营。

二、企业筹资的税务筹划案例分析

（一）股东增资扩股

【案例4－1】 A公司（湖南某房地产公司）注册资本1500万元，为甲的全资子公司。A公司名下有一块土地，原值5000万元，评估价值9000万元，无其他经营项目，目前土地未开发，A公司打算将该块土地转让给B公司。如何转让，可以实现税负最低？

1. 税收政策

（1）根据《国家税务总局关于天津泰达恒生转让土地使用权土地增值税征缴问题的批复》（国税函〔2011〕415号），“关于‘北京国泰恒生投资有限公司利用股权转让方式让渡土地使用权，实质是房地产交易行为’的认定，应依照《土地增值税暂行条例》的规定，征收土地增值税”。

（2）根据《湖南省地税局财产和行为税处关于明确“以股权转让名义转让房地产”征收土地增值税的通知》（湘地税财行便函〔2015〕3号），“对于控股股东以转让股权为名，实质转让房地产并取得了相应经济利益的，应比照国税函〔2000〕687号、国税函〔2009〕387号、国税函〔2011〕415号文件，依法缴纳土地增值税”。

如果直接转让“土地”，A公司需要缴纳增值税、土地增值税、企业所得税、印花税，B 公司需要缴纳契税；如果直接转让“股权”，甲公司很有可能会被税务部门征收土地增值税、企业所得税、印花税。

2. 筹划方案

第一步，先增资。

B 公司向 A 公司增资 6500 万元，增资后 A 公司注册资本为 8000 万元。其中，甲公司持股 18. 75%，B 公司持股 81. 25%。

筹划分析：

（1）增资扩股资金接受方是公司，股权转让资金接受方是原股东。在增资扩股中资金的接受方是标的公司，而非企业股东，资金的性质属于标的公司的资本金。

（2）增资扩股公司注册资本增加，股权转让公司注册资本不变。增资扩股是公司采取向社会募集股份、发行股票、新股东投资入股或原股东增加投资的方式增加公司的注册资本。股权转让是公司股东依法将自己的股东权益让渡给他人，使他人成为公司股东的民事法律行为，只涉及股权转让方与股权受让方，不会增加公司的注册资本。

（3）增资扩股原股东股权计税成本不变，股权转让原股东股权计税成本调整。增资扩股中原股东的股权有可能被稀释，但不调整原股权的计税基础，对公司增加的实收资本和资本公积属于股东新投入的资本金，对股东的投资款不征收企业所得税；股权转让中原股东让渡其股东权益给股权受让方，取得股权转让收入扣除股权的计税成本及相关税费确认“财产转让所得”征收所得税，但不得扣除被投资公司未分配利润等股东留存收益中按该项股权所可能分配的金额，同时根据股权转让的比例调整原股东股权的计税基础。

由此可见，引入新股东的增资扩股行为与股权转让行为完全不同，增资扩股是公司增加资本金扩大股权，原股东权益不变，因此，公司增资扩股，原股东不涉及相关税收。

第二步，再减资。

A 公司减资 1500 万元，主要为甲公司减持 A 公司股权，减资后，A 公司注册资本为 6500 万元，变为 B 公司的全资子公司，甲公司从 A 公司获得资金 5500 万元。

筹划分析：

（1）通过以上对公司增资的解析，同理可以得出，企业减资，也不属于企业股权转让，即B公司在A公司的初始投资不变、权益不变。

（2）由于甲公司不属于股权转让，间接地规避了被认定为“利用股权转让方式让渡土地使用权，实质是房地产交易行为，应依照《土地增值税暂行条例》的规定，征收土地增值税”的涉税风险。

（3）《国家税务总局关于企业所得税若干问题的公告》（国家税务总局公告〔2011〕34号）规定，投资企业从被投资企业撤回或减少投资，其取得的资产中，相当于初始出资的部分，应确认为投资收回；相当于被投资企业累计未分配利润和累计盈余公积按减少实收资本比例计算的部分，应确认为股息所得；其余部分确认为投资资产转让所得。

（4）由于A公司所持有的土地产权并未发生变更，因此，无须缴纳增值税与契税。

通过先增资入股，再减资的方式，既规避了直接转让股权所面临的高额税收负担，又规避了股权转让所面临的税收风险。

（二）向金融机构贷款

【案例4－2】某企业需要1000万元用于购买机械设备进行投资，来促进企业生产经营发展，如何进行税务筹划，以达到企业价值最大化的目标？

企业利用10年时间积累起1000万元，用这1000万元相关机械设备进行投资，收益期为10年，每年平均盈利为200万元。该厂每年平均纳税：200×25%＝50（万元），10年纳税总额为：50×10＝500（万元），利润总额为1500万元。

1. 筹划方案

企业向银行或其他金融机构贷款，则该厂为积累达1000万元所需的10年时间可以节省下来。假如在这积累资金的10年里，企业从银行贷款投资，贷款投资额为1000万元，贷款年利率为6%，年平均息税前利润仍为200万元，扣除利息后，企业每年盈利140万元。年平均纳税：140×25%＝35（万元），10年纳税总额为：35×10＝350（万元），利润总额为1050万元。

2. 筹划分析

虽然自我积累方式的税后利润总额高于贷款方式的税后利润总额，但是贷款筹资的优势在于节省了时间，提前10年进行所需要的投资活动，货币是具有时间价值的，如果考虑货币的时间价值，企业可能获得更大的价值。

第二节　筹资结构的税务筹划

筹资作为一项相对独立的企业活动，其对经营收益的影响主要是借助于因资本结构变动产生的杠杆作用进行的。企业在筹资过程中应当考虑以下几方面：一是筹资活动对于企业资本结构的影响；二是资本结构的变动对于税收成本和企业利润的影响；三是筹资方式的选择在优化资本结构和减轻税负方面对于企业和所有者税后利润最大化的影响。因此，研究企业合理的债资比对企业的生产经营具有重要影响。

一、债资比的概念及行业趋势

债资比是指一个企业在生产经营中总负债与实收资本的比例。企业使用合理负债可以产生巨大的财务杠杆使企业获益。本章选取了五个行业的上市公司，分别是以万科为代表的房地产行业、以中兴通讯为代表的信息技术服务业、以中信银行为代表的金融行业、以视觉中国为代表的文化产业和以比亚迪为代表的制造业，选取了2014—2018年的公司的总负债与实收资本的数额计算得出他们的债资比。

表4－1　不同行业上市公司债资比

行业	2014年	2015年	2016年	2017年	2018年
房地产行业（万科）	35.56	42.98	60.60	88.65	117.12
信息技术服务行业（中兴）	23.25	19.63	24.08	23.51	22.99
金融行业（中信银行）	82.75	98.14	113.35	107.60	114.72
文化行业（视觉中国）	3.26	8.91	16.11	20.75	17.87
制造业（比亚迪）	26.30	32.09	32.87	43.30	49.07

通过表4－1可知，以商业银行为代表的金融行业，由于其融通社会资金的行业特征，具有极高的债资比，金融机构极高的债资比源于通过吸纳存款、代理证券买卖资金以及收取保费等经营活动形成的资金积聚，金融机构特殊的行业特点以及国家隐性信用担保的存在，使得金融企业保持极高的债资比。

房地产行业属于资金密集型行业，由于国内房地产行业实施预售制，房屋竣工交付前产生的预售房款在财务上形成负债，且房地产开发周期较长，因此，整体债资比相对也高于其他行业。但是从多年来房地产市场发展的历程来看，适当、合理的负债有利于公司快速扩张发展。

制造行业涉及上下游产业链，在生产经营中，同样也需要借入资金来进行可持续的生产发展。

信息技术服务行业由于其高额的企业创新投入，高比例的研发支出，也需要大量资金的注入来支撑企业的发展，因而其债资比相对也较高。

文化行业与其他行业的债资比相对较低，文化产业的发展相对其他行业来说不需要大量资金来进行生产，大多是无形资产以及特许权使用费的投入，且抗周期比较强，现金流比较好。

通过以上分析可知，五个行业不同上市公司的债资比近五年来都呈现逐年上升的趋势，金融行业的债资比最高，其次是房地产行业，接着是制造行业、信息技术服务行业和文化行业。在企业的实际生产经营过程，不同行业不同公司，同一行业不同公司间的债资比不能一概而论，他们都有其自身的经营特点，不同公司会根据自身的发展来制定不同的经营策略，寻求合理的债资比来撬动收益的最大化，促进企业的可持续发展。

二、债资比的税法约束

《财政部、国家税务总局关于企业关联方利息支出税前扣除标准有关税收政策问题的通知》（财税〔2008〕121号）规定，“一、在计算应纳税所得额时，企业实际支付给关联方的利息支出，不超过以下规定比例和税法及其实施条例有关规定计算的部分，准予扣除，超过的部分不得在发生当期和以后年度扣除。企业实际支付给关联方的利息支出，除符合本通知第二条规定外，其接受关联方债权性投资与其权益性投资比例为：（一）金融企业，为5∶1；（二）其他企业，为2∶1。二、企业如果能够按照税法及其实施条例的有关规定提供相关资料，并证明相关交易活动符合独立交易原则的；或者该企业的实际税负不高于境内关联方的，其实际支付给境内关联方的利息支出，在计算应纳税所得额时准予扣除。三、企业同时从事金融业务和非金融业务，其实际支付给关联方的利息支出，应按照合理方法分开计算；没有按照合理方法分开计算的，一律按本通知第一条有关其他企业的比例计算准予税前扣除的利息支出。四、企业自关联方取得的不符合规定的利息收入应按照有关规定缴纳企业所得税”。

企业在实际的生产经营中，从其关联方接受的债权性投资与权益性投资的比例超过规定标准而发生的利息支出，不得在计算应纳税所得额时扣除，并且受到关联方债权性投资与其权益性投资比例的限制；企业向股东或其他与企业有关联关系的自然人借款的利息支出应作为股息、红利，不得在税前扣除；企业投资者在规定期限内未缴足其应缴资本额的，该企业对外借款所发生的利息，相当于投资者实缴资本额与在规定期限内应缴资本额的差额应计付的利息，不属于企业合理的支出，应由企业投资者负担，不得在计算企业应纳税所得额时扣除。

三、筹资结构的税务筹划案例分析

（一）合理债资比的确定案例

【案例4－3】 某股份公司需要筹资6000万元，资本结构备选方案如表4－2所示，试确定合理债资比的最佳方案。

表4－2　某股份有限公司的资本结构备选方案

（单位：万元）

项　目	方案				
	A	B	C	D	E
负债比例	0	1∶1	2∶1	3∶1	4∶1
负债成本率（%）	–	6	7	9	10.5
投资收益率（%）	10	10	10	10	10
负债额	0	3000	4000	4500	4800

续表

项　目	方案				
	A	B	C	D	E
权益资本额	6000	3000	2000	1500	1200
普通股股数	60	30	20	15	12
年息税前利润额	600	600	600	600	600
减：负债利息成本	–	180	280	405	504
年税前净利	600	420	320	195	96
所得税率（%）	25	25	25	25	25
应纳税所得额	150	105	80	48.75	24
年息税后利润	450	315	240	146.25	72
权益资本收益率（%）	7.5	10.5	12	9.75	6
普通股每股收益额（元）	7.5	10.5	12	9.75	6

从A、B、C、D、E五种选择方案可以看出，方案B、C、D利用了负债融资的方式，由于其负债利息可以在税前扣除，因此，降低了所得税的税收负担，产生了权益资本收益率和普通股每股收益额均高于完全靠权益资金融资的方案A。

上述方案中假设随着企业负债比例的不断提高，企业融资的成本也在不断提高，反映在表格中是负债成本率不断提高。正是由于负债成本率的不断提高，增加的债务融资成本逐渐超过因其抵税作用带来的收益，这时通过增加负债比例进行纳税筹划的空间就走到尽头了。

上述五种方案所带来的权益资本收益率和普通股每股收益额的变化充分说明了这一规律。从方案A到方案C，随着企业负债比例的不断提高，权益资本收益率和普通股每股收益额也在不断提高，说明税收效应处于明显的优势；从方案C到方案D，则出现了权益资本收益率和普通股每股收益额逐渐下降的趋势，这就说明了此时起主导作用的因素已经开始向负债成本转移，债务成本抵税作用带来的收益增加效应已经受到削弱与抵消，但与完全采用股权性融资的方案相比，仍是有利可图的。但到方案E时，债务融资税收挡板作用带来的收益就完全被负债成本的增加所抵销，而且负债成本已经超过节税的效应，因此，方案 E 的权益资本收益率和普通股每股收益额已经低于完全不进行融资时（方案 A）的收益了。此时债务融资所带来的就不是收益而是成本了。

这一案例说明，只有当企业息税前投资收益率高于负债成本率时，增加负债比例才能提高企业的整体效益，否则，就会降低企业的整体效益。

（二）增加负债降低投资的案例

【案例 4 -4】 某股份有限公司计划筹借 2000 万元资金用于某高科技产品生产线的建造，相应制定了 A、B、C 三种筹资方案。假设该公司的资本结构（负债筹资与权益筹资的比例）如表 4 -3 所示：三种方案的借款年利率都为 6%，企业所得税税率都为 25%，三种方案扣除利息和所得税前的年利润都为 500 万元。方案 A：全部 2000 万元资金都采用权益筹资方式，即向社会公开发行股票，每股计划发行价格为 2 元，共计 1000 万股。方案 B：采用负债筹资与权益筹资相结合的方式，向商业银行借款筹资 400 万元，向社会公开发行股票 800 万股，每股计划发行价格为 2 元。方案 C：采用负债筹资与权益筹资相结合的方式，但两者比例适当调整，向银行借款 1200 万元，向社会公开发行股票 400 万股，每股计划发行价格为 2 元。请给出纳税筹划方案。

表 4 -3　三种方案的投资利润率

项目	方案		
	A	B	C
	债务资本：权益资本	债务资本：权益资本	债务资本：权益资本
	0:100	20:80	60:40
权益资本额（万元）	2000	1600	800
息税前利润（万元）	500	500	500
利息（万元）	0	24	72
税前利润（万元）	500	476	428
所得税税额（25%）	125	119	107
税后利润（万元）	375	357	321
税前投资收益率（%）	0.25	0.30	0.54
税收投资收益率（%）	0.19	0.22	0.40

通过表 4－3 可以发现，随着负债筹资比例的提高，企业应纳所得税额呈递减趋势，从 125 万元减为 119 万元，再减至 107 万元，从而显示负债筹资具有节税的效应，对企业的资本结构变动和企业税收成本以及投资收益率的变动具有重要影响。在上述三种方案中，方案 C 无疑是最佳的纳税筹划方案。

四、税收风险和法律风险分析

（一）税收风险

（1）外部经济环境的不稳定性。企业的筹资活动是在外部市场经济下运行的，我国国内经济也处于新经济常态时期。企业面临着国家的宏微观经济形势、相关产品的市场供需状况、投资利率的起伏变化以及客户群体多样等各种情况，这些外部经济条件的发展变化使得企业无法及时、准确、有效地判断和评估，因此，增加了企业进行税务筹划的风险。

（2）税收政策的不确定性。企业在筹资过程中势必要遵循国家税收政策，但是税收政策随着经济状况的发展而调整，如果忽视外部经济状况的变化与税收政策的适用性，无疑会增加企业税务筹划失败的可能性。

（3）税收征管水平较低以及税务机关自由裁量权过大增加筹划风险。在实际执法过程中某些税务人员由于对新政策认识模糊，对税法边缘问题认识不够清晰，导致执法人员在判断企业筹划活动是否合法过程时主观性和随意性过大，可能将企业的税务筹划活动判定为恶意筹划行为，增加了公司的违法风险。

（4）财务人员的主观意识带来的操作风险。税务筹划是一项系统性工程，需要企业财务人员综合考虑公司整体内外部环境状况，站在集团整体角度出发，而不能只考虑某个业务的筹划，财务人员如果自身专业素质不高，不能根据公司出现的各种问题及时灵活处理，将可能导致整个筹划方案出现差错，为企业带来极大损失。

（5）片面追求税负最小化会影响筹资目标实现的风险。税务筹划的目标主要包括降低税负、增加企业利润、实现企业价值最大化。因此，若企业在筹资活动进行税务筹划时一味地追求税负最小这一目标，很可能会影响到企业价值的实现。

（二）法律风险

企业在筹资活动中的税务筹划是依据税收政策来进行的，但是国家的税收政策会因经济状况的发展而不断修改和完善，以致对企业税务筹划方案产生较大的风险。再加上筹划人员对税收政策理解的片面性以及税务筹划操作的不合规，看似符合法律的规定，实际上却违反了法律法规，导致税务筹划面临法律风险，以至于对企业的生产经营产生重大影响。同时，在筹划过程中可能存在违约责任，造成企业违约法律风险，增加企业的额外负担。

思考题：

1. 简述企业筹资的主要方式及税收政策。
2. 简述企业债务筹资的税法约束及税务筹划的思路。
3. 简述企业筹资活动税务筹划的税收风险和法律风险。

第五章 经营活动的税务筹划

本章概述

企业经营活动的税务筹划包括企业纳税人身份的税务筹划、选择供应商的税务筹划、生产产品的税务筹划、促销方式的税务筹划。其中，企业纳税人身份的筹划包括增值税纳税人身份的选择筹划和企业所得税纳税人身份的选择筹划，选择供应商的筹划主要利用税负均衡点的价格比测算进行筹划，生产产品的筹划包括委托加工、自行生产、来料加工等生产方式选择的筹划，促销方式的筹划需要考虑多个市场、成本和税收等因素，不同的促销方式给企业带来的不同的税收负担和税后利润，商业企业需要慎重选择促销方式。

第一节　企业纳税人身份的税务筹划

企业纳税人身份的不同会影响企业承担的税负情况，我国涉及纳税人身份选择的税种有增值税和企业所得税，增值税是小规模纳税人和一般纳税人之间的选择，企业所得税是适用小微企业的税收政策。

一、增值税纳税人身份的选择

依据我国增值税制度，增值税纳税人分为一般纳税人和小规模纳税人，实行差别税率，两类纳税人承担不同的税负。一方面，小规模纳税人取得商品的进项税额不能抵扣，只能计入采购成本，因此一般情况下小规模纳税人的税负重于一般纳税人。另一方面，由于受到市场条件的约束，两类纳税人一部分增值税的税负可能不能实现转嫁，而成为企业的负担。因此，企业有选择纳税人身份，实施对增值税税务筹划的行为动机。严格来说，企业并没有自主选择增值税纳税人身份的权利，税法已经明确规定了增值税两类纳税人的划分标准。但在某些特殊情形下，企业可能会面临增值税纳税人身份的重新选择。例如，依据2018年4月4号出台的《财政部、税务总局关于统一增值税小规模纳税人标准的通知》（财税〔2018〕33号），自2018年5月1日起，将增值税小规模纳税人标准统一为年应征增值税销售额不超过500万元。这次小规模纳税人标准的变动将工业企业小规模纳税人的年销售额标准由50万元上调至500万元，商业企业小规模纳税人的年销售额标准由80万元上调至500万元。对于年销售额不超过500万元的一般纳税人，在2018年12月31日前（该政策延伸到2019年12月31日），可以转为小规模纳税人。因此，处于这个区间的企业可以根据自身的实际需求重新选择合适的增值税纳税人身份。此外，企业也可以通过合并和分拆的形式以达到改变增值税纳税人身份的目的。

在技术上，企业主要可以通过增值率法，事先测算不同身份纳税人的税负平衡点，择机决策纳税人身份，其核心主要是测算增值率。假定纳税人销售商品的增值率为R_{va}，销售商品价款为S，购进货物价款为P，一般纳税人的适用税率为T_1，小规模纳税人的缴纳率为T_2。那么，纳税人销售商品的增值率为：

$$R_{va} = (S - P) \div S \times 100\%$$

$$一般纳税人应纳增值税额 = S \times T_1 - P \times T_1 = (S - P) \times T_1 = R_{va} \times S \times T_1$$

$$小规模纳税人应纳增值税额 = S \times T_2$$

当两类纳税人应纳增值税额相等时，则：$R_{va} \times S \times T_1 = S \times T_2$

$$R_{va} = \frac{T_2}{T_1} \times 100\% \text{（不含税销售额）}$$

$$R_{va} = \frac{(1 + T_1)\ T_2}{(1 + T_2)\ T_1} \times 100\% \text{（含税销售额）}$$

由此可以计算出小规模纳税人和一般纳税人税负平衡点的增值率，如表5－1所示。

表5－1　两类纳税人税负平衡点的增值率

一般纳税人税率	小规模纳税人征收率	不含税平衡点增值率	含税平衡点增值率
13%	3%	23.08%	25.32%
9%	3%	33.33%	35.38%
6%	3%	50%	51.46%

两类纳税人税负的平衡点增值率为 R_{va}，当实际增值率等于 R_{va} 时，小规模纳税人与一般纳税人的税负相同；当实际增值率小于 R_{va} 时，小规模纳税人税负重于一般纳税人；当实际增值率大于 R_{va} 时，一般纳税人税负重于小规模纳税人。

因此，在增值率较低的情况下，一般纳税人比小规模纳税人较有优势，主要原因是前者可以抵扣进项税额，而后者不能，但随着增值率的上升，一般纳税人的优势就越来越小，小规模纳税人更具有降低税负的优势。

基于增值税普遍征收原理，从行业增值率角度看，一方面，更多行业的纳税主体应选择一般纳税人身份作为占优策略；另一方面，在同一行业内，更多纳税主体应选择一般纳税人身份作为占优策略。因此，在我国增值税基本税率连续下调的政策背景下，更多行业和更多企业应顺应政策引导，努力完备会计核算资料，达到增值税一般纳税人身份的基本要求。企业这种主动择机行为，一方面可降低纳税主体的税务成本，另一方面可降低税务机关的征税成本。

【案例5－1】某企业为生产企业，当年被核定为小规模纳税人，其购进的含13%增值税的原材料价税额为400万元，实现含税销售额为600万元，次年1月主管税务局开始新年度纳税人认定工作，企业依据税法认为虽然经营规模达不到一般纳税人的销售额标准，但会计制度健全，能够按照会计制度和税务机关的要求准确核算销项税额、进项税额和应纳税额，能提供准确的税务资料，经主管税务机关批准，可以被认定为一般纳税人。因此，该企业既可以选择小规模纳税人（征税率3%），也可以选择一般纳税人（适用税率13%），该企业应当如何进行纳税人类别的税务筹划。

该企业含税增值率 =（600 - 400）÷600≈33.33%

实际含税增值率为33.33%，大于两类纳税人含税平衡点的增值率25.32%，选择一般纳税人的增值税税负将重于小规模纳税人，因此，该企业维持小规模纳税人身份更为有利。

若为一般纳税人，其应纳增值税额 = 600 ÷（1 + 13%）×13% - 400 ÷（1 + 13%）×13% ≈23（万元）

二、企业所得税纳税人身份的选择

依据我国企业所得税制度，对小型微利企业年应纳税所得额不超过100万元的部分，减按25%计入应纳税所得额，按20%的税率缴纳企业所得税；对年应纳税所得额超过100万元但不超过300万元的部分，减按50%计入应纳税所得额，按20%的税率缴纳企业所得税。上述小型微利企业是指从事国家非限制和禁止行业，且同时符合年度应纳税所得额不超过300万元、从业人数不超过300人、资产总额不超过5000万元等三个条件的企业。符合小微企业政策的纳税人可以适用相应的税收优惠政策，有效减轻企业税负。

三、纳税人身份选择的税务筹划案例分析

【案例5-2】甜又甜果味饮料有限责任公司注册于安徽省合肥市，该公司业务主要包括果汁生产、罐头生产和水果种植三部分，主要业务范围是华中和西南片区，适用增值税率为13%，企业所得税率为25%。该企业经营一段时间后，迁移至重庆市。公司经营情况如表5-2所示，其中土地租赁费取得增值税普通发票，假定不考虑机器折旧等非关键费用，对该企业进行税务筹划。

表5-2　甜又甜果味饮料有限责任公司经营情况

项目	果汁生产	罐头生产	水果种植
不含税收入（万元）	5000	500	
工人人数	200	60	100
工人工资（元/月）	5000	4000	2500

续表

项目	果汁生产	罐头生产	水果种植
包装材料（万元）	600	10	
耗用水果原料	200 万斤 ×9 元	12 万斤 ×6 元	
化肥、农药等（万元）			400
土地租赁费用（万元）			700

（一）税收政策

1. 地方政策

依据《重庆市黔江区总部经济招商优惠政策》（黔江府发〔2010〕36 号），入驻企业在保持现有经营地址和经营模式不变的前提下，以分公司、子公司或迁移等形式注册在黔江区即可享受以下政策：

（1）增值税按照地方财政所得部分（中央财政所得 50%，地方财政所得 50%）的 30%—50% 予以扶持奖励；当月交税，次月返还。

（2）企业所得税按照地方财政所得部分（中央财政所得 60%，地方财政所得 40%）的 30%—50% 予以扶持；当月交税，次月返还。

2. 税收法规

《增值税暂行条例》第 8 条第 2 款第 3 项规定，购进农产品，除取得增值税专用发票或者海关进口增值税专用缴款书外，按照农产品收购发票或者销售发票上注明的农产品买价和 11% 的扣除率计算的进项税额，国务院另有规定的除外。进项税额计算公式：进项税额 = 买价 × 扣除率。该条例第 15 条规定，农业生产者销售的自产农产品免征增值税。

3. 税收法律

《企业所得税法》第 27 条规定，企业从事农、林、牧、渔业项目的所得可以免征、减征企业所得税。

4. 部门规章

（1）安置残疾人政策

《财政部、国家税务总局关于促进残疾人就业增值税优惠政策的通知》（财税〔2016〕52 号）规定："对安置残疾人的单位和个体工商户（以下称纳税人），实行由税务机关按纳税人安置残疾人的人数，限额即征即退增值税的办法。安置的每位残疾人每月可退还的增值税具体限额，由县级以上税务机关根据纳税人所在区县（含县级市、旗，下同）适用的经省（含自治区、直辖市、计划单列市，下同）人民政府批准的月最低工资标准的4倍确定。”

《财政部、国家税务总局关于安置残疾人员就业有关企业所得税优惠政策问题的通知》（财税〔2009〕70号）第1条规定：“企业安置残疾人员的，在按照支付给残疾职工工资据实扣除的基础上，可以在计算应纳税所得额时按照支付给残疾职工工资的100%加计扣除。企业就支付给残疾职工的工资，在进行企业所得税预缴申报时，允许据实计算扣除；在年度终了进行企业所得税年度申报和汇算清缴时，再依照本条第一款的规定计算加计扣除。”该通知第3条规定：“企业享受安置残疾职工工资100%加计扣除应同时具备如下条件：（一）依法与安置的每位残疾人签订了1年以上（含1年）的劳动合同或服务协议，并且安置的每位残疾人在企业实际上岗工作。（二）为安置的每位残疾人按月足额缴纳了企业所在区县人民政府根据国家政策规定的基本养老保险、基本医疗保险、失业保险和工伤保险等社会保险。（三）定期通过银行等金融机构向安置的每位残疾人实际支付了不低于企业所在区县适用的经省级人民政府批准的最低工资标准的工资。（四）具备安置残疾人上岗工作的基本设施。”

（2）小微企业政策

《财政部、国家税务总局关于实施小微企业普惠性税收减免政策的通知》（财税〔2019〕13号）规定：“对小型微利企业年应纳税所得额不超过100万元的部分，减按25%计入应纳税所得额，按20%的税率缴纳企业所得税；对年应纳税所得额超过100万元但不超过300万元的部分，减按50%计入应纳税所得额，按20%的税率缴纳企业所得税。上述小型微利企业是指从事国家非限制和禁止行业，且同时符合年度应纳税所得额不超过300万元、从业人数不超过300人、资产总额不超过5000万元等三个条件的企业。”

（二）筹划方案

将甜又甜果味饮料有限责任公司拆分为大甜甜公司（果汁生产）、中甜甜公司（罐头生产）、小甜甜公司（水果种植），且三个公司均注册于重庆市黔江区。同时小甜甜公司水果供应价格由 9 元每斤调整为 11 元每斤，由于公司生产流程较为简单，故考虑招募部分残疾人士。大甜甜公司原计划招募的 200 名工人中 50 人改为招募残疾人，工资降低为 3500 元；中甜甜公司原计划招募的 60 名工人中 15 人改为招募残疾人，工资降为 3000 元；小甜甜公司原计划招募的 100 名工人中 25 人改为招募残疾人，工资降为 2000 元，重庆市月最低工资为 1500 元。税务筹划后三家公司经营情况如表 5－3 所示。

表 5－3　筹划后甜又甜果味饮料有限责任公司经营情况

项目	大甜甜公司	中甜甜公司	小甜甜公司
不含税收入（万元）	5000	500	2312
工人人数	200	60	100
工人工资（元/月）	150 人 ×5000 50 人 ×3500	45 人 ×4000 15 人 ×3000	75 人 ×2500 25 人 ×2000
包装材料（万元）	600	10	
耗用水果原料（万斤）	200×11 元	12×11 元	
化肥、农药等（万元）			400
土地租赁费用（万元）			700

1. 增值税缴纳情况

税务筹划前：

销项税 = （5000 + 500） ×13% = 715（万元）

进项税 = （600 + 10） ×13% + 400 ×9% = 115.3（万元）

增值税 = 715 − 115.3 = 599.7（万元）

税务筹划后：

大甜甜公司应纳增值税税额 = 5000 × 13% − （600 × 13% + 200 × 11 × 9%） = 374（万元）

即征即退额（限额） = 1500 × 12 × 50 × 4/10 000 = 360（万元）

退后增值税 = 0 元

中甜甜公司应纳增值税税额 = 500 × 13% − （10 × 13% + 12 × 11 × 9%） = 51.82（万元）

即征即退额（限额）=1500×12×15×4/10 000=108（万元）

退后增值税=0元

小甜甜公司应纳增值税=0元

2. 企业所得税缴纳情况

税务筹划前：

应纳企业所得税=（5000+500-1200① -288② -300③ -600-10-400-700）×25%=2002×25%=500.5（万元）

税务筹划后：

大甜甜公司（5000-900-210×2-600-2200）×25%=880×25%=220（万元）

应纳企业所得税=220-220×40%×30%=193.6（万元）

中甜甜公司（500-216-54×2-10-132）×25%×20%=34×25%×20%=1.75（万元）

应纳企业所得税=1.75-1.75×40%×30%=1.54（万元）

小甜甜公司应纳企业所得税=0

（三）筹划结论与分析

本次筹划利用了当地区域内残疾人士就业的税收优惠政策，即注重了纳税人身份的税务筹划，达到了节税效果。

企业所得税当中有相当多的税收优惠政策，政府对高新技术企业和创新创业企业设置了许多优惠政策，企业要抓住企业所得税税收优惠政策，合理规划财务管理内部结构，坚决杜绝错账、漏账、假账的出现，同时加大各部门协调沟通，创造积极的企业纳税环境，保证纳税的真实性，尊重国家的税收制度。加大对财务部门专业人才的培养，严格纳税，防止偷税、漏税，树立诚信纳税的企业形象，实现其经济效益与社会效益的统一，增强企业的经济生产能力，调整好企业内部纳税筹划的工作。

---

① 果汁生产工人工资：200×5000×12=1200（万元）。

② 罐头生产工人工资：60×4000×12=288（万元）。

③ 水果种植工人工资：100×2500×12=300（万元）。

第二节　选择供应商的税务筹划

一、供应商的纳税人身份对企业税收的影响

在企业采购过程中，根据供应商的增值税纳税人类别，企业采购业务可以分为两种，一种是从增值税一般纳税人处采购，另一种是从增值税小规模纳税人处采购。从一般纳税人和从小规模纳税人采购货物对企业收益的影响是不一样的，通常认为，从一般纳税人处采购货物，其进项税额可以抵扣，因此采购成本相对较低。假设在价格和质量相同的情况下，从一般纳税人处采购货物可以取得的增值税专用发票，进项税额可以抵扣；从小规模纳税人处采购货物，如果小规模纳税人开具增值税普通发票，进项税额不得抵扣，如果通过小规模纳税人从主管税务机关代开增值税专用发票，进项税额可以抵扣。在价格相同的条件下，即使从小规模纳税人处取得增值税专用发票，纳税人抵扣的进项税额较一般纳税人少，所以纳税人不会选择从小规模纳税人处采购货物，这样小规模纳税人将无法生存。若要在市场中生存，小规模纳税人必然要降低价格，才能与一般纳税人同市场竞争。当小规模纳税人价格降低到一定程度时，此时企业不管是选择一般纳税人还是小规模纳税人作为供应商，企业收益相等，这一价格点就是采购价格临界点。只有当从小规模纳税人处采购货物价格低于采购价格临界点时，纳税人从小规模纳税人处采购货物收益才会高于从一般纳税人处采购货物收益，纳税人才会选择小规模纳税人作为供应商；当从小规模纳税人处采购货物价格高于采购价格临界点时，纳税人从一般纳税人处采购货物收益会高于从小规模纳税人处采购货物收益，纳税人会选择一般纳税人作为供应商。

二、税负均衡点的价格比测算

在实际工作中，企业从小规模纳税人处购入货物取得的发票分为两种情况，一是取得增值税专用发票，二是取得增值税普通发票。

（一）从小规模纳税人处取得普通发票

假定纳税人的含税销售额为 S，适用的增值税税率为T_0，从一般纳税人购货的含税购进额为 P，适用的增值税税率为T_1，在采购价格临界点从小规模纳税人购进货物的含税额与从一般纳税人购进货物的含税额的比率为R_c，小规模纳税人适用的税率为T_2。因生产加工费用与原材料的来源关系不大，所以纳税人收益为不含税销售收入扣除不含税购进成本的差，则：

从一般纳税人索取专用发票的收益 $= S \div (1+T_0) - P \div (1+T_1)$

从小规模纳税人索取专用发票的收益 $= S \div (1+T_0) - (P \times R_c) \div (1+T_2)$

当两者的收益相等时：$S \div (1+T_0) - P \div (1+T_1) = S \div (1+T_0) - (P \times R_c) \div (1+T_2)$

推导出：$R_c = (1+T_2) \div (1+T_1) \times 100\%$

（二）从小规模纳税人处取得专用发票

从一般纳税人索取专用发票的收益 $= S \div (1+T_0) - P \div (1+T_1)$

从小规模纳税人索取增值税普通发票的收益 $= S \div (1+T_0) - P \times R_c$

当两者的收益相等时：$S \div (1+T_0) - P \div (1+T_1) = S \div (1+T_0) - P \times R_c$

推导出：$R_c = 1 \div (1+T_1) \times 100\%$

采购价格临界点的比率R_c，仅与供应商的增值税税率（即T_1、T_2）有关，与纳税人的增值税率（T_0）、纳税人的含税销售额（S）无关。纳税人选择供应方的身份策略是：首先，纳税人计算从小规模纳税人购进货物的含税额与从一般纳税人购进货物的含税额的实际比率 R；然后纳税人比较实际比率 R 和在采购价格临界点的比率R_c的大小：当 R 小于R_c时，选择小规模纳税人作为供应商；当 R 大于R_c时，选择一般纳税人作为供应商；若 R 等于R_c，两者的收益相同，应当从其他角度考虑选择供应商。总之，从采购定价而言，纳税人如果选择小规模纳税人作为供应商时，其货物含税价格应当略低于或等于一般纳税人货物含税价格的R_c倍。

表 5-4　采购价格临界点

一般纳税人税率	小规模纳税人征收率	取得专用发票的含税价格比率	取得普通发票的含税价格比率
13%	3%	91.51%	88.50%
9%	3%	94.50%	91.74%
6%	3%	97.17%	94.34%

三、选择供应商的税务筹划案例分析

【案例 5-3】 甲公司是服装生产企业，为一般纳税人，预计年营业额为 6 000 000 元，需要租入 10 台设备。现有 A、B 两个公司，其中 A 公司为增值税一般纳税人，从 A 公司可以索取税率为 13% 的增值税专用发票，B 公司为增值税小规模纳税人，从 B 公司可以索取由税务机关代开的征收率为 3% 的增值税专用发票。A、B 两个公司所提供的设备相同，但是收费却不同，A 公司每台设备租金 30 000 元、B 公司每台设备租金 28 000 元（以上金额为含税金额）。甲公司是选择 A 公司还是选择 B 公司作为供应商？

计算从 B、A 两个公司购进货物的含税额实际比率为 93.33%（即 28 000 ÷ 30 000 = 93.33%），大于当一般纳税人税率为 13% 时的采购价格临界点 91.15%，因此，选择 A 公司作为供应商，甲公司收益较高。选择 A 公司作为供应商，甲公司收益为 5 044 247.79 元（6 000 000 ÷ 1.13 - 10 × 30 000 ÷ 1.13）；选择小规模纳税人 B 公司作为供应商，甲公司收益为 5 037 889.85 元（6 000 000 ÷ 1.13 - 10 × 28 000 ÷ 1.03）。因此，选择 A 公司比选择 B 公司作为供应商，甲公司收益提高 6357.94 元。

第三节　生产产品的税务筹划

一、生产方式的税务筹划

委托加工、自行生产、来料加工等生产经营方式的不同会影响企业的税负。委托加工是指委托方提供主要的材料，受托方根据委托方的要求制造货物收取加工费的业务。自行加工是企业自行采购原料，自行生产销售的业务方式。来料加工是加工贸易当中的一种，一般由外商提供一定的原材料、半成品、零部件或者技术设备，由我方加工企业根据外商的要求进行加工装配并收取加工费的一种贸易方式。

【案例5-4】2015年8月10日，甲公司接到一笔生产500吨白酒的业务，议定单价为2万元/吨，销售价格共计1000万元，要求在2015年10月10日前交货。

企业所得税率为25%，假设受托方无同类消费品的销售价格。请为甲公司进行纳税筹划方案设计（不考虑城市维护建设税及教育费附加）。

（一）税收政策

《财政部、国家税务总局关于调整消费税政策的通知》（财税〔2014〕93号）规定，自2014年12月1日起，取消酒精消费税。取消酒精消费税后，“酒及酒精”品目相应改为“酒”，并继续按现行消费税政策执行。

2009年1月1日开始实施的修订后的《中华人民共和国消费税暂行条例》（以下简称《消费税暂行条例》）规定，委托加工的应税消费品，按照受托方的同类消费品的销售价格计算纳税；没有同类消费品销售价格的，按照组成计税价格计算纳税。

《财政部、国家税务总局关于〈中华人民共和国消费税暂行条例实施细则〉有关条款解释的通知》（财法〔2012〕8号）规定，将《中华人民共和国消费税暂行条例实施细则》第7条第2款“委托加工的应税消费品直接出售的，不再缴纳消费税”的含义解释如下：委托方将收回的应税消费品，以不高于受托方的计税价格出售的，为直接出售，不再缴纳消费税；委托方以高于受托方的计税价格出售的，不属于直接销售，需按照规定申报缴纳消费税，在计税时准予扣除受托方已代收代缴的消费税。

（二）筹划方案

方案一：委托加工成酒精，再由本公司生产成白酒销售。

甲公司以价值为250万元的原料委托乙公司加工成酒精，双方协议加工费为150万元，加工成300吨酒精运回公司以后，再由本公司加工成500吨本品牌的白酒销售，每吨售价2万元，公司加工的成本以及应该分摊的相关费用合计为220－150＝70万元。

（1）甲公司在向乙公司支付加工费的同时，由于自2014年12月1日起，酒精不再缴纳消费税，因此在委托加工酒精环节不需要再由受托方针对酒精代收代缴消费税。

（2）甲公司销售白酒后：

应纳消费税

$=1000\times 20\% +500\times 1000\times 2\times 0.5\div 10\ 000=250$（万元）

（3）税后利润

$=(1000-250-150-70-250)\times (1-25\%)=210$（万元）

方案二：委托加工成高纯度白酒，由本公司生产成白酒销售。

甲公司以价值为250万元的原料委托乙公司加工成高纯度白酒，双方协议加工费为180万元，加工成400吨高纯度白酒运回公司以后，再由本公司加工成500吨本品牌的白酒销售，每吨售价2万元，公司加工的成本以及应该分摊的相关费用合计为40万元。

（1）甲公司在向乙公司支付加工费的同时，向受托方支付由其代收代缴的消费税：

消费税组成计税价格

$=(250+180+400\times 1000\times 2\times 0.5\div 10\ 000)\div (1-20\%)=587.5$（万元）

应缴消费税

$=587.5\times 20\% +400\times 1000\times 2\times 0.5\div 10\ 000=157.5$（万元）

（2）甲公司销售白酒后：

应缴消费税

$=1000\times 20\% +500\times 1000\times 2\times 0.5\div 10\ 000=250$（万元）

（3）在委托加工高纯度白酒方式下，应支付代收代缴消费税157.5万元，公司缴纳消费税250万元，公司取得所得税后的利润

$=(1000-250-180-40-157.5-250)\times (1-25\%)=91.88$（万元）

方案三：由委托加工环节直接加工成最终产品收回后直接销售（全部委托加工方式）。

甲公司将酿酒原料交给乙公司，由乙公司完成所有的制作程序，即甲公司从乙公司收回的产品就是指定的本品牌白酒，协议加工费为220万元。产品运回后仍以原价直接销售。

（1）当公司收回委托加工产品时，向乙公司支付加工费，同时支付由其代收代缴的消费税。

消费税组成计税价格

$= (250 + 220 + 500 \times 1000 \times 2 \times 0.5 \div 10\,000) \div (1 - 20\%) = 650$（万元）

应纳消费税

$= 650 \times 20\% + 500 \times 1000 \times 2 \times 0.5 \div 10\,000 = 180$（万元）

（2）1000元 > 650元，即委托方以高于受托方的计税价格出售，需按规定申报纳税。

应纳消费税

$= 1000 \times 20\% + 500 \times 1000 \times 2 \times 0.5 \div 10\,000 - 180 = 70$（万元）

（3）在全部委托加工方式下，支付代收代缴消费税180万元，公司缴纳消费税70万元。

税后利润

$= (1000 - 250 - 220 - 250) \times (1 - 25\%) = 210$（万元）

方案四：由公司自己完成该品牌的白酒的生产制作过程。

由甲公司自己生产该酒，其发生的生产成本恰好等于委托乙公司的加工费，即为220万元。

（1）应纳消费税

$= 1000 \times 20\% + 500 \times 1000 \times 2 \times 0.5 \div 10\,000 = 250$（万元）

（2）在自产自销方式下，应缴纳消费税为250万元，

税后利润

$= (1000 - 250 - 220 - 250) \times (1 - 25\%) = 210$（万元）

以上四个方案税负以及税负利润对比如表5－5所示。

方案一、方案三、方案四比方案二少纳税 157.5 万元，因此方案一、方案三、方案四优于方案二。

表 5－5　税务筹划后甲公司各方案税收负担以及税后利润对比

（单位：万元）

备选方案	支付给受托方代收代缴的消费税	本企业缴纳消费税	消费税合计	税后利润
方案一	0	250	250	210
方案二	157.5	250	407.5	91.88
方案三	180	70	250	210
方案四	0	250	250	210

二、定价策略的税务筹划

产品的销售价格不是越高越好，需要根据税负等其他因素综合进行合理的选择。

【案例 5－5】 重庆江小黑房地产开发企业，2017 年商品房销售收入为 1.5 亿元，其中普通住宅的销售额为 1 亿元，豪华住宅的销售额为 5000 万元。税法规定的可扣除项目金额为 1.1 亿元，其中普通住宅的可扣除项目金额为 8000 万元，豪华住宅的可扣除项目金额为 3000 万元。请对重庆江小黑房地产开发企业进行土地增值税的税务筹划。

（一）税收政策

（1）《中华人民共和国土地增值税暂行条例实施细则》（财法字〔1995〕6 号）第 11 条第 1—3 款规定，“条例第八条（一）项所称的普通标准住宅，是指按所在地一般民用住宅标准建造的居住用住宅。高级公寓、别墅、度假村等不属于普通标准住宅。普通标准住宅与其他住宅的具体划分界限由各省、自治区、直辖市人民政府规定。纳税人建造普通标准住宅出售，增值额未超过本细则第七条（一）、（二）、（三）、（五）、（六）项扣除项目金额之和 20% 的，免征土地增值税；增值额超过扣除项目金额之和 20% 的，应就其全部增值额按规定计税。条例第八条（二）项所称的因国家建设需要依法征用、收回的房地产，是指因城市实施规划、国家建设的需要而被政府批准征用的房产或收回的土地使用权”。

（2）《财政部、国家税务总局关于土地增值税一些具体问题规定的通知》（财税字〔1995〕48 号）规定：“关于既建普通标准住宅又搞其他类型房地产开发的如何计税的问题。对纳税人既建普通标准住宅又搞其他房地产开发的，应分别核算增值额。不分别核算增值额或不能准确核算增值额的，其建造的普通标准住宅不能适用条例第八条（一）项的免税规定。”

（二）筹划方案

方案一：普通住宅和豪华住宅不分开核算。

增值率 =（15 000 - 11 000）÷11 000 ×100% =36%

应纳税额 =（15 000 - 11 000）×30% =1200（万元）

方案二：普通住宅和豪华住宅分开核算。

普通住宅：增值率 =（10 000 - 8000）÷8000 ×100% =25%

应纳税额 =（10 000 - 8000）×30% =600（万元）

豪华住宅：增值率 =（5000 - 3000）÷3000 ×100% =67%

应纳税额 =（5000 - 3000）×40% - 3000 ×5% =650（万元）

总应纳税额 =600 +650 =1250（万元）

方案三：利用税收优惠政策核算。

假定上例中普通住宅的可扣除项目金额不变，仍为 8000 万元，要使增值率为 20%，则设销售收入为 a。

（a - 8000）/8000 ×100% =20%

a =9600 万元

此时该企业共缴纳的土地增值税为 650 万元，与方案一和方案二相比，分别节省税金 550 万元和 600 万元，考虑减少的 400 万元收入后仍可分别节省 150 万元和 200 万元税金。

假定上例中其他条件不变，只是普通住宅可扣除项目金额发生变化，使普通住宅的增值率限制在 20%，那么设可扣除项目金额为 b，

（10 000 - b）÷b ×100% =20%

b＝8333 万元

此时，该企业仅豪华住宅缴纳650万元土地增值税，可扣除项目金额比原可扣除项目金额多支出333万元，税额却比不分开核算少缴纳550万元，比分开核算少缴纳600万元。净收益分别增加217万元（550万元－333万元）和267万元（600万元－333万元）。

（三）筹划风险分析

1. 销售定价的税务筹划风险及对策

大部分房地产企业为了享受到税收优惠政策，将房地产项目认定为普通标准住宅进行土地增值税申报。但是，经过税务机关的调查，企业可能存在不符合普通标准住宅认定条件的情况，给企业带来税务筹划风险。为此，企业要全面掌握有关土地增值税的相关税法和政策，制定合法合理的税务筹划方案，充分利用优惠税收政策，达到降低企业税负的目的。在销售定价时，若企业将销售价格定位越低，则土地增值税缴纳金额也会越小，若企业将销售价格定位越高，则土地增值税缴纳金额也会越大。但是企业应综合考虑利润目标、房地产市场供求现状、房产项目所处地段等因素确定销售定价，而不能只从降低税负的角度过度控制销售定价。

2. 可扣除金额项目的税务筹划风险及对策

在房地产土地增值税税务筹划中，部分企业错误地认为只要增大项目成本费用就可以增大可扣除项目，降低企业土地增值税税负。但是，这些项目成本费用支出不一定都在税法和税收政策规定的可扣除金额项目的范围内，一旦税务机关不认同企业的这种做法，就会给企业带来逃税、漏税风险。为此，房地产企业必须明确可扣除金额项目的合法范围，并与税务机关保持良好的沟通，采取合法增加可扣除金额项目的方式达到节税目的。

三、产品收入实现的税务筹划

企业可以通过合理控制收入减少相应的所得，减轻或延迟纳税义务以减轻企业税负。不同企业的经营活动有不同的特点，交易也存在不同的处理方法，因此，现行的会计制度对于营业收入的确定按照货款的结算方式的不同而分别确认。例如，在钱货两清的销售模式下，如货款已经收到，发票账单和提货单都已经交给买方，无论产品是否发出，都应当确认收入的实现；采用预收货款结算方式的，当产品发出时作为收入实现的时间点；采用分期收款方式销售商品的，按照合同约定的收款日前作为收入的实现；长期劳务合同以合同约定一次或者分次结算作为收入的实现等。企业在利用财务准则设定适当的收入时点进行税务筹划时，应当尽量把收入的实现安排在纳税初期，接近期末的收入，应该设法推到下个纳税期的初期，这样可以减少当期收入，减轻当期企业所得税的税负，起到延迟纳税作用。

控制收入的实现，可以利用税收优惠政策控制所得实现时间，尽量把利润提前或集中到减免期间，而把亏损或者支出推迟到征税期，或者把所得规划在亏顺年度以达到盈亏相抵的目的。要把利润提前或者集中到减免期，需要尽量减少减免期的成本和费用，例如，在物价上涨时采用先进先出进行存货的计价，高估当期利润，低估期末存货价值。在费用分摊方面，对于本应负担的，在以后才发生的费用，数额较小的，可以不预提计入成本，而对于减免其发生的，应由以后负担的费用尽可能地通过待摊费用核算，分期计入成本。

第四节　促销方式的税务筹划

企业为了扩大销售，提高市场占有率，促销活动也不断创新。目前，我国的会计准则对企业的各种促销活动仅作了原则性的规定，账务处理需要依靠会计人员的职业判断。而税法则有很多具体的规定和解释，如果处理不当，企业就会有涉税风险。最近几年，由于互联网的发展，新的促销活动不断呈现，企业应该综合考虑各方面的因素，进行纳税筹划，选择合适的促销方式，达到筹划的目标。

一、常见的促销方式

企业促销的方式多种多样，主要有折扣销售、现金折扣、销售折让、还本销售、以旧换新、赠送商品、满额返现、积分返利等。

折扣销售实质是销售方在销售货物或提供应税劳务时给予购买方价格上的优惠，是仅限于商品价格的商业折扣。打折是在原有价格基础上通过一定的折扣率给予顾客优惠价格的促销方式，是折扣销售的一种最常见的方式。很多商家都会定期地或在春节等重大节假日推出打折，希望通过折扣销售这一手段，实现销售额和利润提升的双丰收，是最传统的一种让利销售方式。企业通常会设立特价专区，以打折方式吸引消费者眼球，或在节假日将部分商品打折出售以提高消费者的购买量。

现金折扣是指企业在货物赊销以后，为了鼓励客户尽早回款，缩短应收账款的账龄，对提前回款的客户给予的一种优惠价格。现金折扣通常发生在赊销之后，具有一定的融资性质，企业在会计处理时，通常在实际发生现金折扣时，其费用计入财务费用。

销售折让是指企业因售出商品质量不符合要求等原因而在售价上给予的减让。

还本销售是企业销售货物后，在一定期限内将全部或部分销货款一次或分次无条件退还给购货方的一种销售方式。

以旧换新是指纳税人在销售自己货物时，有偿收回旧货物的行为。它实际上是一种以销为主，购销兼有的销售方式。

赠送商品是指顾客购买指定商品或消费达到指定金额便可免费获得相应商品的促销方式。主要形式有买一赠一、买一增多、多买多赠等，例如，商场中我们常见到的买牛奶送杯子，买空调送电风扇。赠送商品在企业的实际促销活动中一般分为两种情况：一种是促销所赠送的商品为企业外购商品，另一种是促销所赠送的商品是企业自制的商品。用赠送商品进行促销，往往是企业经常采用的一种手段，因为一方面赠送方式比较多样，另一方面企业在选择赠品的时候可以根据实际情况选择容易滞销或库存较多的商品与所售商品进行搭配销售以增加商品的销售运转速度，提高销量。

满额返现是指商家在消费者消费达到一定标准时向消费者返还一定数量现金的促销方式。常见的形式有“满 300 返 100”“满 80 减 30”等。返现一般分为两种情况：一种是直接返还现金即“满返”，另一种是直接将返还的现金用于抵扣商品的价格，即“满减”。无论是“满返”还是“满减”，其实质都是满额返现，只是方式不同，一个直接返还现金，一个当场抵扣商品价格。一般来说，大多数企业喜欢采用“满减”的促销方式。因为直接返还现金会直接冲减企业的销售利润，造成现金的直接流失，同时一般现金的返还要办理相关手续，进行登记，比较烦琐。如果将返还的现金直接用于冲减商品价格，避免了烦琐的手续，省去了很多麻烦，更容易被消费者所接受。

积分返利是指企业在销售商品的时候会根据商品价格给予消费者一定的积分，客户可以在一定条件下将奖励的积分兑换相应的商品或者以抵免或折扣的价格换购一定的商品或服务。积分返利同满额返券相类似，一般分为发放积分和兑换积分两个环节。这种促销方式根据积分的使用情况使顾客相当于获得了下次商品的获赠权或购物的折扣期权。这种促销方式既可以提高顾客的回头率和忠诚度，也在一定程度上刺激了消费。

二、不同促销方式的税法规定

（一）折扣销售的税法规定

1. 增值税规定

依据国家税务总局印发的《增值税若干具体问题的规定》（国税发〔1993〕154 号），纳税人采取折扣方式销售货物，如果销售额和折扣额在同一张发票上分别注明的，可按折扣后的销售额征收增值税；如果将折扣额另开发票，不论其在财务上如何处理，均不得从销售额中减除折扣额。

2. 所得税规定

依据《国家税务总局关于确认企业所得税收入若干问题的通知》（国税函〔2008〕875 号），企业为促进商品销售而在商品价格上给予的价格扣除属于商业折扣，商品销售涉及商业折扣的，应当按照扣除商业折扣后的金额确定销售商品收入金额。

（二）现金折扣的税法规定

依据《国家税务总局关于确认企业所得税收入若干问题的通知》（国税函〔2008〕875 号），销售商品涉及现金折扣的，应当按扣除现金折扣前的金额确定销售商品收入金额，现金折扣在实际发生时作为财务费用扣除。

（三）销售折让的税法规定

1. 增值税规定

《增值税暂行条例实施细则》第 11 条第 1 款规定，小规模纳税人以外的纳税人因销售货物退回或者折让而退还给购买方的增值税额，应从发生销售货物退回或者折让当期的销项税额中扣减。

2. 所得税规定

依据《国家税务总局关于确认企业所得税收入若干问题的通知》（国税函〔2008〕875 号），企业因售出商品的质量不合格等原因而在售价上给的减让属于销售折让；企业因售出商品质量、品种不符合要求等原因而发生的退货属于销售退回。企业已经确认销售收入的售出商品发生销售折让和销售退回，应当在发生当期冲减当期销售商品收入。

（四）还本销售的税法规定

依据国家税务总局印发的《增值税若干具体问题的规定》（国税发〔1993〕154 号），纳税人采取还本销售方式销售货物，不得从销售额中减除还本支出。

（五）以旧换新的税法规定

1. 增值税规定

依据国家税务总局印发的《增值税若干具体问题的规定》（国税发〔1993〕154 号），纳税人采取以旧换新方式销售货物，应按新货物的同期销售价格确定销售额。

依据《财政部、国家税务总局关于金银首饰等货物征收增值税问题的通知》（财税字〔1996〕74 号），考虑到金银首饰以旧换新业务的特殊情况，对金银首饰以旧换新业务，可以按销售方实际收取的不含增值税的全部价款征收增值税。

采取以旧换新方式销售货物，除金银首饰可以按实际收取的差价确认收入外，其他以旧换新方式销售货物均应按新货物的同期销售价格即全价计税并开具增值税发票，同时，收取旧货物时取得的增值税专用发票可以抵扣进项税额。

2. 所得税规定

依据《国家税务总局关于确认企业所得税收入若干问题的通知》（国税函〔2008〕875号），销售商品以旧换新的，销售商品应当按照销售商品收入确认条件确认收入，回收的商品作为购进商品处理。

（六）"买一赠一"的税法规定

依据《国家税务总局关于确认企业所得税收入若干问题的通知》（国税函〔2008〕875号）规定，企业以买一赠一等方式组合销售本企业商品的，不属于捐赠，应将总的销售金额按各项商品的公允价值的比例来分摊确认各项的销售收入。①

（七）销售赠购物券、积分赠商品、积分返现金券等方式的税法规定

依据《增值税暂行条例实施细则》，将自产、委托加工或者购进的货物无偿赠送其他单位或者个人，应视同销售货物。因此，商业企业采取销售赠购物券、积分赠商品、积分返现金券等方式进行促销，对于最终顾客以现金券、购物券等换取了商品及用积分换取了商品的，应作为视同销售按适用税率征收增值税。销售额应按照《增值税暂行条例实施细则》第16条的规定进行确定，即按下列顺序确定销售额：（1）按纳税人最近时期同类货物的平均销售价格确定；（2）按其他纳税人最近时期同类货物的平均销售价格确定；（3）按组成计税价格确定，组成计税价格 = 成本 ×（1 + 成本利润率），属于应征消费税的货物，其组成计税价格中应加计消费税额。

三、促销方式税务筹划的案例分析

【案例5-6】某大型家电商场为增值税一般纳税人，现临近圣诞节，商场销售经理决定在圣诞节前后进行商品促销。要销售1000元商品，成本600

① 关于增值税的规定，此处有争议：一种观点认为，应按照《增值税暂行条例实施细则》第4条，将赠品认为捐赠行为从而视同销售，应征增值税，但该观点会造成增值税与企业所得税规定的不一致；另一种观点，把赠品认为是实物折扣，如果将商品和赠品开在同一张发票上，就按照实际收到的价款（商品的价格）确认销售额，这样增值税和企业所得税的规定就保持一致了。案例5-6是按照后一种观点来处理的。

元，现拟订了以下几种促销方案。

方案一：购买家电享8.5折优惠。

方案二：购买家电满1000元，赠送150元小电器，小电器成本90元。

方案三：购买家电满1000元，返客户150元现金。

方案四：购买家电满1000元，返客户150元代金券（不可退换现金，下次购物可代币结算）。

方案五：采用以旧换新的销售方式，旧家电不论品牌或成新度，一律作价150元，即在购买时可以以旧家电抵150元（假设旧家电的真实市场价值为100元）。

假定该家电商场的毛利率为40%，以上交易价值均为含税价格，企业涉及的增值税、城市维护建设税、教育费附加和企业所得税分别为13%、7%、3%、25%。

（一）筹划方案

方案一：商品打折销售。该商场将折扣额和销售额开在同一张发票上并单独注明，则商场应纳税额和获利情况如下：

应纳增值税额 =（1000×85% −600）÷（1+13%）×13% =28.76（元）

应纳城市维护建设税和教育费附加 =28.76×（7% +3%）=2.88（元）

应纳企业所得税 =［（1000×85% −600）÷（1+13%）−2.88］×25% =54.59（元）

应纳税合计 =28.76+2.88+54.59=86.23（元）

企业的税后利润 =（1000×85% −600）÷（1+13%）−2.88−54.59 =163.77（元）

方案二：这种销售采用的是组合销售方式（即买一赠一），按照税法，赠送的小商品应视同销售。由于视同销售行为没有给商场带来实际的现金流入，赠送商品的销项税额是由商场自己负担的，应计入商品的销售成本。则商场的应纳税额和获利情况如下：

应纳增值税税额 =1000÷（1+13%）×13% −（600+90）÷（1+13%）×13% =35.62（元）

应纳城市维护建设税和教育费附加 = 35.62 ×（7% + 3%）= 3.56（元）

应纳企业所得税 = [（1000 − 600 − 90）÷（1 + 13%）− 5.29] × 25% = 67.26（元）

应纳税合计 = 35.62 + 3.56 + 67.26 = 106.44（元）

企业税后利润 =（1000 − 600 − 90）÷（1 + 13%）− 5.29 − 67.26 = 201.79（元）

方案三：返还现金销售，这种销售方式按照税法规定应按照 1000 元计算销项税，则商场应纳税额和获利情况如下：

应纳增值税额 =（1000 − 600）÷（1 + 13%）× 13% = 46.02（元）

应纳城市维护建设税和教育费附加 = 46.02 ×（7% + 3%）= 4.60（元）

应纳企业所得税 = [（1000 − 600）÷（1 + 13%）− 4.6] × 25% = 87.35（元）

企业应代付个人所得税 = 150 ÷（1 − 20%）× 20% = 37.5（元）

应纳税合计 = 46.02 + 4.60 + 87.35 + 37.5 = 175.47（元）

企业的税后利润 =（1000 − 600）÷（1 + 13%）− 4.6 − 150 − 37.5 − 87.35 = 74.53（元）

方案四：赠送购物券，如果顾客将购物券全部用于购买商品，则相当于多次销售，销售额为 1150 元，则商场应纳税额和获利情况如下：

应纳增值税额 =（1150 − 600 − 90）÷（1 + 13%）× 13% = 52.92（元）

应纳城市维护建设税和教育费附加 = 52.92 ×（7% + 3%）= 5.29（元）

应纳企业所得税 = [（1150 − 600 − 90）÷（1 + 13%）− 5.29] × 25% = 100.45（元）

应纳税合计 = 52.92 + 5.29 + 100.45 = 158.66（元）

企业的税后利润 =（1150 − 600 − 90）÷（1 + 13%）− 5.29 − 100.45 = 301.34（元）

方案五：这里的以旧换新销售应按照新货物的同期售价确定销售额，不得抵扣货物的收购价格。企业从顾客手中换回的旧货因无法获取与旧货相关的增值税专用发票，不能抵扣增值税进项税额，但企业在今后转售旧货时应按照税法规定缴纳增值税。则商场应纳税额和获利情况如下：

应纳增值税额 =（1000 - 600 + 100）÷（1 + 13%）× 13% = 57.52（元）

应纳城市维护建设税和教育费附加 = 57.52 ×（7% + 3%）= 5.75（元）

应纳企业所得税 = [（1000 - 600 + 100）÷（1 + 13%）- 5.75 - 150] × 25% = 71.68（元）

应纳税合计 = 57.52 + 5.75 + 71.68 = 134.95（元）

企业的税后利润 =（1000 - 600 + 100）÷（1 + 13%）- 5.75 - 150 - 71.68 = 215.05（元）

（二）筹划结论与分析

为了直观看出以上五种方案的差异，现以表格方式对它们的税收负担和税后利润进行对比，如表 5 - 6 所示。

表 5 - 6　各方案的税收负担以及税后利润对比

（单位：元）

方案	增值税	城市维护建设税和教育费附加	代付个人所得税	企业所得税	纳税合计	企业税后利润
方案一	28.76	2.88	0	54.59	86.23	163.77
方案二	35.62	3.56	0	67.26	106.44	201.79
方案三	46.02	4.60	37.5	87.35	175.47	74.53
方案四	52.92	5.29	0	100.45	158.66	301.34
方案五	57.52	5.75	0	71.68	134.95	215.05

从表中数据可以看出，第一种方案商场的税负最轻，为 86.23 元；第四种方案能够激发顾客的多次消费购物，企业的税后利润最高，为 301.34 元。因此，商场一般会根据自身的情况在第一种和第四种方案之间作出选择。

由于上述方案的比较均建立在大量的假设条件下，假设条件对促销模式的选择和具体筹划方案的设计将造成影响，因而前述的促销方案净利润比较结果具有一定的局限性，有必要在选择促销方式的时候考虑折扣率、产品成本、赠品成本、抽奖金额等因素。成本从税收的角度看，包括税收成本和非税成本。必须考虑所有完全成本，而不能仅局限于税收成本，这也是一个非常重要的问题。例如，票内折扣在营销方案中实施最简单，但是抽奖活动就比较复杂。因此，税务筹划方案的可行性一定要根据具体企业的实际情况分析筹划。

在现实经济活动中，很多企业经常犯一个错误，即在纳税筹划中只谋求企业利润，而不考虑其他契约方的感受。这虽然可以降低企业的税负，扩大企业净利润，但是以增加其他契约方的税负和利益为代价。这种以牺牲对方利益来增加自己利益的筹划，在实务中是不能长久的，也是行不通的。因此，纳税筹划对促销模式的选择需要综合考虑市场情况和消费心理，兼顾各方利益，才能使税务筹划起到为企业出谋划策的作用，使企业能够进入稳健的可持续发展阶段。

思考题：

1. 试述增值税纳税人身份和企业所得税纳税人身份筹划的常用方法。
2. 试述供应商选择筹划的常用方法。
3. 试述生产方式筹划的思路。
4. 试述不同促销方式的税法差异。

第六章 会计政策选择的税务筹划

本章概述

对不同会计政策的选择是常见的税务筹划手段，本章论述了资产会计政策的税务筹划、成本费用会计政策的税务筹划，以及由于特殊性而单独论述的公益性捐赠的税务筹划。资产会计政策的税务筹划以存货发出的筹划、固定资产折旧的筹划、大修理支出的筹划为例作了论述。成本费用会计政策的税务筹划以业务招待费、职工教育经费、广告和业务宣传费的税务筹划为例。公益性捐赠需要根据不同的类别进行税务筹划。

第一节 资产会计政策的税务筹划

一、存货发出成本的会计政策

（一）确定存货发出成本的方法

企业在确定发出存货的成本时，可以采用先进先出法、移动加权平均法、月末一次加权平均法和个别计价法等方法。企业不得采用后进先出法确定发出存货的成本。

1. 先进先出法

（1）含义

先进先出法是指假定“先入库的存货先发出”，并根据这种假定的成本流转顺序确定发出存货成本的一种方法。

（2）优点和缺点

①先进先出法可以随时结转存货发出成本，但较烦琐。

②如果存货收发业务较多且存货单价不稳定时，其工作量较大。

③在物价持续上升时，期末存货成本接近于市价，而发出成本偏低，会高估企业当期利润和库存存货价值；在物价下降时，则会低估企业当期利润和库存存货价值。

2. 移动加权平均法

（1）含义

移动加权平均法是指在每次收货以后，立即根据库存存货数量和总成本，计算出新的平均单位成本的一种计算方法。

（2）计算公式

①存货的移动平均单位成本

=（本次进货之前库存存货的实际成本 + 本次进货的实际成本）/（本次进货之前库存存货的数量 + 本次进货的数量）

②发出存货的成本 = 本次发出存货的数量 × 移动平均单位成本

③月末库存存货的成本 = 月末库存存货的数量 × 月末存货的移动平均单位成本

（3）优点和缺点

①能够使企业管理层及时了解存货成本的结存情况，计算出的平均单位成本及发出和结存的存货成本比较客观。

②由于每次收货都要计算一次平均单位成本，计算工作量较大，对收发货较频繁的企业不适用。

3. 月末一次加权平均法

（1）含义

月末一次加权平均法，是指平时按照存货的实际成本计量，每月月底根据库存存货数量和总成本，计算每月存货的平均单位成本的一种计算方法。

（2）计算公式

①存货的加权平均单位成本 = ［本月月初库存存货的实际成本 + Σ（本月各批进货的实际单位成本 × 本月各批进货的数量）］/（月初库存存货数量 + Σ本月各批进货数量）

②本月发出存货的成本 = 本月发出存货的数量 × 加权平均单位成本

③本月月末库存存货的成本 = 月末库存存货的数量 × 加权平均单位成本

（3）优点和缺点及适用范围

只在月末一次计算加权平均单价，有利于简化成本计算工作，但由于平时无法从账上提供发出和结存存货的单价和金额，不利于存货成本的日常管理与控制。

月末一次加权平均法一般不适用于收发业务频繁的企业，但随着会计信息化快速发展，其适用范围拓宽。

4. 个别计价法

（1）含义

个别计价法又称个别认定法、具体辨认法、分批实际法，其特征是注重所发出存货具体项目的实物流转与成本流转之间的联系，逐一辨认各批发出存货和期末存货所属的购进批别或生产批别，分别按其购入或生产时所确定的单位成本计算各批发出存货和期末存货的成本。

（2）优点、缺点及适用范围

①个别计价法的成本计算准确、符合实际情况，但在存货收发频繁情况下，其发出成本分辨的工作量较大。

②个别计价法适用于一般不能替代使用的存货，为特定项目专门购买或制造的存货以及提供的劳务，如珠宝、名画等贵重物品。

（二）存货发出成本的税务筹划

受存货发出计价方法影响的税种主要是企业所得税。企业不同批次购进同类存货的单价不尽相同及企业不同批次生产的同类产品的单位生产成本不同，所以在发出存货时就涉及发出存货单价的确认问题，即企业需要确定应该按照哪一批次存货购进单价和按照哪一生产批次的单位生产成本来确认发出存货的成本。因此，在进行企业所得税税务筹划时应该重视存货发出计价方法的选择，因为不同存货发出计价方法计算的存货发出成本差异较大，进而对企业所得税应纳税所得额产生不同程度的影响，尤其是对企业库存较大且收发频繁的企业。

1. 税务筹划应考虑的因素

从企业所得税税务筹划角度出发，企业在选择存货发出计价方法时需主要考虑两个方面的因素。

第一，本企业是否处于企业所得税的税收优惠期。如果企业处于企业所得税税收优惠期，应该根据企业所处宏观环境选择发出存货成本较低的存货发出计价方法来计量发出存货的成本，从而起到减少成本、费用，增加应纳税所得额的作用，进而更好地享受国家税收优惠的效果。我国企业所得税的税收优惠种类较多，例如，国家重点扶持的公共基础设施项目的投资经营所得，自项目取得第一笔生产经营收入所属纳税年度起，第一年至第三年免征企业所得税，第四年至第六年减半征收企业所得税。

第二，本企业所处的宏观经济环境，是通货膨胀还是通货紧缩。在通货膨胀时期，从企业所得税税务筹划角度考虑，应该依次选择全月一次加权平均法、移动加权平均法、先进先出法来取得较好的税负降低效果。如果处于通货紧缩时期，企业就应该反向选择存货发出计价方法。

存货发出计价方法一经选定，不得随意变更，并要求在会计报表附注中予以披露。因此，企业存货发出计价方法的选择应该结合我国物价指数的走势、企业自身情况及其所需存货的特点来综合确定。

2. 税务筹划方法

基于存货发出计价方法，企业在进行企业所得税税务筹划时，应该区分以下四种情况进行合理选择。

情况一：企业处于企业所得税的税收优惠期，且企业所需存货价格预计未来在价格上涨周期，企业应该选择先进先出法作为本企业存货发出计价方法。

情况二：企业处于企业所得税的税收优惠期，但企业所需存货价格预计未来在价格下降周期，企业应该选择全月一次加权平均法作为本企业存货发出计价方法。

情况三：企业不在企业所得税的税收优惠期，且企业所需存货价格预计未来在价格上升周期，企业应该选择全月一次加权平均法作为本企业存货发出计价方法。

情况四：企业不在企业所得税的税收优惠期，且企业所需存货价格预计未来在价格下降周期，企业应该选择先进先出法作为本企业存货发出计价方法。

（三）存货发出成本的税务筹划案例

【案例6－1】 甲公司2×19年3月A商品的收、发、存情况如下：

（1）3月1日结存300件，单位成本为2万元。

（2）3月8日购入200件，单位成本为2.2万元。

（3）3月10日发出400件。

（4）3月20日购入300件，单位成本为2.3万元。

（5）3月28日发出200件。

（6）3月31日购入200件，单位成本为2.5万元。

请分别用先进先出法、移动加权平均法、月末一次加权平均法这三种方法计算A商品2×19年3月发出存货的成本和3月31日结存存货的成本。

（1）先进先出法

本月可供发出存货成本＝300×2＋200×2.2＋300×2.3＋200×2.5＝2230（万元）

本月发出存货成本＝（300×2＋100×2.2）＋（100×2.2＋100×2.3）＝1270（万元）

本月月末结存存货成本＝2230－1270＝960（万元）

（2）移动加权平均法

3月8日购货的移动加权平均单位成本＝（300×2＋200×2.2）／（300＋200）＝2.08（万元）

3月10日发出存货的成本＝400×2.08＝832（万元）

3月20日购货的移动加权平均单位成本 =（100 ×2.08 +300 ×2.3）/（100 +300）=2.245（万元）

3月28日发出存货的成本 =200 ×2.245 =449（万元）

本月发出存货成本 =832 +449 =1281（万元）

本月月末结存存货成本 =2230 -1281 =949（万元）

（3）月末一次加权平均法

加权平均单位成本 =2230 ÷（300 +200 +300 +200）=2.23（万元）

本月发出存货成本 =（400 +200）×2.23 =1338（万元）

本月月末结存存货成本 =2230 -1338 =892（万元）

二、固定资产折旧的会计政策

（一）固定资产折旧的定义

固定资产折旧是指在固定资产使用寿命内，按照确定的方法对应计折旧额进行系统分摊。应计折旧额是指应当计提折旧的固定资产的原价扣除其预计净残值后的金额。已计提减值准备的固定资产，还应当扣除已计提的固定资产减值准备累计金额。

应计折旧额 = 原值 - 预计净残值 - 固定资产减值准备

（二）影响固定资产折旧的因素

影响固定资产折旧的因素主要有以下几个方面：（1）固定资产原价；（2）固定资产的使用寿命；（3）预计净残值；（4）固定资产减值准备。

企业在选择固定资产折旧方法时，应当根据与固定资产有关的经济利益的预期消耗方式作出决定。由于收入可能受到投入、生产过程、销售等因素的影响，这些因素与固定资产有关经济利益的预期消耗方式无关，因此，企业不应以包括使用固定资产在内的经济活动所产生的收入为基础进行折旧。

（三）固定资产折旧的范围

企业应当对所有的固定资产计提折旧，但是下列不提折旧：（1）已提足折旧仍继续使用的固定资产；（2）单独计价入账的土地。

固定资产折旧需要注意以下事项：（1）固定资产应当按月计提折旧。当月增加的固定资产，当月不计提折旧，从下月起计提折旧；当月减少的固定资产，当月仍计提折旧，从下月起不计提折旧。（2）固定资产提足折旧后，不论能否继续使用，均不再计提折旧，提前报废的固定资产也不再补提折旧。（3）已达到预定可使用状态但尚未办理竣工决算的固定资产，应当按照估计价值确定其成本，并计提折旧；待办理竣工决算后再按实际成本调整原来的暂估价值，但不需要调整原已计提的折旧额。（4）处于更新改造过程停止使用的固定资产，应将其账面价值转入在建工程，不再计提折旧。更新改造项目达到预定可使用状态转为固定资产后，再按重新确定的折旧方法和该项固定资产尚可使用的寿命计提折旧。（5）固定资产在定期大修理期间，照提折旧。

（四）固定资产折旧的方法

企业应当根据与固定资产有关的经济利益的预期消耗方式，合理选择固定资产折旧方法。可选用的折旧方法包括年限平均法、工作量法、双倍余额递减法和年数总和法等。固定资产的折旧方法一经确定，不得随意变更。

1. 年限平均法

年限平均法又称直线法，是指将固定资产的应计折旧额均衡地分摊到固定资产预计使用寿命内的一种方法。采用这种方法计算的每期折旧额相等。

年折旧额

=（固定资产原值－预计净残值）÷预计使用年限

=固定资产原值×（1－预计净残值/固定资产原值）÷预计使用年限

=固定资产原值×年折旧率

【案例6－2】某企业有一厂房，固定资产原值为500 000元，预计可使用20年，净残值率为5%。

年折旧率=（1－5%）÷20×100%=4.75%

月折旧率=4.75%÷12=0.40%

月折旧额=500 000×0.40%=2000（元）

2. 工作量法

工作量法，是指以固定资产能提供的工作量为单位来计算折旧额的方法。

工作量可以是汽车的总行驶里程，也可以是机器设备的总工作台班、总工作小时等。

单位工作量折旧额

=固定资产原值×（1-预计净残值率）/预计总工作量

某项固定资产月折旧额

=该项固定资产当月工作量×单位工作量折旧额

【案例6-3】甲公司的一台机器设备原价为800 000元，预计生产产品产量为4 000 000个，预计净残值率为5%，本月生产产品40 000个。假设甲公司没有对该机器设备计提减值准备。

则该台机器设备的本月折旧额计算如下：

单个折旧额=800 000×（1-5%）÷4 000 000=0.19（元/个）

本月折旧额=40 000×0.19=7600（元）

工作量法假定固定资产价值的降低不是由于时间的推移，而是由于使用。对于在使用期内工作量负担程度差异大，提供的经济效益不均衡的固定资产而言，特别是在有形磨损比经济折旧更为重要的情况下，工作量法的这一假定是合理的。但是，工作量法把有形损耗看作引起固定资产折旧的唯一因素，由于无形损耗的客观存在，固定资产即使不使用也会发生折旧，使用工作量法难以在账面上对这种情况作出反映。

3. 双倍余额递减法

双倍余额递减法，是指在不考虑固定资产预计净残值的情况下，根据每期期初固定资产原价减去累计折旧后的金额（即固定资产净值）和双倍的直线法折旧率计算固定资产折旧的一种方法。

计算公式如下：

年折旧率=2/预计使用寿命（年）×100%

采用双倍余额递减法计提折旧的固定资产，通常在其折旧年限到期前两年内，将固定资产净值扣除预计净残值后的余额平均摊销。

【案例6-4】甲公司某项设备原价为120万元，预计使用寿命为5年，预计净残值率为4%。假设甲公司没有对该机器设备计提减值准备。

甲公司按双倍余额递减法计算折旧，每年折旧额计算如下：

年折旧率 =2/5 ×100% =40%

第一年应提的折旧额 =120 ×40% =48（万元）

第二年应提的折旧额 =（120 −48）×40% =28.80（万元）

第三年应提的折旧额 =（120 −48 −28.80）×40% =17.28（万元）

从第四年起改按年限平均法（直线法）计提折旧：

第四、第五年应提的折旧额

=（120 −48 −28.80 −17.28 −120 ×4%）÷2 =10.56（万元）

4. 年数总和法

年数总和法，是指用固定资产原值减去预计残值后的净额，乘以一个逐年递减的分数（称为折旧率），计算折旧额的一种加速折旧的方法。

年折旧率 = 尚可使用寿命（年）÷预计使用寿命（年）的年数总和 ×100%

折旧额 =（固定资产原值 − 预计净残值）×折旧率

【案例6 −5】甲公司某项设备原价为120万元，预计使用寿命为5年，预计净残值率为4%。假设甲公司没有对该机器设备计提减值准备。

预计净残值 =1 200 000 ×4% =48 000（元）

甲公司按年数总和法计算折旧，提取折旧情况如表6 −1所示。

表6 −1　甲公司机器设备年数总和法提取折旧

年份	尚可使用年限（年）	固定资产原值 − 预计净残值（元）	年折旧率（%）	每年折旧额（元）	累计折旧（元）
第一年	五	1 152 000	5/15	384 000	384 000
第二年	四	1 152 000	4/15	307 200	691 200
第三年	三	1 152 000	3/15	230 400	921 600
第四年	二	1 152 000	2/15	153 600	1 075 200
第五年	一	1 152 000	1/15	76 800	1 152 000

企业在选择固定资产折旧方法时，应当根据与固定资产有关的经济利益的预期消耗方式作出决定。由于收入可能受到投入、生产过程、销售等因素的影响，这些因素与固定资产有关经济利益的预期消耗方式无关，因而企业不应以包括使用固定资产在内的经济活动所产生的收入为基础进行折旧。

（五）固定资产折旧的税务筹划

1. 固定资产折旧的税盾效应

固定资产在企业实行生产经营活动中发挥着重要的作用，其价值计量，传统上都是以历史成本或原始价值为基础，在使用期间逐步转移到产品中去，是企业产品成本的重要组成部分。并且固定资产价值一经确定，改变的弹性很小。因此，纳税人想通过增大固定资产价值来增加产品成本就很难实现，而固定资产逐步转移到产品中的价值即折旧，就成为纳税人实行固定资产税务筹划首先考虑的问题。

折旧作为固定资产在生产使用过程中的价值转移，能够在计算应纳税所得额时予以扣除，所以它有着“税收挡板”的作用，因为每个纳税期的折旧额的大小会影响企业当期的应纳税额，从而影响企业的所得税税负。

税法赋予企业固定资产折旧方法和折旧年限的选择权。对于折旧年限税法作了明确的规定，除因特殊原因需要缩短折旧年限的，一般固定资产折旧年限不得缩短，所以纳税人希望通过缩短折旧年限的方式来加快固定资产成本的回收，使企业成本费用前移，前期利润后移，从而获得延期纳税的好处，在实际操作中就有相当的难度。那么纳税人就只能着眼于因为折旧方法的不同，而带来的折旧额分摊在不同生产期间的成本数量上的不一致，进而使各期的成本和利润出现差异，利用这个差异实现税务筹划。

2. 固定资产折旧方法的选择

对折旧方法的选择，实际上就是对企业费用确认时间的技术选择问题。从账面上看，在固定资产价值一定的情况下，无论企业采用何种折旧方法，计算提取的折旧总额都是一致的，所以折旧总额对成本和企业利润的影响，在整个固定资产使用期间是相同的。但是，因为资金受时间价值因素的影响，企业就会因为选择的折旧方法不同，而获得不同的资金时间价值收益和承担不同的税负水平。

按现行制度，企业常用的折旧方法有直线法（包括平均年限法和工作量法）和加速折旧法（包括双倍余额递减法和年数总和法）。因为使用不同的折旧方法计算出的各期折旧额在量上不一致，分摊到对应期间生产成本中去的固定资产成本会存有差异，所以折旧的计算和提取必然关系到各期生产成本的大小，直接影响企业的各期利润水平，最终影响企业的税负轻重。这样一来，企业在比较各种不同的折旧方法所带来的税务收益时，就需要采用动态的方法来分析，先将企业在折旧年限内计算提取的折旧按当时资本市场的利率实行贴现后，计算出各种折旧方法下在规定折旧年限内计算提取的折旧费用的现值总和及税收抵税额现值总和，再比较各种折旧方法下的折旧现值总和及税收抵税额现值总和，在不违背税法的前提下，选择能给企业带来最大税收抵税现值的折旧方法来计提固定资产折旧。

此外，边际税率的变化也会对成本费用和利润的确定带来影响。因此，对于享受所得税优惠的企业来说，在实行固定资产折旧方法的选择时，不只要考虑折旧方法不同所带来的资金时间价值的影响，还要考虑优惠期间及期满后的所得税税率变化所带来的所得税税负影响。

一般认为，选择加速折旧法能够使企业获得延期纳税的好处，相当于企业在初始年份内获得了一笔无息贷款，并且加速折旧法的这种抵税作用在通货膨胀环境下的作用更加显著。因为按现行制度，我国对企业拥有的资产实行历史成本记账原则。这样，如果存有通货膨胀，则企业按历史成本收回的实际购买力已大大贬值，无法按现行的市价实行固定资产简单再生产的重置。在这种情况下，如果企业采用加速折旧的方法，既能够便于企业加快投资的回收速度，并在抑制未来的不确定性风险的同时，持补偿的折旧基金投入企业再增值过程，以创造更多的财富；又能够使企业的折旧速度加快，有利于前期的折旧成本获得更多的税收挡避额，从而取得延迟纳税的效应，为企业增加投资效益（延续纳税额与延缓期间企业投资收益率的乘积）。

但是，对于加速折旧法的使用，普遍的税务筹划观点认为，如果企业享受所得税优惠，特别是在享受所得税的“免二减三”优惠时，就不宜采用加速折旧法。其理由是：采用加速折旧法，会使企业在营利前期享受所得税减免时，固定资产折旧速度快，使企业可作为利润的部分作为了费用，而没能使这部分利润享受减免税的优惠，加重了所得税税负。并且，该筹划思路对折旧的抵税额折现总值实行比较分析，也因为在优惠期内没有加速折旧额，没有完全享受高边际税率的抵税效益，从而使得整个经营期间，加速折旧法的抵税额现值低于直线法的抵税额现值，从而得出加速折旧法不适于享受所得税减免优惠企业的结论。

三、修理支出的会计政策与税法规定

会计制度将固定资产维修支出分为大修理支出和日常修理支出。日常修理支出在实际发生时直接计入当期成本、费用，大修理支出可以用预提或待摊的方式核算。

（一）日常修理支出的会计政策与税法规定

一般情况下，固定资产投入使用之后，由于固定资产磨损、各组成部分耐用程度不同，可能导致固定资产的局部损坏。为了维护固定资产的正常运转和使用，充分发挥其使用效能，企业将对固定资产进行必要的维护。固定资产的日常修理费用在发生时应直接计入当期损益。企业生产车间和行政管理部门等发生的固定资产修理费用等后续支出计入“管理费用”；企业专设销售机构的，其发生的与专设销售机构相关的固定资产修理费用等后续支出计入“销售费用”。固定资产更新改造支出不满足固定资产的确认条件，在发生时直接计入当期损益。

依据《企业所得税法》第 8 条，企业实际发生的与取得收入有关的、合理的支出，包括成本、费用、税金、损失和其他支出，准予在计算应纳税所得额时扣除。因此，日常修理支出应作为费用在企业所得税前扣除。

（二）大修理支出的会计政策与税法规定

《企业会计准则》规定，固定资产的后续支出是指固定资产使用过程中发生的更新改造支出、修理费用支出等。后续支出的处理原则为：与固定资产有关的更新改造等后续支出，符合固定资产确认条件的，应当计入固定资产成本，同时将被替换部分的账面价值扣除；与固定资产有关的修理费用等后续支出，不符合固定资产确认条件的，应当计入当期损益。

《企业所得税法实施条例》第 69 条规定：“企业所得税法第十三条第（三）项所称固定资产的大修理支出，是指同时符合下列条件的支出：（一）修理支出达到取得固定资产时的计税基础 50% 以上；（二）修理后固定资产的使用年限延长 2 年以上。企业所得税法第十三条第（三）项规定的支出，按照固定资产尚可使用年限分期摊销。”

会计准则的更新改造与税法大修理支出概念一致。但对于大修理费用，会计准则无明确费用标准的概述，税法上为了便于征税，给出了一个明确的标准。因此，在会计实务中，应根据税法上的标准进行判断，如符合税法的大修理概念，则应对企业所得税应纳税所得额进行调增处理。

（三）修理支出的税务筹划

企业在发生相关后续支出时，可以利用 50% 这个临界点进行纳税筹划。需要注意的是，后续支出不要超过固定资产原值的 50%，应尽量使后续支出计入当期损益在税前扣除。后续支出确实超过固定资产原值的 50% 的，则可考虑分年或分期实施的方案，这样应能取得比较明显的税务筹划效果。

1. 合理制订计划

现在多数企业股东对经营管理层不再单纯以利润为业绩考核目标，而是辅以资金增长率、净资产增值率、净利润增长率等综合考核指标。在“现金为王”的财务理念深入人心的今天，作为企业财务管理者，尤其要重视企业的现金流因素。一个好的企业，没有资金支持，迟早会被市场淘汰或被收购；反之，有了资金，一个不好的企业也能被救活或起死回生。因此，企业财务人员在筹划固定资产大修理方案时应当综合考虑税务收益、资金成本等方面因素。

《企业所得税法实施条例》第 69 条规定，固定资产大修理支出必须同时具备两个条件，所发生的费用支出才能资本化；否则，应予费用化。因此，可以从该条例第 69 条规定的“修理支出达到取得固定资产时的计税基础 50% 以上”这一节税点条件来进行合理筹划。《企业所得税法》第 53 条第 1 款规定，企业所得税按纳税年度计算。纳税年度自公历 1 月 1 日起至 12 月 31 日止。一般情况下，企业的大修理时间均比较长，因此我们通过制订合理的固定资产大修理时间计划表，将大修理期限跨越两个公历年度。通过实施跨年度固定资产大修理方案，使得其在一个公历年度的大修理支出费用达不到固定资产计税基础的 50% 以上，从而得以将大修理支出费用化。

【案例 6 -6】A 企业 2016 年 1 月购入某设备一台，预计使用年限为 5 年，净残值率为 5%，计税原值为 15 万元。因长年使用导致该设备老化，存在生产和安全隐患，已于 2018 年 8 月停止使用，需进行大修。计划大修期为 3 个月，大修后能使该设备延长使用年限 3 年。2018 年 9 月该设备开始进行大修，11 月结束大修，发生大修理支出费用 8 万元（假定每月大修理支出费用均匀发生）。A 企业所得税税率为 25%，不考虑增值税等其他因素。

方案一，该固定资产 2018 年大修理支出费用 8 万元，占该设备计税基础 15 万元的 50% 以上且该设备大修后延长 3 年使用寿命期限，超过了 2 年，因此根据税法相关规定，该年度大修理支出费用 8 万元应作为长期待摊费用或计入固定资产价值，在固定资产剩余期限（62 个月）计提折旧摊销。

A 企业 2018 年企业所得税节税收益 = 80 000 ÷ 62 × 25% = 322.6（元）。

以后每年由于允许税前扣除折旧而少缴的企业所得税 = 80 000 ÷ 62 × 12 × 25% = 3871（元），占大修理支出 80 000 元的 4.8%。

因此，2018 年 A 企业的企业所得税节税收益不明显，企业所得税的现金支出没有显著降低，货币时间价值没有得到充分体现。

方案二，该公司生产的产品销售具有季节性，每年的 12 月到次年 3 月属于销售淡季，停产两个月损失仅有 10 000 元，因此决定将设备大修理时间计划从 3 个月变为 5 个月，使其设备大修理支出延续到 2011 年 1 月，大修理支出费用总额不变。

2018 年发生的该设备大修理支出费用 = 80 000 ÷ 5 × 4 = 64 000（元）

由于 2018 年该设备大修理支出费用未超过该设备计税基础 15 万元的 50% 以上，因而 A 企业可以税前扣除大修理支出费用 64 000 元。

2018 年企业所得税节税收益 = 64 000 × 25% = 16 000（元）。

方案二比方案一少缴企业所得税 15 677.40 元。该方案节省的企业所得税现金支出占当年大修理支出费用的 24.5%，由于停产损失较小，因此现金流支出明显降低。特别对于举债经营或大修理支出成本较高的企业来说，节省的现金流支出和由此产生的货币时间价值相当可观。

2. 合理运用职业判断

《企业所得税法》及其实施条例以及后续出台的法规均未明确规定如何

确定延长的使用年限，这为企业管理层或财务人员提供了较大的自由裁量权。

企业管理层或有权决策机构可以通过判断各种因素和条件，例如，产品市场行情、设备技术升级、国家产业政策、产品的经营周期性等，使修理后设备使用年限延长未能超过2年以上，使之不符合《企业所得税法实施条例》第69条规定的大修理支出的第二个条件，从而将大修理支出费用化，进一步降低企业的税收成本、资金成本。

仍以案例6-6为例，假定2018年A企业发生大修理支出8万元，占固定资产计税基础15万元的50%以上。但企业管理层已制定企业发展规划，决定3年后实施产业升级转型。3年后该设备由于产业升级转型无法继续使用，因此只能转让。这时我们运用职业判断可知2018年该设备通过实施大修理后，无法使该设备使用年限延长2年以上，因此在2018年应将该大修理支出费用化。

财政部发布的《企业会计准则》包括1项基本准则和38项具体准则，其中多次提到职业判断，因此作为财务人员，应当要谨慎运用、合理运用职业判断，避免滥用职业判断。

第二节　成本费用会计政策的税务筹划

成本费用税务筹划，是通过对成本费用的合理调整和分摊，抵销收益，减少利润，降低应纳税所得额，达到规避纳税义务的目标。例如，企业购进茶叶这一细小的事项，可以进入“管理费-业务招待费”、“管理费-办公经费”、制造费用、职工福利费等费用项目。这其中，《企业所得税法实施条例》对业务招待费和职工福利费税前扣除作出明确规定，业务招待费扣除标准按照实际发生额的60%扣除，但最高不得超过当年销售（营业）收入的5‰。对于职工福利费，不超过工资薪金总额14%的部分，准予扣除。因此，就给我们以税务筹划的空间。

一、业务招待费会计政策的税务筹划

（一）业务招待费的会计政策与税法规定

业务招待费，是指企业在日常经营管理等活动中用于接待、应酬而支付的各种费用，但业务招待费的范围在会计制度和税法中至今都没有给出明确的界定。在目前的税务执行中，招待费主要包括因企业生产经营需要而宴请的费用或工作餐费、赠送纪念品、旅游景点参观费和交通费、业务关系人员差旅费及其他费用等开支。

税法规定，企业发生的业务招待费在计算缴纳所得税时采用费用总额的60%和销售（营业）收入总额5‰孰低的原则。这一严厉的扣除标准对企业带来的影响就是不论企业发生的业务招待费的金额大小，在纳税调整时一定是调增，最终增加企业所需缴纳的企业所得税，这无疑增加了业务招待费为企业所带来的税收负担。

（二）业务招待费的税务筹划

对于一个企业而言，若要进行税务筹划，在合理、合法的前提下减少税收支出，无外乎从计税基础、税率和优惠政策等方面着手。考虑到业务招待费的特殊性，可以从以下几个方面进行筹划。

1. 合法转换费用科目

由于业务招待费核算界限的模糊性，在实务中，企业发生的相关费用既可以确认为业务招待费也可以确认为其他费用，如餐费、会议费和业务宣传费等，这些费用与业务招待费的显著区别在于，我国税法对于业务招待费的扣除标准设卡很严，而其他费用要么不设置扣除限额，要么扣除限额远远超出业务招待费，这就对财务人员提出了较高的核算要求，如果费用能计入不设限额的科目就绝不计入设限额的科目，能计入限额多的科目就绝不计入限额少的科目。

例如，客户来公司洽谈，所涉及的餐费、住宿费和会议场所租赁费均由宾馆统一开票，此时的费用从税务筹划的角度考虑，应当计入会议费无疑。再如，公司赠送给客户的礼品，若是公司自产的产品，且产品上印有公司的形象宣传标识，这时是可计入业务宣传费的。在涉税处理上，业务宣传费的扣除限额达到了销售收入的15%，远远超出了业务招待费所限制的5‰，并且超额部分还可结转以后年度扣除，两相比较之下，选择作为业务宣传费核算更能起到为企业节税的目的。

需注意的是，这种筹划方式虽然在一定程度上能起到控制业务招待费，减少业务招待费纳税调整金额的作用，但其存在较大的税务风险，因此不鼓励采用。

2. 合理控制费用总额

税法中对于业务招待费的税前扣除规定有两个标准且同时执行，一个是实际支出金额的60%，另一个是当期销售收入的5‰，两者孰低即为企业当期业务招待费准予在税前扣除的金额。对于一个企业而言，不同的业务招待费的发生金额对企业究竟会产生什么样的影响?

会计实务中，业务招待费需要通过推算和筹划，将业务招待费与销售额之间形成的税在差异临界点进行推理并认真分析。根据最优化理论原则，企业为了实现费用扣除最大比例，同时要使企业费用在税前合理合法扣除，可运用税务筹划理论和运筹学理论，利用数学模型将业务招待费的扣除标准进行转换，实现纳税人税收管控最优化。因此，业务招待费的最佳扣除标准是当营业收入的5‰等于实际发生业务招待费的60%。

营业收入×5‰=业务招待费×60%

业务招待费/营业收入=8.33‰

实际发生的业务招待费与营业收入的比值，就是纳税筹划的临界点，经过上式推导可以得出业务招待费的纳税筹划临界点为8.33‰。当企业实际发生的业务招待费超过年销售收入的8.33‰时，业务招待费超过销售收入8.33‰的部分，全部不得在企业所得税税前扣除，不能扣除的业务招待费大于实际发生额的40%，需要调增应纳税所得额；当业务招待费小于销售收入的8.33‰时，实际发生的业务招待费的60%可以全部在企业所得税税前扣除，只需要对发生额40%的部分进行纳税调增。因此，在进行业务招待费纳税筹划时，尽量利用这一临界点，使业务招待费扣除最大数额，将企业的税负降到尽可能最低。

目前，我国业务招待费扣除标准，与其他国家的扣除标准基本类似，即业务招待费分为商业性费用和非商业性费用，业务招待费不能全部扣除，许多国家的扣除标准都较之我国扣除标准更严格，甚至在英国和澳大利亚，一般情况下不允许扣除业务招待费。在我国现行的税法制度下，实际发生的业务招待费至少有40%是不能税前列支，要想减少税负，增加利润的路径有两个：一个是提高企业销售量，扩大销售收入，减少企业业务招待费的支出；另一个是调高业务招待费的扣除标准。

3. 恰当进行费用分摊

按照上述方式对企业的业务招待费进行筹划，均能取得一定的效果，但也都存在局限性，若是企业发生的业务招待费未能控制在销售收入的8.3‰之内，造成了企业负担的增加，此时企业该何去何从呢?

假定乙公司某年实现的销售收入为1000万元，为了对企业业务招待费进行纳税筹划，公司提出设立一家子公司，先由母公司将商品以800万元的价格销售给子公司，然后再由子公司将商品以1000万元的市场价对外销售，由此产生的业务招待费按销售比例在母子公司间均匀分摊。若企业产生的业务招待费小于销售收入的8.3‰，由于未达到税法规定的业务招待费的扣除上限，即使将业务招待费在母子公司间进行分摊，也未能起到节税的效果，反而浪费了设立子公司的相关费用，得不偿失。但若企业的业务招待费等于销售收入的8.3‰时，企业对于税法规定的业务招待费的扣除政策有充分的把握，使得业务招待费的两个扣除标准相等，完美利用了税法规定的扣除上限，在这种情形下，并不需要通过设立子公司分摊费用的方式进行筹划。然而，当企业产生的业务招待费大于销售收入的8.3‰时，若不采取其他的筹划方式，将使得企业的税收负担增加，发生业务招待费所需支付的对价更大。在这种情况下，我们对企业的业务招待费进行分摊，就可以取得显著的节税效果。

科学并合理地进行业务招待费的纳税筹划，需要通过企业财务人员定量的分析，合理利用扣除标准，利用实际发生额与销售（营业）收入额之间临界比例，进行扣除限额的计算，将业务招待费“绝对数”控制在“相对数”的范围之内，使业务招待费最大限度地扣除。合理筹划企业餐饮费支出的范围，将不应计入业务招待范围的费用正确核算和合法扣除，既减少了业务招待费的发生额，又增加了其他扣除费用的范围，达到纳税筹划降低税负的目的。业务招待费的筹划更应该从根源出发，从而形成良好的企业招待文化，这对企业降低成本，提高效益有着十分重要的意义。

二、职工教育经费会计政策的税务筹划

（一）职工教育经费的会计政策与税法规定

为鼓励企业加大职工教育投入，从2018年1月1日起，国家在税收政策方面加大了对企业职工教育经费税前扣除力度，一般企业职工教育经费税前扣除税额从2.5%提高到8%，超过部分准予在以后纳税年度结转扣除。这一重大调整，为企业职工学习先进技术和提高文化水平提供了保障。作为企业，在税务处理方面应注意以下问题。

1. 职工教育经费列支范围的会计规定

财政部、全国总工会等11个部门联合印发的《关于企业职工教育经费提取与使用管理的意见》（财建〔2006〕317号）对职工教育经费列支范围及相关内容作出以下明确规定。

（1）职工教育经费列支范围

职工教育经费是指上岗和转岗培训，各类岗位适应性培训，岗位培训、职业技术等级培训、高技能人才培训，专业技术人员继续教育，特种作业人员培训，企业组织的职工外送培训的经费支出，职工参加的职业技能鉴定、职业资格认证等经费支出，购置教学设备与设施，职工岗位自学成才奖励费用，职工教育培训管理费用以及有关职工教育的其他开支。

（2）职工教育经费列支范围的其他规定

①企业组织职工外送培训的经费支出，如来回交通费、住宿费、餐费等都可以计入职工教育经费。②职工教育培训管理费用，如企业注册会计师、注册税务师管理人员的费用等也可以计入职工教育经费。

（3）不得在职工教育经费内列支的其他规定

对下列几项职工教育经费列支不得税前扣除：①专职教职员工的工资和

各项劳保、福利、奖金等，以及按规定发给脱产学习学员的工资，不得在职工教育经费中列支。②学员学习用的教科书、参考资料，计算尺（器）、小件绘图仪器（如量角器、三角板、圆规等）和笔墨、纸张等其他学习用品，应由学员个人自理，不得在职工教育经费中开支。③企业职工参加社会上的学历教育，如职工参加学历教育、学位教育的学费，自学成才奖励费等，不得计入教育经费，也不得在税前扣除。④职工个人为取得学位而参加的在职教育，如成人教育的硕士、博士、工商管理硕士（MBA）、高级管理人员工商管理硕士（EMBA）等与个人有关的学费，不得计入职工教育经费，也不得在所得税税前扣除。⑤对于企业高层管理人员的境外培训和考察，其一次性单项支出较高的费用应从其他管理费用中支出，不得计入教育经费。⑥举办职工教育所必须购置的设备，凡符合固定资产标准的，按规定分别由基建投资或企业更新改造资金、行政或事业费中开支，不列入职工教育经费。⑦举办职工教育所需的教室、校舍、教育基地，应按因陋就简的原则，尽量在现有房屋中调剂解决。必须新建的，老企业可在企业更新改造资金中安排解决；行政、事业单位在基本建设投资中开支；新建单位在设计时就要考虑职工教育必要的设施，所需资金在新建项目的总投资之内解决。企业必须在规定的范围内列支职工教育经费。

2. 职工教育经费的税法规定

（1）一般性税前扣除的税收政策规定

依据财政部、国家税务总局印发的《关于企业职工教育经费税前扣除政策的通知》（财税〔2018〕51号），企业发生的职工教育经费支出，不超过工资薪金总额8%的部分，准予在计算企业所得税应纳税所得额时扣除；超过部分，准予在以后纳税年度结转扣除。在此之前，只有少数特定企业的职工教育经费税前扣除比例为8%，例如，经认定的高新技术企业、技术先进型服务企业、文化创意和设计服务企业，而其他企业的扣除比例为2.5%，因此，该规定统一了企业职工教育经费税前扣除比例。

（2）全额扣除和计入成本的税收政策规定

①软件和集成电路企业。依据财政部、国家税务总局《关于企业所得税若干优惠政策的通知》（财税〔2008〕1号）和国家税务总局《关于企业所

得税执行中若干税务处理问题的通知》（国税函〔2009〕202 号），软件生产企业发生的职工教育经费中的职工培训费用，可以全额在企业所得税前扣除。软件生产企业应准确划分职工教育经费中的职工培训费支出，对于不能准确划分的，以及准确划分后职工教育经费中扣除职工培训费用的余额，一律按照《企业所得税法实施条例》第 42 条规定的比例扣除。依据财政部、国家税务总局《关于进一步鼓励软件产业和集成电路产业发展企业所得税政策的通知》（财税〔2012〕27 号），集成电路设计企业和符合条件软件企业的职工培训费用，应单独进行核算并按实际发生额在计算应纳税所得额时扣除。②航空企业。依据国家税务总局发布的《关于企业所得税若干问题的公告》（国家税务总局公告 2011 年第 34 号），航空企业实际发生的飞行员养成费、飞行训练费、乘务训练费、空中保卫员训练费等空勤训练费用，根据《企业所得税法实施条例》第 27 条规定，可以作为航空企业运输成本在税前扣除。③核电企业。依据国家税务总局发布的《关于企业所得税应纳税所得额若干问题的公告》（国家税务总局公告 2014 年第 29 号），核力发电企业为培养核电厂操纵员发生的培养费用，可作为企业的发电成本在税前扣除。企业应将核电厂操纵员培养费与员工的职工教育经费严格区分，单独核算，员工实际发生的职工教育经费支出不得计入核电厂操纵员培养费直接扣除。④动漫企业。依据财政部、国家税务总局印发的《关于扶持动漫产业发展有关税收政策问题的通知》（财税〔2009〕65 号），经认定的动漫企业自主开发、生产动漫产品，可申请享受国家现行鼓励软件产业发展的所得税优惠政策，即职工培训费用可按实际发生额在计算应纳税所得额时扣除。需要特别注意的是，对集成电路设计企业、软件企业和动漫企业的职工培训费用、航空企业空勤训练费、核电厂操纵员培养费按实际发生支出税前扣除。但对集成电路设计企业、软件企业和动漫企业的职工培训费是包括在职工教育经费中的，应准确划分职工培训费和其他职工教育经费，其他职工教育经费仍然按 8% 的比例扣除；对于不能准确划分的，职工教育经费全部按照 8% 的比例扣除。集成电路设计企业、软件企业和动漫企业中所称的相关人员训练费和培养费应与职工教育经费严格区分、单独核算，据实税前扣除。

（二）职工教育经费的税务筹划

1. 将费用归集到多个纳税年度

一般企业都会受到8%扣除标准限制，企业可以将不同的原本归集到某一年的教育经费归集到两年及以上的纳税年度。对于持续时间较长的职工教育培训，企业可以将其划分成多个小项目，从而便于将该项目的职工教育经费计入不同的纳税年度，避免教育经费支出猛增和教育经费支出扣除不充分情形出现。如果企业在扣除职工教育经费前，在其他扣除项目的作用下，企业应纳税所得额已经不多，将当期的职工教育经费归集到以后纳税年度可使职工教育经费扣除作用更大化。

2. 将费用归集到其他扣除项目

教育经费额度扣除有限，企业未能在当期完全扣除就会使得企业在当期承受更多的税收负担，即便企业能在以后年度扣除，在考虑货币时间价值后，以后年度扣除也是不划算的。企业发生的与职工培训有关的费用不完全都是职工教育经费，为正常管理需要而做的培训，其相关支出可考虑计入管理费用，从而在当期一次性扣除。对于福利性的培训，企业可考虑将其计入福利费用。

3. 将公司培训转化为员工个人学习

企业的职工教育经费扣除受到严格的比例限制，如果企业将原本属于公司的教育培训转给员工自行学习，企业为其提供相应的其他补偿，则可打破教育经费比例限额扣除束缚。

三、广告和业务宣传费会计政策的税务筹划

（一）广告和业务宣传费的税法规定

按照《企业所得税法》规定，广告费和业务宣传费支出实行的是限额扣除与结转扣除相结合的税前扣除政策，也就是说，对企业实际发生的广告费和业务宣传费，在计算应纳税所得额的时候不能全额扣除，只能在税法规定的限额内扣除，同时，对于超过税法规定限额的部分可以结转至以后纳税年度税前扣除。《企业所得税法实施条例》及相关法规对广告费和业务宣传费

税前扣除限额的计算基数和比例做了明确规定。扣除限额以企业当年的销售（营业）收入为计算基数，由主营业务收入、其他业务收入和视同销售收入三部分构成；扣除限额的计算比例有15%和30%两档。其中15%适用于一般性企业；30%适用于财政部和国家税务总局规定的特定企业，具体包括化妆品制造与销售、医药制造和饮料制造（不含酒类制造）企业。

（二）广告和业务宣传费的税务筹划

依据财政部、国家税务总局《关于广告费和业务宣传费支出税前扣除政策的通知》（财税〔2012〕48号），存在税率差异和盈亏差别的关联企业可以通过运用“费用移位”税务筹划思想来对广告费和业务宣传费进行分摊和归集扣除以降低整体税负。除此之外，还可以结合“规避平台”税务筹划原理和其他税收优惠政策进行税务筹划。

1. 存在税率差异关联企业之间的税务筹划

《企业所得税法》在25%基本税率的基础上还针对特定企业、行业设置了相应的低税率。例如，符合条件的小型微利企业适用20%的税率；国家需要重点扶持的高新技术企业适用15%的税率；自2011年1月1日至2020年12月31日，设在西部地区的鼓励类产业企业适用15%的税率；国家规划布局内的重点软件企业和集成电路设计企业，如当年未享受免税优惠的，可适用10%的税率。如果关联企业之间适用不同的企业所得税税率，那么将广告费和业务宣传费合理分摊和归集至税率较高的关联企业税前扣除，可以有效降低企业整体税负。

2. 存在盈亏差别关联企业之间的税务筹划

除了存在税率差异的关联企业能够运用广告费和业务宣传费的分摊和归集来实现降低税负的目的外，对于存在盈亏差别的关联企业也可以充分利用该项政策进行税务筹划，获取税收利益。

【案例6-7】 C公司和D公司是关联企业，均适用25%的企业所得税税率。假设2014年C公司营业收入为4000万元，当年实际发生的广告费和业务宣传费为1100万元，会计利润总额为-900万元；D公司营业收入为3000万元，当年实际发生的广告费和业务宣传费为600万元，会计利润总额为

1000 万元。假设没有其他纳税调整事项，且两家公司的广告费和业务宣传费扣除限额的计算比例均为 15% 。

下面通过四个方案分别计算这两家公司的企业所得税。

方案一：C 公司和 D 公司不签订广告费和业务宣传费分摊协议。在方案一下，C 公司广告费和业务宣传费扣除限额 =4000 ×15% =600（万元）；D 公司广告费和业务宣传费扣除限额 =3000 ×15% =450（万元）。C 公司应纳税所得额 = -900 +（1100 -600）= -400（万元），其应纳所得税额为零；D 公司应纳税所得额 =1000 +（600 -450）=1150（万元），其应纳所得税额 =1150 ×25% =287.5（万元）。方案一应纳所得税额合计为 287.5 万元。

方案二：C 公司和 D 公司签订广告费和业务宣传费分摊协议，约定将 D 公司发生的广告费和业务宣传费的 40% 归集至 C 公司扣除。在方案二下，D 公司可归集至 C 公司扣除的广告费和业务宣传费 =450 ×40% =180（万元）。C 公司应纳税所得额 = -900 +（1100 -600）-180 = -580（万元），其应纳所得税额为零；D 公司应纳税所得额 =1000 +［600 -（450 -180）］=1330（万元），其应纳所得税额 =1330 ×25% =332.5（万元）。方案二应纳所得税额合计为 332.5 万元。

方案三：C 公司和 D 公司签订广告费和业务宣传费分摊协议，约定将 C 公司发生的广告费和业务宣传费的 40% 归集至 D 公司扣除。在方案三下，C 公司可归集至 D 公司扣除的广告费和业务宣传费 =600 ×40% =240（万元）。C 公司应纳税所得额 = -900 +［1100 -（600 -240）］= -160（万元），其应纳所得税额为零；D 公司应纳税所得额 =1000 +（600 -450）-240 =910（万元），其应纳所得税额 =910 ×25% =227.5（万元）。方案三应纳所得税额合计为 227.5 万元。

方案四：C 公司和 D 公司签订广告费和业务宣传费分摊协议，约定将 C 公司发生的广告费和业务宣传费的 80% 归集至 D 公司扣除。在方案四下，C 公司可归集至 D 公司扣除的广告费和业务宣传费 =600 ×80% =480（万元）。C 公司应纳税所得额 = -900 +［1100 -（600 -480）］=80（万元），其应纳所得税额 =80 ×25% =20（万元）；D 公司应纳税所得额 =1000 +（600 -450）-480 =670（万元），其应纳所得税额 =670 ×25% =167.5（万元）。

方案四应纳所得税额合计 = 20 + 167.5 = 187.5（万元）。

根据以上计算结果：与方案一相比，采取方案二的结果是C公司的应纳所得税额没有发生变化，依然为零，但D公司的应纳所得税额有所增加，进而使得两家公司合计应纳所得税额要比方案一增加45万元（332.5 - 287.5）；采取方案三的结果是C公司的应纳所得税额仍然没有发生变化，还是为零，但D公司的应纳所得税额有所降低，进而使得两家公司合计应纳所得税额要比方案一减少60万元（287.5 - 227.5）；采取方案四的结果是C公司的应纳所得税额由零增加至20万元，但D公司的应纳所得税额减少为167.5万元，两家公司合计应纳所得税额要比方案一减少100万元（287.5 - 187.5）。可见，就整体而言，上述方案中的方案四降低税负的效果最为明显，方案三次之，方案二不但不能减轻税负，反而使税负上升了。

第三节　公益性捐赠的税务筹划

公益性捐赠是企业承担社会责任的一项重要内容，也是企业提升社会形象的重要途径。为了提倡和鼓励企业开展公益性捐赠活动，国家制定了一系列的税收优惠政策，主要体现在所得税的税收优惠上。

一、公益性捐赠的概念

《中华人民共和国公益事业捐赠法》（以下简称《公益事业捐赠法》）第3条规定，公益事业是指非营利的下列事项：（1）救助灾害、救济贫困、扶助残疾人等困难的社会群体和个人的活动；（2）教育、科学、文化、卫生、体育事业；（3）环境保护、社会公共设施建设；（4）促进社会发展和进步的其他社会公共和福利事业。《企业所得税法实施条例》第51条明确，《企业所得税法》第9条所称公益性捐赠，是指企业通过公益性社会组织或者县级以上人民政府及其部门，用于符合法律规定的慈善活动、公益事业的捐赠。

《企业所得税法实施条例》第52条则细化了公益性社会组织的认定条件，规定了相对较为严格且可操作的认定标准。企业要想适用公益性捐赠的税收优惠，捐赠渠道必须符合相关规定，企业的直接捐赠行为往往不能享受所得税税收优惠政策。

二、公益性捐赠的分类及税负差异

（一）按照捐赠性质的分类及税负差异

按照捐赠性质来划分，企业公益性捐赠包括特殊事项捐赠和一般性质捐赠两种形式。

特定事项主要包括国内突发的重大灾害和国家举办大型活动。这些特定事项捐赠一般由国家专门出台相应的捐赠税收优惠政策，专门的优惠政策一般包括捐赠支出准予在企业所得税前全额扣除，有的还涉及其他税种的减免。

一般性质捐赠的税收优惠只针对企业所得税的税前抵扣。

（二）按照捐赠渠道的分类及税负差异

按照捐赠渠道来划分，企业公益性捐赠主要包括直接捐赠、间接捐赠和设立基金这三种形式。

直接捐赠是指企业直接将财物捐赠给受赠人。直接捐赠在个人捐赠中运用得比较多，目前只有少数企业在公益性捐赠中采取这种方式。

间接捐赠是指企业通过公益性社会团体或者县级以上人民政府及有关部门实施捐赠。在这种方式下，企业在缴纳所得税前可以就公益性捐赠支出中不超过年度利润总额的12%，据实扣除，因此在间接捐赠中企业如果进行太大额的捐赠可能造成税收上的负担。

设立基金就是指企业建立自己的基金，由基金会负责管理，对用于慈善活动的资金进行管理和跟踪。《企业所得税法》第26条规定，符合条件的非营利组织的收入为免税收入。公益基金会是非营利公益组织，它的收入可以免税，相关支出可以据实进行扣除，因此，公益性基金会作为免税单位不用考虑捐赠限额的规定。

依据《企业所得税法》的规定，间接捐赠和获得有关部门批准的自设基金可以按限额来予以扣除，而直接捐赠和未经过批准的自设基金则不允许进行税前扣除。

（三）按照捐赠形式的分类及税负差异

按照捐赠形式来划分，企业公益性捐赠包括货币性捐赠、实物捐赠两种形式。

货币性捐款只涉及所得税的税前抵扣问题，是按前文所说的不超过全年利润 12% 的部分予以税前抵扣。

对于实物捐赠，《增值税暂行条例实施细则》第 4 条规定，单位将自产、委托加工或者购进的货物无偿赠送其他单位或个人视同销售货物。《企业所得税法实施条例》第 25 条规定，企业将货物、财产、劳务用于捐赠等用途的，应当视同销售货物、转让财产或者提供劳务。因此，企业如果以实物进行捐赠，依照规定视同销售产品缴纳增值税和所得税。

三、企业公益性捐赠的税务筹划

（一）在捐赠前进行必要的纳税分析

利润总额只有在会计年度终了之后才能计算出来，但是捐赠一般是在每个会计年度中间发生的。因此，企业在捐赠前要进行必要的纳税分析，预计各种备选方案的纳税情况，选择最为节税的方式。特别是在进行大额捐赠时，企业最好雇用专业的人员或机构进行相应的纳税筹划，以避免决策失误。

（二）企业捐赠与个人捐赠相结合

由于个人捐赠在所得税上享受更大的税收优惠，企业可以将以企业名义捐赠和以个人名义捐赠结合起来。从股东利益出发，企业限定捐赠金额是必要的做法，如果企业想要捐赠更多，则可以以大股东的名义追加捐赠，这样就将纳税筹划与捐赠力度良好地结合起来了。

（三）关联企业联合捐赠

针对所得税相关规定，对于企业集团，可以委托旗下利润总额较高的单位进行联合捐赠，捐赠相关费用由集团母公司拨付，这样做可以有效利用盈利单位的优势为集团公司降低税收负担。

（四）与非营利性社会团体或政府部门联合捐赠

企业在选择联合捐赠对象时应优先考虑通过非营利性社会团体或政府部

门进行捐赠。由于这种方式可以将捐赠额在所得税税前全额扣除，可以不用考虑捐赠限额问题，也不会有税收上的负担。

（五）企业可以积极探索新型的捐赠模式

例如，结合现在发展迅速的互联网产业发展“互联网 + 捐赠”的形式。这些新型模式可以凝聚多方面的力量，通过企业捐赠拉动公众捐赠，既不加重企业税务负担，又有更好的慈善效应。

公益性捐赠是企业承担社会责任的要求。鉴于公益性捐赠的形式多样，每种形式的税负效应是不同的，所以对于捐赠的纳税筹划也是必不可少的。捐赠的公益性与纳税筹划的经济利益性并不冲突。企业应该建立起完善的纳税筹划团队和体系，在法律法规范围内，尽量减少企业的税务负担，达到合法节税的目的。

思考题：

1. 试述存货发出税务筹划思路。
2. 试述固定资产折旧的税务筹划思路。
3. 试述业务招待费、职工教育经费、广告和业务宣传费税务筹划的思路。
4. 试述不同类型下的公益性捐赠适用的税收政策和筹划思路。

第七章

企业重组兼并的税务筹划

本章概述

重组兼并有利于企业资本的优化、法人治理结构的改良、优势资本的聚集，使得企业重获生机，在市场经济下更有竞争优势，我国税法鼓励企业重组兼并，给与了特殊性税务处理规定，纳税人需要充分理解该政策的实质精神，熟练运用于企业重组。本章着重以股权收购、“借壳上市”、合并、分立和债务重组几种形式来剖析对特殊性税务处理规定的现实实践和运用。

第一节 企业重组的税收因素

一、企业重组的税法概念

财政部、国家税务总局印发的《关于企业重组业务企业所得税处理若干问题的通知》（财税〔2009〕59号）指出，企业重组是指企业在日常经营活动以外发生的法律结构或经济结构重大改变的交易，包括企业法律形式改变、债务重组、股权收购、资产收购、合并、分立等六大类：

（1）企业法律形式改变，是指企业注册名称、住所以及企业组织形式等的简单改变，但符合本通知规定其他重组的类型除外。

（2）债务重组，是指在债务人发生财务困难的情况下，债权人按照其与债务人达成的书面协议或者法院裁定书，就其债务人的债务作出让步的事项。

（3）股权收购，是指一家企业（以下称为收购企业）购买另一家企业（以下称为被收购企业）的股权，以实现对被收购企业控制的交易。收购企业支付对价的形式包括股权支付、非股权支付或两者的组合。

（4）资产收购，是指一家企业（以下称为受让企业）购买另一家企业（以下称为转让企业）实质经营性资产的交易。受让企业支付对价的形式包括股权支付、非股权支付或两者的组合。

（5）合并，是指一家或多家企业（以下称为被合并企业）将其全部资产和负债转让给另一家现存或新设企业（以下称为合并企业），被合并企业股东换取合并企业的股权或非股权支付，实现两个或两个以上企业的依法合并。

（6）分立，是指一家企业（以下称为被分立企业）将部分或全部资产分离转让给现存或新设的企业（以下称为分立企业），被分立企业股东换取分立企业的股权或非股权支付，实现企业的依法分立。

影响企业重组的因素是多种多样的，例如，企业发展战略、政府政策、融资需求、市场力量、行业壁垒、公司治理效率等。其中，税收因其独特的激励作用，成为企业重组中的重要因素。

二、企业重组的课税主体

我国税法规定，对于企业重组过程中资产转移的被重组企业法人股东课征企业所得税，对于被重组企业的个人股东课征个人所得税。即企业重组过程中的纳税人既包括法人股东，也包括个人股东。

一般而言，重组是由重组企业按照公允价值计价的非货币性资产交换被重组企业的股权等非货币性资产。在这个过程中，重组公司的非货币性资产的公允价值与其计税基础之间的差异将实现所得或损失。同时，被重组企业股东的股权的公允价值（等价交换的话，与非货币性资产的公允价值相等）与其股权的计税基础之间的差异也将实现所得或损失。此时，如果重组企业支付的非货币性资产对价全部或几乎为其增发股权或其控股企业的股权，将可能享受特殊性税务处理的递延纳税政策。本书重点以被重组企业及其自然人股东进行讨论。

（一）被重组企业

（1）直接收购资产。在直接收购资产方式中，被重组企业选择直接向收购方销售资产，或是在清算中向股东分配资产，都是由被重组企业作为纳税人。无论被重组企业是否具备法人地位，此时其以现金、债券或其他非股票报偿购买重组企业部分或全部资产的行为，视同被重组企业销售资产与资产变现。从所得税上来看，如果此时被重组企业的资产变现大于净资产的价值，获得了资产增益，则被重组企业为所得税的纳税人。

（2）股票收购。通过股票收购既不影响被重组企业法人身份，又不进行资产过户，即被重组企业不参与销售交易，不确认利得或亏损，因而被重组企业不确认为纳税人。

（二）被重组企业股东

被重组企业将股息分配给被重组企业股东以及自然人通过股票转让获得资本利得时，被重组企业股东要对所得缴纳个人所得税，此时被重组企业股东为个人所得税纳税人。

此外，在企业重组的税务筹划中，也应考虑不同税种下的纳税人身份差异。增值税的纳税人按照累计应税销售额规模的不同可分为一般纳税人和小规模纳税人。企业所得税的纳税人是指除个人独资企业、合伙企业以外的在中华人民共和国境内的企业和其他取得收入的组织，常见的纳税人身份划分有居民企业、非居民企业、小型微利企业、高新技术企业等。此外，从公司性质的角度而言，公司又可划分为个体工商户、联营企业、合伙企业、有限责任公司、股份有限公司等多种类型。

企业在重组的过程中常会涉及纳税人身份的转化问题。企业的合并、分立使得企业的资产总额、从业人数、公司形式发生改变，导致企业在重组后可能适用不同的纳税人身份判定标准。纳税人身份的不同则对企业税后收益产生重大影响，企业在进行重组筹划时应考虑纳税人身份这一因素。

三、企业重组的税基

税基是应纳税额的基数，在所得税中表现为应纳税所得额。

被重组企业的应纳税所得额一般是通过被重组企业净资产的总价值与被重组企业净资产的计税成本两者之差计算的。被重组企业净资产的总价值代表重组企业转移资产时获得的收入，即净资产的公允价值。净资产的计税成本则代表经过调整的被转移资产的原值。

被重组企业股东的应纳税所得额则是个人所得税财产转让所得中的所得额。

税率既定时，企业可以通过降低税基的方法减轻税负。企业可通过一般性税务处理和特殊性税务处理的转化，如债务重组中应纳税所得额可在五年内均匀分摊，不确认当期债务重组所得，来降低企业当期应纳税额；企业也可以通过兼并亏损企业，利用目标企业的亏损抵减当期应纳税额所得额，进而少缴纳企业所得税，产生节税效应。

四、企业重组的税率

税基一定时可以通过税率的不同进行筹划。例如，法人股东股权转让所得适用 25% 的税率，自然人股东股权转让所得属于财产转让所得的适用 20% 的税率。财政部、国家税务总局印发的《关于实施小微企业普惠性税收减免政策的通知》（财税〔2019〕13 号）规定，小型微利企业年应纳税所得额不超过 100 万元的部分，减按 25% 计入应纳税所得额，按 20% 的税率缴纳企业所得税；对年应纳税所得额超过 100 万元但不超过 300 万元的部分，减按 50% 计入应纳税所得额，按 20% 的税率缴纳企业所得税。

五、企业重组的税收优惠

企业重组过程中常见的税收优惠包括两个方面。一是普适的政策性、行业性税收优惠，如高新技术企业的税收优惠、西部大开发战略的税收优惠等，在此方面，企业可以通过重组兼并或分立进入新的行业领域，在扩大产品市场的同时可利用新的税收优惠政策。二是政策的特殊规定，如财政部、国家税务总局印发的《关于企业重组业务企业所得税处理若干问题的通知》（财税〔2009〕59 号）提出的“一般性税务处理”和“特殊性税务处理”。企业通过调整，努力达成股权与非股权支付比例等条件即可享受特殊性税务处理带来的节税效应。

第二节　一般性税务处理和特殊性税务处理

近年来，我国关于企业重组的法律法规文件不断完善，主要包括财政部、国家税务总局印发的《关于企业重组业务企业所得税处理若干问题的通知》（财税〔2009〕59 号）是企业重组的框架性文件；《企业重组业务企业所得税管理办法》（国家税务总局公告 2010 年第 4 号）作为程序性文件与之配套。随后，我国陆续对企业重组相关规定中的细节进行修改补充。

根据财政部、国家税务总局印发的《关于企业重组业务企业所得税处理若干问题的通知》（财税〔2009〕59 号），企业重组按照被并购企业的转让利得是否当期纳税可分为应税并购与免税并购，即“一般性税务处理”下的企业重组和“特殊性税务处理”下的企业重组。

一、一般性税务处理规定

根据财政部、国家税务总局印发的《关于企业重组业务企业所得税处理若干问题的通知》（财税〔2009〕59 号），企业重组适用于一般性税务处理时，被收购方应确认股权，资产转让所得或损失。收购方取得股权或者资产的计税基础应以公允价值为基础确定。被收购企业的相关所得税事项原则上保持不变。

在企业重组发生时确认转让所得或损失，并且按照转让价格重新确定计税依据，该规定与企业其他交易行为的所得税缴纳规定相同，属于常规意义下的处理方法。

合并企业应按公允价值确定接受被合并企业各项资产和负债的计税依据。被合并企业及其股东都应按清算进行所得税处理。被合并企业的亏损不得在合并企业结转弥补。

根据企业重组的不同类型，采用以下具体处理方式。

（一）企业法律形式改变

企业由法人转变为个人独资企业、合伙企业等非法人组织，或将登记注册地转移至中华人民共和国境外（包括港澳台地区），应视同企业进行清算、分配，股东重新投资成立新企业。企业的全部资产以及股东投资的计税基础均应以公允价值为基础确定。

企业发生其他法律形式简单改变的，可直接变更税务登记，除另有规定外，有关企业所得税纳税事项（包括亏损结转、税收优惠等权益和义务）由变更后企业承继，但因住所发生变化而不符合税收优惠条件的除外。

（二）企业债务重组

（1）以非货币资产清偿债务，应当分解为转让相关非货币性资产、按非货币性资产公允价值清偿债务两项业务，确认相关资产的所得或损失。

（2）发生债权转股权的，应当分解为债务清偿和股权投资两项业务，确认有关债务清偿所得或损失。

（3）债务人应当按照支付的债务清偿额低于债务计税基础的差额，确认债务重组所得；债权人应当按照收到的债务清偿额低于债权计税基础的差额，确认债务重组损失。

（4）债务人的相关所得税纳税事项原则上保持不变。

（三）企业股权收购、资产收购重组交易

（1）被收购方应确认股权、资产转让所得或损失。

（2）收购方取得股权或资产的计税基础应以公允价值为基础确定。

（3）被收购企业的相关所得税事项原则上保持不变。

（四）企业合并

（1）合并企业应按公允价值确定接受被合并企业各项资产和负债的计税基础。

（2）被合并企业及其股东都应按清算进行所得税处理。

（3）被合并企业的亏损不得在合并企业结转弥补。

（五）企业分立

当事各方应按下列规定处理。

（1）被分立企业对分立出去的资产应按公允价值确认资产转让所得或损失。

（2）分立企业应按公允价值确认接受资产的计税基础。

（3）被分立企业继续存在时，其股东取得的对价应视同被分立企业分配进行处理。

（4）被分立企业不再继续存在时，被分立企业及其股东都应按清算进行所得税处理。

（5）企业分立相关企业的亏损不得相互结转弥补。

二、特殊性税务处理规定

（一）特殊性税务处理条件

企业进行特殊性税务处理时，需满足以下基本条件。

（1）具有合理的商业目的，且不以减少、免除或者推迟缴纳税款为主要目的。

（2）被收购、合并或分立部分的资产或股权比例符合规定的比例。

（3）企业重组后的连续12个月内不改变重组资产原来的实质性经营活动。

（4）重组交易对价中涉及股权支付金额符合规定比例。

（5）企业重组中取得股权支付的原主要股东，在重组后连续12个月内，不得转让所取得的股权。

其中的资产或股权的比例及股权支付金额的比例因企业重组方式的不同而不同。

企业涉及境内与境外之间的股权和资产收购交易，还应满足以下条件。

（1）非居民企业向其100%直接控股的另一非居民企业转让其拥有的居民企业股权，没有因此造成以后该项股权转让所得预提税负担变化，且转让方非居民企业向主管税务机关书面承诺在三年（含三年）内不转让其拥有受让方非居民企业的股权。

（2）非居民企业向与其具有100%直接控股关系的居民企业转让其拥有的另一居民企业股权。

（3）居民企业以其拥有的资产或股权向其100%直接控股的非居民企业

进行投资。

（4）财政部、国家税务总局核准的其他情形。

（二）特殊性税务处理内容

符合上述特殊性税务处理条件的企业，交易各方对其交易中股权支付部分进行特殊性税务处理。由于企业重组的类型不同，企业进行特殊性税务处理时的操作也有较大差别。

1. 债务重组

其确认的应纳税所得额占该企业当年应纳税所得额 50% 以上时，可以在 5 个纳税年度的期间内，均匀计入各年度的应纳税所得额。企业发生债权转股权业务，对债务清偿和股权投资两项业务暂不确认有关债务清偿所得或损失，股权投资的计税基础以原债权的计税基础确定。企业的其他相关所得税事项保持不变。

2. 股权收购

收购企业购买的股权不低于被收购企业全部股权的 50% 且收购企业在该股权收购发生时的股权支付金额不低于其交易支付总额的 85% 时，可以选择按以下处理。

（1）被收购企业的股东取得收购企业股权的计税基础，以被收购股权的原有计税基础确定。

（2）收购企业取得被收购企业股权的计税基础，以被收购股权的原有计税基础确定。

（3）收购企业、被收购企业的原有各项资产和负债的计税基础和其他相关所得税事项保持不变。

3. 资产收购

受让企业收购的资产不低于转让企业全部资产的 50%，且受让企业在该资产收购发生时的股权支付金额不低于其交易支付总额的 85% 时，可以选择按以下处理。

（1）转让企业取得受让企业股权的计税基础，以被转让资产的原有计税基础确定。

（2）受让企业取得转让企业资产的计税基础，以被转让资产的原有计税基础确定。

4. 企业合并

企业股东在该企业合并发生时取得的股权支付金额不低于其交易支付总额的 85%，以及同一控制下且不需要支付对价的企业合并，可以选择按以下处理。

（1）合并企业接受被合并企业资产和负债的计税基础，以被合并企业的原有计税基础确定。

（2）被合并企业合并前的相关所得税事项由合并企业承继。

（3）可由合并企业弥补的被合并企业亏损的限额 = 被合并企业净资产公允价值 × 截至合并业务发生当年年末国家发行的最长期限的国债利率。

（4）被合并企业股东取得合并企业股权的计税基础，以其原持有的被合并企业股权的计税基础确定。

5. 企业分立

被分立企业所有股东按原持股比例取得分立企业的股权，分立企业和被分立企业均不改变原来的实质经营活动，且被分立企业股东在该企业分立发生时取得的股权支付金额不低于其交易支付总额的 85%，可以选择按以下处理。

（1）分立企业接受被分立企业资产和负债的计税基础，以被分立企业的原有计税基础确定。

（2）被分立企业已分立出去资产相应的所得税事项由分立企业承继。

（3）被分立企业未超过法定弥补期限的亏损额可按分立资产占全部资产的比例进行分配，由分立企业继续弥补。

（4）被分立企业的股东取得分立企业的股权（以下简称新股），如需部分或全部放弃原持有的被分立企业的股权（以下简称旧股），新股的计税基础应以放弃旧股的计税基础确定。如不需放弃旧股，则其取得新股的计税基础可从以下两种方法中选择确定：直接将新股的计税基础确定为零；或者以被分立企业分立出去的净资产占被分立企业全部净资产的比例先调减原持有的旧股的计税基础，再将调减的计税基础平均分配到新股上。

6. 资产划转

财政部、国家税务总局印发的《关于企业重组业务企业所得税处理若干问题的通知》（财税〔2009〕59 号）对资产划转的情形作出了相应规定。企业在 100% 直接控制的居民企业之间，以及受同一或相同多家居民企业 100% 直接控制的居民企业之间进行股权、资产划转时，如果满足“具有合理商业目的，不以减少、免除或者推迟缴纳税款为主要目的，股权或资产划转后连续 12 个月内不改变被划转股权或资产原来实质性经营活动，且划出方企业和划入方企业均未在会计上确认损益的”条件的，可适用于特殊性税务处理。划出方企业和划入方企业均不确认为所得，划入方企业取得被划转股权或资产的计税基础，以被划转股权或资产的原账面净值确定，划入方企业取得的被划转资产，应按其原账面净值计算折旧扣除。

重组交易各方对交易中股权支付暂不确认有关资产的转让所得或损失的，其非股权支付仍应在交易当期确认相应的资产转让所得或损失，并调整相应资产的计税基础。

非股权支付对应的资产转让所得或损失 =（被转让资产的公允价值 - 被转让资产的计税基础）×（非股权支付金额 ÷ 被转让资产的公允价值）

此外，居民企业以其拥有的资产或股权向其 100% 直接控股关系的非居民企业进行投资，其资产或股权转让收益如选择特殊性税务处理，可以在 10 个纳税年度内均匀计入各年度应纳税所得额。企业吸收合并中，合并后的存续企业性质及适用税收优惠的条件未发生改变的，可以继续享受合并前该企业剩余期限的税收优惠，其优惠金额按存续企业合并前一年的应纳税所得额（亏损计为零）计算。

第三节　股权收购和“借壳上市”的税务筹划案例分析

一、股权收购的税务筹划案例分析

股权收购是指一家企业（以下简称收购企业）购买另一家企业（以下简称被收购企业）的股权，以实现对被收购企业控制的交易。收购企业支付对价的形式包括股权支付、非股权支付或两者的组合。此时目标企业的经营性资产并未发生改变，改变的只是股东而不涉及损益。根据《中华人民共和国证券法》的相关规定，股权收购又分为要约收购和协议收购。

股权收购过程涉及的税种一般只包括被收购企业股东应缴纳的所得税和合同涉及的印花税。在个人所得税方面，被收购企业的股东应按照“财产转让所得”，以股权转让收入减除股权原值和合理费用后的余额为应纳税所得额，缴纳个人所得税。在增值税方面，国家税务总局印发的《关于纳税人资产重组有关增值税问题的公告》（国家税务总局公告 2013 年第 66 号）规定，纳税人在资产重组过程中，通过合并、分立、出售、置换等方式，将全部或者部分实物资产以及与其相关联的债权、负债经多次转让后，最终的受让方与劳动力接收方为同一单位和个人的，其中货物的多次转让行为均不征收增值税。在土地增值税方面，财政部、国家税务总局印发的《关于企业改制重组有关土地增值税政策的通知》（财税〔2015〕5 号）规定，原企业投资主体存续的，对原企业将国有土地、房屋权属转移、变更到合并后的企业，暂不征土地增值税。在契税方面，财政部、国家税务总局印发的《关于进一步支持企业事业单位改制重组有关契税政策的通知》（财税〔2015〕37 号）规定，原投资主体存续的免征契税。

【案例 7－1】 A 公司位于上海，C 公司是 A 公司在上海的一个子公司。A 公司持有的 C 公司股权的计税基础是 4000 万元，2017 年 12 月 31 日资产评估结构评估其公允价值为 6000 万元。D 公司设立于上海，B 公司是 D 公司位于上海的一个全资子公司，由于自身经营不善，B 公司从 2013 年到 2017 年每年亏损 50 万元。2017 年年末，B 公司股权的计税基础是 2000 万元，公允价值为 3000 万元。B 公司的实质性经营资产主要包括固定资产和无形资产，账面价值共 1000 万元，公允价值共 2000 万元。B 公司总资产账面价值为 2500 万元，公允价值为 3000 万元，净资产账面价值为 1500 万元，公允价值为 2500 万元。

（一）筹划方案

A 公司对于 B 公司进行股权收购，根据支付方式和现金比例的不同，可以分为一般性税务处理和特殊性税务处理。

1. 一般性税务处理

A 公司以 C 公司的部分股权和现金作为支付对价，股权支付额为 2000 万元。由于其股权支付额低于 3000 × 85% = 2550 万元，A 公司只能采用一般性税务处理方式。收购方 A 公司购入股权的计税基础以 B 公司股权的公允价值 3000 万元计量，D 公司作为股权转让方，应就该重组行为纳税。

A 公司：购入股权的计税基础为 B 公司股权的公允价值 3000 万元，且交易中暂时不需因此缴纳所得税。

D 公司：转让 B 公司股权应当期确认股权转让所得 = 3000 - 2000 = 1000 万元，则应缴纳的企业所得税额 = 1000 × 25% = 250 万元

2. 特殊性税务处理

A 公司仅以持有的 C 公司的股权为支付对价。此时，A 公司可以将其持有的 C 公司股权的 50% 为对价支付给 D 公司，股权支付金额占交易总额的 100%。D 公司获得 C 公司的股权后，在连续的 12 个月内保持投资活动的连续性，不会转让 A 公司的股权。因此，此次交易双方都适用特殊性税务处理方式。

A 公司：通过股权收购取得的 B 公司股权的计税基础为其原计税基础 2000 万元，由于全额使用股权支付，暂不纳税。B 公司成了 A 公司的子公司，则 A 公司无法利用 B 公司的亏损额，也不能享受 B 公司的实质性经营资产所带来的税收挡板收益。

D 公司：取得的 C 公司股权应以 2000 万元确认，同理，股权支付下，D 公司不需确认该股权转让所得，即无须纳税。

（二）筹划结论与分析

通过案例 7 - 1 我们可以看出，企业采取股权收购下的特殊性税务合并时税负成本低，此时特殊性税务处理优于一般性税务处理。但特殊性税务处理并不是总优于一般性税务处理。在案例 7 - 1 中，采用股权收购的特殊性税务处理不能利用其亏损额。企业可采取吸收合并下的特殊性税务处理来利用亏损额度。

企业通过股权收购进行重组时，主要涉及两方面：一是交易中对价的支付方式，常见的有现金、股权和混合三种方式，其中混合方式最为常见；二是股权收购后企业的税收负担和债务负担。在选用混合支付方式下，由于股权和现金的比例不同，导致企业适用不同的处理方式，进而股权收购的计税基础和应纳税总额不同，亏损弥补的规定也不同。

二、“借壳上市”的税务筹划案例分析

【案例7－2】 鼎泰新材公司成立于2003年。顺丰公司是一家主要经营国际、国内快递业务的快递企业。2016年4月5日，鼎泰新材公司股票停牌。2016年5月30日，顺丰公司拟借壳鼎泰新材公司上市，鼎泰新材公司复牌。重组前的鼎泰新材公司与顺丰公司的股权结构如图7－1所示。

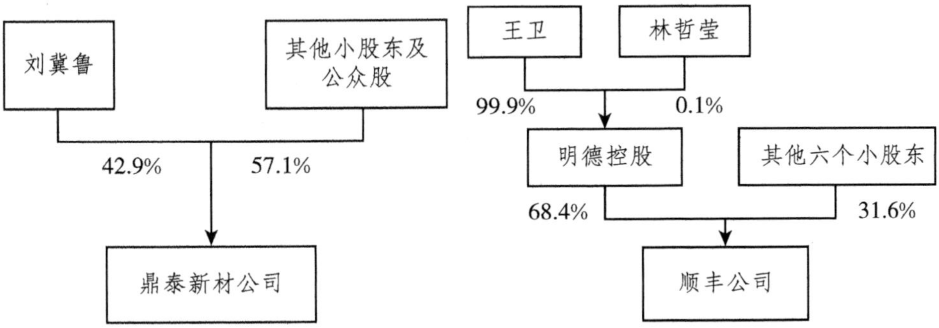

图7－1　重组前的鼎泰新材公司与顺丰公司的股权结构

其间，鼎泰新材公司先将其资产和负债等全部置出，与顺丰公司进行部分股权等值交换，接着以定向增发股份方式收购顺丰公司股东拥有的顺丰公司剩余股权，使顺丰公司成为鼎泰新材公司的全资子公司。最后，鼎泰新材公司完成对顺丰公司的吸收合并。整个流程包括资产置换、股权收购、吸收合并三个环节。

上述流程完成后，鼎泰新材公司的业务全部由公司原股东承接，原顺丰公司将其资产、负债及人员全都置入鼎泰新材公司后其法人主体注销，鼎泰新材公司更名为顺丰控股。原顺丰公司股东拥有该新公司的控股股权，原鼎泰新材原股东获得顺丰控股的部分股权。

（一）初始方案

资产置换环节，鼎泰新材公司将所有净资产及劳动力置出，交换顺丰公司股东所持有顺丰股权的等值部分，对顺丰公司进行股权收购。由于鼎泰新材公司用资产、负债、劳动力作为支付对价，非股权支付金额比重达到100%；且鼎泰新材公司作价8个亿，顺丰控股股权作价433个亿，鼎泰新材公司购买的顺丰公司股权为其全部股权的1.85%（8亿元/433亿元），未达到财政部、国家税务总局印发的《关于企业重组业务企业所得税处理若干问题的通知》（财税〔2009〕59号）所规定的50%的比例。因此，适用于一般性税务处理。鼎泰新材公司需对置换出去的全部资产和负债做视同销售，缴纳企业所得税，同时明德控股也需要对转让顺丰控股1.85%的股权所得缴纳企业所得税。

股权收购环节，鼎泰新材公司定向增发股份，收购顺丰公司的剩余股权。此时收购的股权占被收购企业全部股权的98.15%，全部为股权支付。根据规定，鼎泰新材公司和顺丰公司可以享受特殊重组的税收优惠。

吸收合并环节，依据财政部、国家税务总局印发的《关于企业重组业务企业所得税处理若干问题的通知》（财税〔2009〕59号），同一控制下不需支付对价的企业合并可采取特殊性税务处理，不缴纳企业所得税。

（二）筹划方案

1. 方案一：资产置换与股权收购合并进行

鼎泰新材公司用全部资产与负债以及增发公允价425亿元的股权作为支付对价，收购顺丰公司100%的股权，股权支付金额为98.15%（425÷433）大于85%。依据财政部、国家税务总局印发的《关于企业重组业务企业所得税处理若干问题的通知》（财税〔2009〕59号）第6条，上述事项满足适用特殊性税务处理条件。

2. 方案二：吸收合并与股权收购合并进行

鼎泰新材公司以向顺丰公司股东定向增发的方式吸收合并顺丰公司。依据财政部、国家税务总局印发的《关于企业重组业务企业所得税处理若干问题的通知》（财税〔2009〕59号），该吸收合并的支付对价全部为股权支付，鼎泰新材公司合并的顺丰公司股权为其全部股权的98.15%（1－1.85%）大于50%，符合特殊性税务处理的条件。鼎泰新材公司股东在该环节无须缴纳企业所得税，且相比分步进行效率更高，成功率更高。

（三）筹划结论与分析

本案例中，采用资产置换和股权收购合并或者吸收合并和股权收购同时进行的方案税负成本低。通过借壳上市进行资产重组，用时短、效率高、股权收购操作简单。具体操作时要根据企业重组的主要需求如税负、控制权、税收风险等进行配套选择。本案例中的关键点有三个。

（1）在目标企业的选择上，企业通过借壳上市进行股权收购重组首先需选择合适的壳公司，壳公司的市值决定了重组后的持股比例。此案例中，鼎泰新材公司市值较顺丰公司而言非常低，上市后被其他股东分享的总额小，后续融资的空间较大。重组企业可根据目标公司的负债、股权结构和市值等因素挑选符合需求的壳公司。

（2）在节税效应上，借壳上市具有净壳（资产重置）、控股（股权收购）、入壳（吸收合并）三个步骤。三个步骤可以合并也可分步进行。不同步骤的安排适用的税务处理方式不同。本案例中资产置换环节适用于一般性税务处理，但如果和第二步进行合并，则可共同使用特殊性税务处理。企业应根据实际情况选择模式，以达到理想的节税效应。

（3）在风险控制上，借壳上市在带来高收益、高效率的同时，也带来了高风险。借壳上市通过一系列并购重组活动使得企业获得上市资格，必然会带来股权架构的调整和经营层面的业务变动。对企业而言，需要防范控制权被稀释的问题、经营业务无法有效整合产生规模效益的问题以及税收优惠不能持续的问题等。对于企业税务筹划而言，既是机遇也是挑战。

第四节　企业合并与分离的税务筹划案例分析

一、企业合并的税务筹划案例分析

合并是指一家或多家企业（以下简称被合并企业）将其全部资产和负债转让给另一家现存或新设企业（以下简称合并企业），被合并企业股东换取合并企业的股权或非股权支付，实现两个或两个以上企业的依法合并。合并分为同一控制下的合并和非同一控制下的合并。常见的合并方法有控股合并、新设合并和吸收合并。常见的支付方式有非股权支付和股权支付以及混合支付。

【案例 7－3】 Y 公司管理层意图通过横向并购的方式，即并购一家与自家主打产品一致或相关的企业以提升产能，确定了吸收合并本年发生亏损的 X 公司。Y 公司吸收合并后存续，X 公司吸收合并后解散。合并前 Y 公司和 X 公司的债权、债务由合并后存续的 Y 公司承续。合并过程中，被吸收合并的 X 公司自然人股东 C 宣布退出。

X 公司出资情况如下：A 公司认缴出资 167.13 万元，持股比例为 37.14%，B 公司认缴出资 198.63 万元，持股比例为 44.14%，自然人股东 C 认缴出资 84.24 万元，持股比例为 18.72%。Y 公司与 X 公司所在地区规定的契税征收率为 3%。

表 7－1　X 公司在合并前资产负债的账面价值、计税基础和公允价值

（单位：万元）

科目	账面价值	计税基础	公允价值
资产合计	3852.87	3852.87	4591.77
其中，土地、房屋	401.24	401.24	1039.14
负债合计	3532.34	3532.34	3532.34
净资产	320.53	320.53	1059.43

（一）筹划方案

1. 方案一：现金支付 + 股权支付（直接合并）

（1）企业所得税

Y 公司以资产账面价值 18.72% 的比例支付现金 721.26 万元（3852.87 × 18.72%），取得自然人股东 C 的股权，C 退出；接着以剩余资产账面价值 3131.61 万元支付 A、B 两公司，取得 X 公司 81.28% 的股权。至此，Y 公司获得 X 公司 100% 股权，完成对 X 公司的合并。股权支付比例占交易支付总额的比例为 3131.61/3852.87 = 81% < 85%，适用于一般性税务处理。交易完成后，X 公司需确认资产转让所得，从公司和股东两个层面进行清算。

X 公司的清算所得：（相关资产公允价值 - 其计税基础） - （相关负债公允价值 - 其计税基础） - 应交土地增值税 = （4591.77 - 3852.87） - （3532.34 - 3532.34） - 258.76 = 480.14（万元）

X 公司所得税：480.14 × 25% = 120.04（万元）

A 公司股权转让所得税：［剩余资产 - （盈余公积 + 未分配利润） - （实收资本 + 资本公积）］ × 持股比例 × 税率 = ［680.63 - （3.99 - 133.46） - （450 + 60.10）］ × 37.14% × 25% = 27.86（万元）

B 公司：同理，应纳所得税 33.11（万元）

（2）个人所得税

自然人股东 C 应确认股权转让所得并计算个人所得税 = （股权转让收入 - 取得股权所支付的金额 - 转让过程中所支付的相关费用） × 20% = （721.26 - 84.24） × 20% = 127.40 万元（未考虑其他相关费用）

（3）契税

依据财政部、国家税务总局印发的《关于进一步支持企业事业单位改制重组有关契税政策的通知》（财税〔2015〕37 号），公司合并且原投资主体存续的，对合并后公司承受原合并各方土地、房屋权属，免征契税。本案中，在吸收合并之前，X 公司的股东为 A 公司、B 公司和自然人 C。吸收合并后，C 退出不再持股，A 公司、B 公司继续持股，X 公司的原投资主体发生了变化，因此，X 公司转让土地和房屋时，需要缴纳契税。

契税：土地、房屋公允价值×3% =1039.14×3% =31.17（万元）

（4）土地增值税

依据财政部、国家税务总局印发的《关于继续实施企业改制重组有关土地增值税政策的通知》（财税〔2018〕57号），公司合并且原企业投资主体存续的，对原企业将房地产转移、变更到合并后的企业，暂不征土地增值税。本案中，X公司的原投资主体发生了变化，因此，X公司转让土地和房屋时，需要缴纳土地增值税。

土地、房屋增值额 = 公允价值 - 计税基础 = 1039.14 - 401.24 = 637.90（万元）

增值率 =637.90/401.24 =158.98%

土地增值税：637.90×50% -401.24×15% =258.76（万元）

（5）印花税

依据财政部、国家税务总局印发的《关于企业改制过程中有关印花税政策的通知》（财税〔2003〕183号），企业因改制签订的产权转移书据免予贴花。本案中，X公司将全部资产及负债转让给Y公司，并签署资产转让协议，该协议属于并购重组中的产权转移书据，所以X公司、Y公司免交印花税。Y公司收到X公司的资产，启用了新的营业账簿并增加资产，Y公司要对未贴花的新增资产缴纳印花税0.91万元。

税负合计：31.17 +0.91 +378.80 +27.86 +33.11 +127.40 =599.25万元，同时没有可以结转的亏损额。

2. 方案二：现金回购+股权支付（自然人持股情况下，间接合并）

X公司首先以现金721.26万元（18.72% ×3852.87）回购自然人股东C所拥有的X公司18.72%的股权并做减资处理，同时自然人股东C退出。12个月之后，Y公司增发价值为3131.61万元（81.28% ×3852.87）的股权支付给A公司、B公司两股东以获得其拥有的X公司81.28%的股权。至此，Y公司获得X公司100%股权，完成对X公司的吸收合并。且Y公司书面承诺在企业合并完成后的连续12月内不改变重组资产原来的实质性经营活动，A公司、B公司作出相关书面承诺：合并完成后的连续12月内，不转让所取得的股权。

回购过程不涉及增值税、印花税、土地增值税、契税的应税项目，X 不计算股权回购的所得或损失。作为股权转让方，C 应确认股权转让所得并计算个人所得税 127.40 万元。之后 X 的持股方为 A 公司、B 公司。

此时股权支付比例 = 交易支付总额 = 资产收购比例 = 100%，且 Y 公司书面承诺在企业合并完成后的连续 12 月内不改变重组资产原来的实质性经营活动，A 公司、B 公司作出相关书面承诺，合并完成后的连续 12 月内，不转让所取得的股权。因此，满足特殊性税务处理的五个条件，适用于特殊性税务处理，享受税收递延的优惠。X 公司以及 A 公司、B 公司都不需要确认所得，暂不缴纳企业所得税。

可由 Y 公司弥补的 X 公司亏损的限额 = 被合并企业净资产公允价值 × 截至合并业务发生当年年末国家发行的最长期限的国债利率 = 1059.43 × 3.7% = 39.20（万元）

X 公司本年亏损 183.96 万元 > 39.20 万元，则可由合并企业结转利用的亏损额为 39.20 万元。

Y 进一步吸收合并 X 时，Y 公司一并接受 X 公司全部的实物资产以及相关债权、负债和劳动力，不缴纳增值税；Y 公司、X 公司签署的企业合并协议不征收印花税，资产转让协议免征印花税，Y 公司启用了营业账簿但因特殊重组没有新增加资金且账载资金原已贴花，所以无须缴纳印花税；在 Y 公司吸收合并 X 公司前，X 公司的股东是 A 公司、B 公司，吸收合并发生后 A 公司、B 继续持股，原投资主体未发生改变，因此，X 公司转让土地和房屋建筑物时，不缴纳土地增值税、契税。

税负合计为 127.4 万元，同时可以结转利用的亏损为 39.2 万元。

3. 方案三：现金收购 + 股权支付（间接合并）

X 公司的股东 A 公司首先通过现金收购自然人 C 持有的 18.72% 的股份，此时 A 公司的持股比例增加至 55.86%，同时 C 退出。12 个月后，Y 公司增发价值 3131.61 万元的股权支付给 X 公司股东 A 公司、B 公司以获得其拥有的 X 公司 81.28% 的股权。至此，Y 公司获得 X 公司 100% 股权完成对 X 公司的吸收合并。

A 公司以现金收购自然人 C 的股权，该过程不涉及增值税、土地增值税和契税项目，A 公司以公允价值作为收购股权的计税基础，不缴纳企业所得税。自然人 C 以股权转让所得缴纳个人所得税 127.40 万元。A 公司与自然人 C 各缴纳印花税 0.91 万元。

Y 公司对 X 公司进行吸收合并，股权支付比例为交易支付总额的 100%，采用特殊性税务处理，涉税情况同方案二。总税负较方案二多缴纳印花税 0.91 万元。

（二）筹划结论与分析

本案例中三个方案相比较，采用方案二“现金回购 + 股权支付”进行吸收合并的方式缴纳税收合计最少，且可以利用的亏损最多。

本案例中有几个关键点。

1. 出资方式的选择

利用股权支付金额占交易支付总金额的比重和资产总额比重上的差别，实现“一般性税务处理”和“特殊性税务处理”的转化。企业在进行重组合并的筹划时，应尽可能调整股权支付与现金支付的比例，以便适用企业所得税的特殊性税务处理。

2. 合并方式的选择

本案例选取“吸收合并”的方式。吸收合并与控股合并的区别是被合并企业的法人资格存续问题。吸收合并下，被合并企业法人主体消失，被合并方原有的资产负债成为合并方的资产负债，在税务处理方面具有优势。依据财政部、国家税务总局印发的《关于进一步支持企业事业单位改制重组有关契税政策的通知》（财税〔2015〕37 号）、财政部、国家税务总局印发的《关于继续实施企业改制重组有关土地增值税政策的通知》（财税〔2018〕57 号）和财政部、国家税务总局印发的《关于企业改制过程中有关印花税政策的通知》（财税〔2003〕183 号），两个或两个以上企业合并为一个企业，且原企业投资主体存续的，对原企业将国有土地、房屋权属转移、变更到合并后的企业，暂不征土地增值税，免征契税，合并过程中已贴花的部分不再贴花和缴纳印花税。

在目标企业和行业的选择上，重组企业可选择特定行业进行重组，涉足新的产品市场时可选择享受特定税收优惠的企业或亏损企业进行吸收合并，利用被合并企业的亏损额，在享受特殊性税务处理的同时享受亏损限额和税收优惠政策带来的减税效应。

3. 涉税风险

除了税负降低，重组后的企业还应结合整体合并成本考虑重组后收益。合并后的企业需承担被合并企业的风险。由于企业之间文化不同，管理模式存在差异，企业合并后可能出现企业战略管理和规模经济上的风险。如果被合并企业作为合并企业的子公司，还可能承担关联企业之间的涉税风险等。

二、企业分立的税务筹划案例分析

企业分立，是指一个企业依照有关法律、法规的规定，分立为两个或两个以上的企业的法律行为。按照企业分立前后股东和股东持股比例是否发生变化划分为标准分立和非标准分立；按照分立前后被分立企业的法人主体是否存续划分为新设分立和吸收分立两种类型。

【案例7-4】H公司于2001年成立，是一家进行摩托车生产、研发、销售的民营企业。H公司由X公司和自然人Q、W出资组建，注册资本为9000万元（假定注册资本为实收资本）。其中X公司投入现金4590万元，自然人Q投入现金3610万元，自然人W投入现金800万元。H公司中X公司持股51%，自然人Q持股40.11%，自然人W持股8.89%，三位股东共计持股100%。

在面临摩托车市场竞争日益激烈的环境下，公司的人力成本增加，经营面临压力。为了提升业绩和提升业务能力，H公司管理层作出决定将公司的几项业务划分为四个子公司，即摩托车制造公司、发动机生产公司、电动车生产公司及销售公司，且将公司的三块土地分给除销售公司以外的三个子公司。

经过讨论后，H公司提出了两种分立计划：一是注册三家子公司，均由H公司100%控股，土地采取资产划转的方式划转至三家子公司；二是新成立三家子公司，随后将土地以投资入股的方式进行土地使用权的投资入股。

H 公司对两个计划的相关成本进行测算，发现占比重较大的是税收成本。假设企业的所得税税率为 25%，契税税率为 3%，土地、房屋为营改增前取得，H 公司为一般纳税人，三家子公司为 A 公司、B 公司、C 公司，H 公司计划分配的房屋明细如表 7－2 所示。

表 7－2　三家子公司获得土地、房屋明细

（单位：万元）

公司	原值	净值	公允价值
A 公司	8155.48	7258.64	167 187.24
B 公司	1624.82	1456.54	33 308.79
C 公司	2091.82	2009.02	42 882.29
总计	11 872.12	10 724.20	243 378.32

（一）*初始方案*

1. 初始方案一：无偿资产划转

（1）增值税

依据《营业税改征增值税试点有关事项的规定》（财税〔2016〕36 号），单位或个人向其他单位或个人无偿转让无形资产、不动产，除用于公益事业或者以社会公众为对象之外，视同增值税销售，为增值税应税项目，缴纳增值税。由于企业于营改增之前取得土地、房屋、建筑物，此处选用简易计税方法，转让土地使用权按照 5% 的征收率，以取得的全部价款和价外费用减去取得该土地使用权的原价后的余额为销售额计税。本案中，三家公司应纳增值税＝（243 378.32－11 872.12）×5%＝11 575.31（万元）

（2）土地增值税

依据财政部、国家税务总局印发的《关于继续实施企业改制重组有关土地增值税政策的通知》（财税〔2018〕57 号）第 3 条，按照法律规定或者合同约定，企业分设为两个或两个以上与原企业投资主体相同①的企业，对原企业将房地产转移、变更到分立后的企业，暂不征土地增值税。

① 投资主体相同是指公司分立前后出资人不发生变动。

本案中将公司 A、B、C 作为公司 H 的三家全资子公司，原企业的投资主体相同依旧为自然人 X、Q、W，符合规定，因此不涉及土地增值税缴纳。

（3）契税

依据财政部、国家税务总局印发的《关于进一步支持企业事业单位改制重组有关契税政策的通知》（财税〔2015〕37 号）第 6 条，同一投资主体内部所属企业之间土地、房屋权属的划转，包括母公司与其全资子公司之间，同一公司所属全资子公司之间，同一自然人与其设立的个人独资企业、一人有限公司之间土地、房屋权属的划转，免征契税。

公司 H 分立为 A、B、C 三家全资子公司，属于同一投资主体内部、全资母子公司之间房屋土地、建筑物的划转，不缴纳契税。

（4）印花税

依据《中华人民共和国印花税暂行条例》（以下简称《印花税暂行条例》），如果涉及产权过户登记的，企业进行资产无偿划转需征印花税，按产权转移书据所载金额万分之五贴花。经计算，产权转移书据所载金额为 19 960万元，印花税缴纳金额为 19 960 ×0.0005 =9.98 万元。

（5）企业所得税

依据财政部、国家税务总局印发的《关于促进企业重组有关企业所得税处理问题的通知》（财税〔2014〕109 号），100% 控股下的居民企业符合条件的资产、股权划转可进行特殊性税务处理，划转方和被划转方不确认为所得，不缴纳企业所得税。本案中，税负合计 =9.98 +11 575.31 =11 585.29（万元）

2. 初始方案二：土地投资入股

（1）增值税

土地投资入股与初始方案一无偿资产划转的增值税相同，此处不再赘述。

（2）土地增值税

依据财政部、税务总局印发的《关于继续实施企业改制重组有关土地增值税政策的通知》（财税〔2018〕57 号）第 4 条，单位、个人在改制重组时以房地产作价入股进行投资，对其将房地产转移、变更到被投资的企业，暂不征土地增值税。本案中将公司 A、B、C 作为公司 H 的三家全资子公司，原企业的投资主体相同依旧为自然人 X、Q、W，符合规定，因此不涉及土地增值税缴纳。

（3）契税

依据财政部、国家税务总局印发的《关于继续支持企业事业单位改制重组有关契税政策的通知》（财税〔2018〕17 号），企业改制、公司合并、公司分立，原投资主体存续且相同，改制重组后承受原公司土地、房屋权属的股权转让免征契税，同一投资主体内部所属企业之间的土地、房屋权属转让，免征契税。本案中，H 公司分立为 A、B、C 三家全资子公司，原投资主体不变，且三家公司为 H 公司的全资子公司，符合免征契税的条件，因此不涉及契税缴纳。

（4）印花税

依据《印花税暂行条例》，如果涉及产权过户登记的，企业进行资产无偿划转需征印花税，按产权转移书据所载金额万分之五贴花。经计算，产权转移书据所载金额为 19 960 万元，印花税缴纳金额为 19 960 × 0. 0005 = 9. 98 万元。

（5）企业所得税

依据财政部、国家税务总局印发的《关于企业重组业务企业所得税处理若干问题的通知》（财税〔2009〕59 号），企业分立时，被分立企业股东在该企业分立发生时取得的股权支付金额不低于其交易支付总额的 85%，可以选择特殊性税务处理。结合本案，H 公司并不符合以上条件，应采用一般性税务处理，按照土地公允价值减去计税基础后的余额确认所得。依据国家税务总局发布的《关于非货币性资产投资企业所得税有关征管问题的公告》（国家税务总局公告 2015 年第 33 号），此时可以作为非货币性资产投资，分五年分别计入当年的应纳税所得额。经计算当年应纳企业所得税为 623. 29 万元。

税负合计 = 623. 29 + 11 585. 29 = 12 208. 58（万元）

可见，两种计划都给企业带来了巨额税负。

（二）筹划方案

根据初始方案，H公司打算通过新设子公司的方式将企业事业部门分割，这种新成立子公司的方式给企业带来大量税负。为了减少税负，我们讨论采用企业分立的方式，将H公司划分成四个部分，后形成H新公司、A公司、B公司、C公司四个公司。将企业分立的方案与初始方案进行对比，寻求最低税负的方案。假设分离后四家企业均可以存续，且在经营期间除资产报废以外不处置股权或资产。

分立后H新公司持有H公司54.69%的净资产，A公司持有H公司30.04%的净资产，B公司持有H公司8.86%的净资产，C公司持有H公司6.41%的净资产。

分立基准日，资产账面价值为38 673.33万元（公允价值为51 139.05万元，增值部分为上文所述自建的不动产增值所致），负债9303.67万元（公允价值为9303.67万元），净资产29 369.66万元（公允价值为41 835.38万元），净资产29 369.66万元（公允价值为41 835.38万元）。

其中，X公司持有股权的计税基础为4590万元，公允价值为21 336.04万元；自然人Q持有股权的计税基础为3610万元，公允价值为16 780.17万元；W自然人持有股权的计税基础为800万元，公允价值为3719.17万元。

H公司将资产8820.45万元（公允价值为11 663.58万元）剥离成立A公司；将资产2602.49万元（公允价值为3441.36万元）剥离成立B公司；将资产1883.28万元（公允价值为2490.32万元）剥离形成C公司，剩余资产留存在新H公司。

1. 方案一：标准分立

标准分立方案指分立后公司的股东不变，仍为X公司、自然人Q、自然人W。股东持有分立企业、被分立企业的比例保持不变。随后将资产按需求在四个公司之间分割，对负债不进行分离。以下通过表7－3、表7－4、表7－5、图7－2简述分立后各公司的状况。

表 7－3　H 公司分立后资产负债表

（单位：万元）

H 公司	分立前账面价值	分立前公允价值	分立后账面价值	分立后公允价值
资产	38 673. 33	51 139. 05	25 367. 11	33 543. 79
负债	9303. 67	9303. 67	9303. 67	9303. 67
所有者权益	29 369. 66	41 835. 38	16 063. 44	24 240. 12
其他：累计留存收益	－6159. 29		－4040. 08	

表 7－4　H 公司分立后各公司资产负债表

（单位：万元）

A 公司	分立后账面价值	分立后公允价值
资产	8820. 45	11 663. 58
负债	0	0
所有者权益	8820. 45	11 663. 58
其他：留存收益未分配利润	－1404. 78	
B 公司	分立后账面价值	分立后公允价值
资产	2602. 49	3441. 36
负债	0	0
所有者权益	2602. 49	3441. 36
其他：留存收益未分配利润	－414. 48	
C 公司	分立后账面价值	分立后公允价值
资产	1883. 28	2490. 32
负债	0	0
所有者权益	1883. 28	2490. 32
其他：留存收益未分配利润	－299. 94	

表 7－5　H 公司分立后 X 公司、A 公司、B 公司、C 公司持股份额

持股份额	X 公司	自然人 Q	自然人 W
对原 H 公司持股	51%	40. 11%	8. 89%
对 A 公司持股	51%	40. 11%	8. 89%
对 B 公司持股	51%	40. 11%	8. 89%

续表

持股份额	X 公司	自然人 Q	自然人 W
对 C 公司持股	51%	40. 11%	8. 89%
对新 H 公司持股	51%	40. 11%	8. 89%

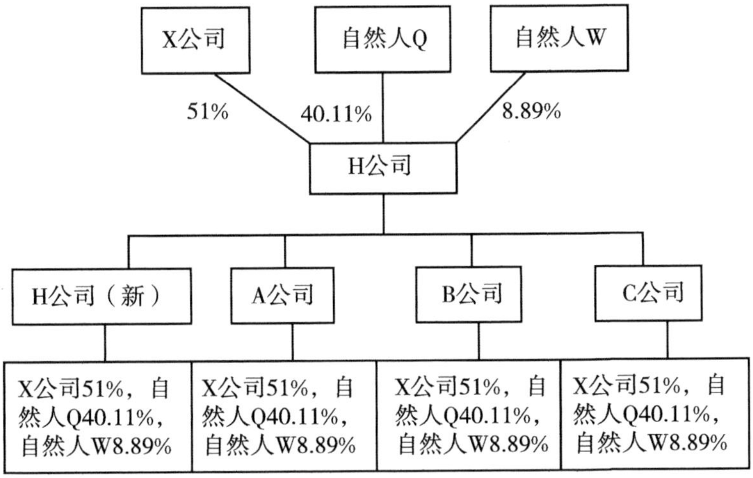

图 7－2　H 公司分立后股权结构

标准分立是一种几乎“免税”的操作，下面对筹划后涉税情况进行详细分析。

（1）增值税

依据国家税务总局发布的《关于纳税人资产重组有关增值税问题的公告》（国家税务总局公告 2013 年第 66 号），企业在资产重组过程中，通过合并、分立、出售、置换等方式，将全部或者部分实物资产以及与其相关联的债权、负债经多次转让后，最终的受让方与劳动力接收方为同一单位和个人的，不属于增值税征税范围。H 公司是将现存的几项业务进行划分，从而形成四家掌握不同业务的公司，实质是营业部门的转让，转移的是整个业务单元，因此不征收增值税。

（2）契税

由于企业重组分立后原投资主体存续，股权结构与未分立前相同，根据上文所述条款，免征契税。

（3）土地增值税

由于企业重组分立后原投资主体存续，原企业将房地产转移、变更到分立后的企业，根据上文所述条款，暂不征土地增值税。

（4）印花税

企业分立后应贴花部分未发生改变，因此免征印花税。

（5）个人所得税

由于企业分立后原股东依旧按持有比例持有新公司A、B、C的股权，故自然人股东Q、W向A、B、C公司转让了其持有的H公司的股权，不涉及非股权支付，此时应按照“财产转让所得”缴纳个人所得税。

由上文所述，企业分立前，自然人Q的计税基础为3610万元，持有H公司的权益总额为41 835.38×40.11%＝16 780.17（万元）；分立后，Q对于子公司持有份额依旧为40.11%，故持有A公司的权益总额＝11 663.58×40.11%＝4678.26（万元），持有B公司的权益总额＝3441.36×40.11%＝1380.33（万元），持C公司的权益总额＝2490.32×40.11%＝998.87（万元）。

对于自然人W同理。企业分立前，自然人W的计税基础为800万元，持有H公司的权益总额为41 835.38×8.89%＝3719.17（万元）；分立后，W对于子公司持有份额依旧为8.89%，故持有A公司的权益总额＝11 663.58×8.89%＝1036.89（万元），持有B公司的权益总额＝3441.36×8.89%＝305.94（万元），持有C公司的权益总额＝2490.32×8.89%＝221.39（万元）。

由此可知，所得额＝H公司分立资产的公允价值－个人股东持有的被分立企业股权的计税基础，自然人Q的应纳税所得额＝4678.26＋1380.33＋998.87－3610＝3447.46（万元）；同样自然人W的应纳税所得额＝1036.89＋305.94＋221.39－800＝764.22（万元）。

故自然人Q应纳个人所得税＝3447.46×20%＝689.49（万元）；自然人W应纳个人所得税764.22×20%＝152.84（万元）。

（6）企业所得税

H公司可与投资者进行商议，采用特殊性税务处理。H公司的分立具有合理的商业目的，分立后持续在将来12个月内保持主要的经营活动不变，分立后持股人数不变，股权支付比例为100%，股东的持股比例分立前后保持不变，且未对负债进行分立，所以可采用特殊性税务处理，暂缓缴纳企业所得税。X 公司作为企业法人股东，实质上是进行收回投资再投资的行为，根据财政部、国家税务总局《关于企业重组业务企业所得税处理若干问题的通知》（财税〔2009〕59 号），可以递延纳税。同时 H 公司未超过法定弥补期限的亏损额可由 A、B、C 企业继续弥补。这样不仅起到了节税效应，还可有效利用企业的亏损实现经营目标。

2. 方案二：非标准分立

X 公司和自然人 Q、W 对于分立后企业的期望不同，因此想继续控股分立企业 A、B、C 的同时更改各自对于分立企业持股比例。此时，X、Q、W 对于 A、B、C 和新 H 公司的持股比例和结构如表 7－6、图 7－3 所示。

表 7－6　股权结构

持股份额	X 公司	自然人 Q	自然人 W
对原 H 公司持股	51%	40. 11%	8. 89%
对 A 公司持股	20%	20%	60%
对 B 公司持股	20%	60%	20%
对 C 公司持股	60%	20%	20%
对新 H 公司持股	51%	40. 11%	8. 89%

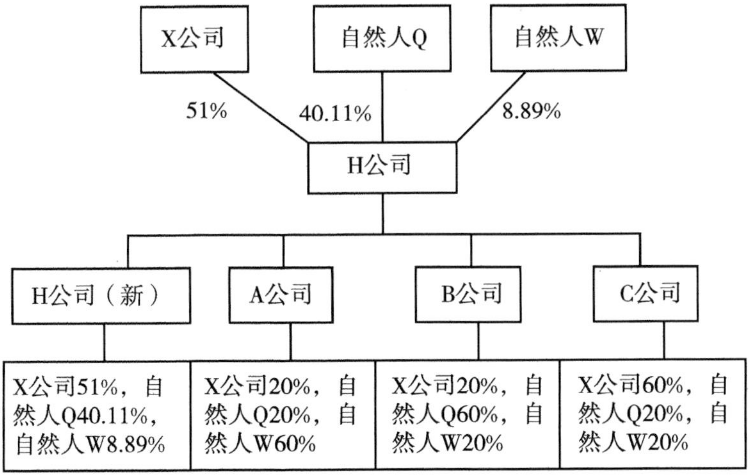

图 7－3　股权结构

在这种情况下，由于股东对于被分立企业的持股比例不同，股东在收回投资再投资过程中支付的对价不对等，产生了差额，此时需要对H公司的净资产进行调整来“补价”。此时的涉税情况为：由于H公司分离的仍为不具有法人主体的业务部门，因而H公司仍不缴纳增值税；由于原投资主体未变，因而契税、土地增值税和印花税也不缴纳。自然人股东同时承担个人所得税。在企业所得税上，由于被分立企业股东持有比例改变，根据财政部、国家税务总局《关于企业重组业务企业所得税处理若干问题的通知》（财税〔2009〕59号），故不适用于特殊性税务处理，适用于一般性税务处理。调增应纳税所得额3216.78万元，应纳企业所得税3216.78×25%=804.2万元。同时其亏损不得由分立企业继续弥补。

由此可得，股东不变，持股比例改变下的企业分立效果不如股东和持股比例均未改变下的企业分立。非标准分立下，企业多承担800万元的税负。

如果企业采用股东改变、持股比例也改变的分立方式，由于原有投资主体改变，因而企业应负担土地增值税和契税；由于企业适用一般性税务处理，因而企业还应负担企业所得税。综上，两种分立方式下，股东股比改变的分立方式承担税负最重，股东股比不变的分立方式承担税负最轻。

（三）筹划结论与分析

通过上述两个方案的比较，企业分立采用股东和持股比例不变的标准分立税负最轻。企业分立时应注意以下风险点。

1. 标准分立的条件

（1）股权结构。本案例中H公司为非上市公司，股权结构较为简单。但是在大多数上市公司，尤其是拥有较多大众股的上市公司中，股权结构较为复杂很难实现保持股东或股东持有比例不变的标准分立。此时，企业（非房地产企业）可以进行事先安排，不使用股权较为复杂的母公司，而是成立一家股权结构较为简单的新的子公司，将新的子公司作为被分立企业。

（2）比例与时效性。企业分立采用特殊性税务处理要注意条件中股权支付比例和股东持股比例的要求。此外，在适用于特殊性税务重组时，还应保持股权和营业的连续性，要求 12 个月内不作变更。时限性要求较为严格，12 个月内如果违反则不能使用特殊性税务处理。

（3）正当商业目的。企业进行分立时的目的，不能仅限于降低税负或分散风险。在案例中，H 公司不仅是为了降低税务成本，还以增强自身业务实力，吸引投资者为分立目的。

（4）债务比例。H 公司选择不对其负债分配以适用特殊性税务处理的股权支付比例要求。目前，我国仍认为以负债作为支付对价是一种非股权支付方式。因此，企业分立时应注意债务分配的比例，避免因比例不达标而不适用特殊性税务处理。

2. 筹划成本

企业进行分立时，除了考虑税收成本，还应考虑其他直接与间接成本。直接成本，如交易成本、整合成本、咨询成本等。间接成本如企业分立后由于政策不稳定而带来的风险成本、税收政策时效性带来的涉税风险、企业的机会成本等。企业可以选择定性与定量的方法进行分析。如果采用定量的方法则可以使用现金流量折现的方法，分别对比每一个方案的成本现值。如果是采用定性的方法进行分析，则可以考虑企业采取的企业分立的纳税筹划方案是否可以增大企业的价值，该税务筹划方案形成的短期效益是否与企业的长期效益相一致，是否有利于企业的持续发展。

3. 一般性与特殊性税务处理

特殊性税务处理可以在短期内少纳税，但是并非企业的最优选择。因为特殊性税务处理要求比较高，要求分立后的企业 A、B、C 要一直经营下去，而不能再次发生企业重组。如果案例中接下来企业 A、B 公司进行合并，则企业又会在未来面临高额税负。因此，企业具体要选择什么筹划方案，要根据自身情况作出评估，进行长远打算，为自己留下足够的筹划空间。

第五节　企业债务重组的税务筹划

一、债务重组的概念及税法规定

（一）债务重组的概念

债务重组，是指在债务人发生财务困难的情况下，债权人按照其与债务人达成的书面协议或者法院裁定书，就其债务人的债务作出让步的事项。依据《企业债务重组业务所得税处理办法》（国家税务总局令〔2003〕6号），企业债务重组有以下五种方式：（1）以低于债务计税成本的现金清偿债务；（2）以非现金资产清偿债务；（3）债务转换为资本，包括国有企业债转股；（4）修改其他债务条件，如延长债务偿还期限、延长债务偿还期限并加收利息、延长债务偿还期限并减少债务本金或债务利息等；（5）以上述两种或者两种以上方式组合进行的混合重组。

（二）债务重组的税法规定

企业采用不同方式进行债务重组在所得税确认上具有差别。债务人（企业）以非现金资产清偿债务，除企业改组或者清算另有规定外，应当分解为按公允价值转让非现金资产，再以与非现金资产公允价值相当的金额偿还债务两项经济业务进行所得税处理，债务人（企业）应当确认有关资产的转让所得（或损失）；债权人（企业）取得的非现金资产，应当按照该有关资产的公允价值（包括与转让资产有关的税费）确定其计税成本，据以计算可以在企业所得税前扣除的固定资产折旧费用、无形资产摊销费用或者结转商品销售成本等。

以债务转换为资本方式进行的债务重组中，除企业改组或者清算另有规定外，债务人（企业）应当将重组债务的账面价值与债权人因放弃债权而享有的股权的公允价值的差额，确认为债务重组所得，计入当期应纳税所得；债权人（企业）应当将享有的股权的公允价值确认为该项投资的计税成本。

以修改其他债务条件进行债务重组的，债务人应当将重组债务的计税成本减记至将来应付金额，减记的金额确认为当期的债务重组所得；债权人应当将债权的计税成本减记至将来的应收金额，减记的金额确认为当期的债务重组损失。

二、企业债务重组的税务筹划案例分析

【案例7－5】 A公司为B公司的债权人，持有B公司应收账款1600万元。B公司当年应税所得为500万元，没有其他纳税调整事项，所得税税率为25%。由于B公司资金周转困难，经过与A公司协商，B公司采取现金方式偿还，B公司拟以账面价值为1200万元的C存货偿还债务。C产品公允价值为1300万元，增值税税率为13%，计税价格等于公允价值，A公司没有另行支付增值税，取得产品作为生产经营用固定资产。

（一）筹划方案

1. 方案一：非货币资产清偿

依据国家税务总局印发的《关于贯彻落实企业所得税法若干税收问题的通知》（国税函〔2010〕79号），企业发生债务重组，应在债务重组合同或协议生效时确认收入的实现。则B公司在债务重组日做会计处理：

借：应付账款　1600
　　贷：主营业务收入　1300
　　　　应交税费——应交增值税（销项税额）（1300×13%）　169
　　　　营业外收入——债务重组利得　131
借：主营业务成本　1200
　　贷：库存商品　1200

A公司的会计处理为：

借：固定资产　1300
　　应交税费——应交增值税（进项税额）　169
　　营业外支出——债务重组损失　131
　　贷：应收账款　1600

B债务人以非货币性资产进行偿还债务，确认资产转让所得为主营业务收入－主营业务成本＝1300－1200＝100万元；债务重组利得为131万元，合计应纳税所得额为131＋100＝231万元。根据财政部、国家税务总局《关于企业重组业务企业所得税处理若干问题的通知》（财税〔2009〕59号），此时B采用一般性税务处理，不享受递延纳税。

企业所得税：231×25%＝57.75（万元）

增值税：169万元

A债权人确认债务重组损失300万元可以税前扣除。依据《企业所得税法》，以债务重组方式取得的固定资产应按照该项资产的公允价值和支付的相关税费作为计税基础，通过固定资产折旧分期在企业所得税税前扣除。故A重组当期的损失为131万元，根据《国家税务总局关于印发〈企业资产损失税前扣除管理办法〉的通知》（国税发〔2009〕88号），经税务机关批准后可税前扣除。

税负合计：57.75＋169＝226.75（万元）

2. 方案二：债转股

A公司、B公司按照双方真实一致的意思表示达成债转股书面合同，且重组后12个月内不转让股权，转股后形成控制。B公司决定以市价1.3元，面值1元普通股1000万元股抵偿所欠A公司债务1600万元。B公司的会计处理为：

借：应付账款	1600	
贷：股本		1000
资本公积		300
营业外收入——债务重组利得		300

（1）一般性税务处理

按依据财政部、国家税务总局《关于企业重组业务企业所得税处理若干问题的通知》（财税2009年59号）规定，重组过程的所得税除满足并选择特殊性税务处理外，均按“一般性税务处理”，分解为债务清偿和股权投资两项业务，确认有关债务清偿所得或损失。此时B应纳企业所得税300×25%＝75万元，暂不缴纳增值税。较方案一税负降低。

A 公司会计处理：

借：长期股权投资（市价 1.3 元×1000 万股）　1300

　　营业外支出——债务重组损失　300

　　贷：应收账款　1600

此时 A 企业确认长期股权投资 1300 万元，同时确认债务重组损失 300 万元，根据《国家税务总局关于印发〈企业资产损失税前扣除管理办法〉的通知》（国税发〔2009〕88 号）的规定，债务重组损失经税务机关批准后可税前扣除。

（2）特殊性税务处理

本案中，B 公司的当年应税所得中债务重组所得所占比例大于 50%，根据财政部、国家税务总局《关于企业重组业务企业所得税处理若干问题的通知》（财税〔2009〕59 号），适用于特殊性税务处理，其确认的应纳税所得额占该企业当年应纳税所得额 50% 以上时，可以在五个纳税年度的期间内，均匀计入各年度的应纳税所得额，对债务清偿和股权投资两项业务暂不确认有关债务清偿所得或损失，股权投资的计税基础以原债权的计税基础确定。此时形成应纳税暂时性差异 300 万元，确认递延所得税负债 300×25% =75 万元。

依据财政部、国家税务总局《关于企业重组业务企业所得税处理若干问题的通知》（财税〔2009〕59 号），债权人 A 公司享有的股份的公允价值视为对债务人的投资，不确认债务重组损失，按照债权的账面价值 1600 万元确认为长期股权投资的计税基础。

（二）筹划结论与分析

本案例中，企业选择债转股的特殊性税务处理方式税负成本最低。案例中存在以下三个关键点。

1. 偿债方式

债务偿还的方式有现金偿还、非现金偿还、债转股和修改其他债务条件等，选择不同的债务重组方式对于涉税具有重大影响。本案例中，选择债转股方式偿还债务，无论适用于一般性税务处理还是特殊性税务处理，税负均相对较低。因此，企业在进行债务重组时可考虑债转股方式。

2. 递延纳税风险

对于税会差异形成的递延所得税何时纳税，税法上没有明确规定。如果B公司重组后进行回购，则需进一步计算债务重组的利得。如B公司未来以1900万元回购，超过了原债权1600万元，实际上就没有利得。若以900万元回购，低于原债权1600万元，重组利得是700万元。即重组利得如何确认还要考虑重组后的股权转让行为。若债转股协议中没有任何迹象表明债务人对转股后的债务还有偿还责任（通过回购等方式），又选择特殊性税务处理，就可能面临涉税风险。这要求进行债转股时对必要事项进行明晰，以降低债转股风险。

3. 一致性税务处理原则

债务重组双方应遵循一致性处理原则，统一按照一般性税务处理或特殊性税务处理，债务人不确认重组收益时，债权人不能确认重组损失。

思考题：

1. 试述特殊性税务处理适用的条件。
2. 试述一般性税务处理和特殊性税务处理在资产会计核算和税收确认所得的不同。
3. 试述常见的企业重组形式。
4. 思考企业合并、分立的税务筹划方法。

第八章

个人所得税的税务筹划

本章概述

2018年修正，2019年1月1日实施的《个人所得税法》给个人所得税的筹划带来了机遇，综合所得、个人经营所得和个人财产转让所得的筹划是个人所得税筹划的重点。综合所得的税务筹划包括工资薪金所得、劳务报酬所得、稿酬所得和特许使用权费所得的税务筹划，工资筹划的侧重点是六项专项附加扣除的筹划。个人经营所得的税务筹划主要包括个体工商户所得的税务筹划和合伙企业股东经营所得的税务筹划。个人财产转让所得的税务筹划，本章以转让股票和转让房产为例进行了论述。

第一节　综合所得的税务筹划

2018年修正的《个人所得税法》对个人所得税的征收方式由原来的分类制转变为综合与分类相结合的方式，出现了一个新的个税术语——综合所得。依据《个人所得税法实施条例》，综合所得指的是个人的工资薪金、劳务报酬、稿酬、特许权使用费等四项所得的综合。2018年修正的《个人所得税法》在综合所得的税率、应纳税所得额、专项附加扣除以及汇算清缴等方面都发生了较大变化。本节将对这四项综合所得分别进行税务筹划的举例，最后还将综合所得收入的整合性运用进行税务筹划的举例。

一、工资薪金所得的税务筹划案例分析

《个人所得税法实施条例》第6条第1款第1项规定：工资、薪金所得，是指个人因任职或者受雇取得的工资、薪金、奖金、年终加薪、劳动分红、津贴、补贴以及与任职或者受雇有关的其他所得。

【案例8－1】 普通居民张某2019年工资薪金所得为80 000元，专项附加扣除合计为63 000元，若发年终奖100 000元，应如何筹划降低个人所得税。

（一）筹划类别

属于工资薪金中的全年一次性奖金的税务筹划。

（二）税收政策

1. 关于全年一次性奖金的规定

依据财政部、国家税务总局印发的《关于个人所得税法修改后有关优惠政策衔接问题的通知》（财税〔2018〕164号）第1条第1项："居民个人取得全年一次性奖金，符合《国家税务总局关于调整个人取得全年一次性奖金等计算征收个人所得税方法问题的通知》（国税发〔2005〕9号）规定的，在2021年12月31日前，不并入当年综合所得，以全年一次性奖金收入除以12个月得到的数额，按照本通知所附按月换算后的综合所得税率表（以下简称月度税率表），确定适用税率和速算扣除数，单独计算纳税。计算公式为：

"应纳税额＝全年一次性奖金收入×适用税率－速算扣除数

"居民个人取得全年一次性奖金，也可以选择并入当年综合所得计算纳税。

"自2022年1月1日起，居民个人取得全年一次性奖金，应并入当年综合所得计算缴纳个人所得税。"

2. 关于税率的规定

依据《个人所得税法》第6条第1款第1项，居民个人的综合所得（工资薪金所得、劳务报酬所得、稿酬所得、特许权使用费所得），以每一纳税年度的收入额减除费用六万元以及专项扣除、专项附加扣除和依法确定的其他扣除后的余额，为应纳税所得额。按月换算后的综合所得税率具体如表8－1所示。

表 8－1　按月换算后的综合所得税率

级数	全月应纳税所得额	税率（%）	速算扣除数
1	不超过 3000 元的	3	0
2	超过 3000 元至 12 000 元的部分	10	210
3	超过 12 000 元至 25 000 元的部分	20	1410
4	超过 25 000 元至 35 000 元的部分	25	2660
5	超过 35 000 元至 55 000 元的部分	30	4410
6	超过 55 000 元至 80 000 元的部分	35	7160
7	超过 80 000 元的部分	45	15 160

（三）筹划方案

由于该笔奖金为 2019 年的年终奖，因此张某有三种选择：年终奖单独计算、并入综合所得纳税、将年终奖拆分。

1. 方案一：年终奖单独计算

100 000 ÷ 12 ≈ 8333（元），属于“超过 3000 元至 12 000 元的部分”

应纳税额 = 100 000 × 10% − 210 = 9790（元）

2. 方案二：并入综合所得纳税

100 000 + 80 000 − 63 000 − 60 000 = 57 000（元）

应纳税额 = 57 000 × 10% − 2520 = 3180（元）

3. 方案三：合理拆分

将 100 000 元拆开，21 000 元作为年终奖金单独核算，79 000 元并入综合所得计税。

21 000 ÷ 12 = 1750（元），21 000 × 3% = 630（元）

80 000 + 79 000 − 63 000 − 60 000 = 36 000（元），36 000 × 3% = 1080（元）

合计应纳税额 = 1080 + 630 = 1710（元）

（四）筹划结论与分析

综上所述，应选择税负更低的方案三，合理拆分工资薪金和年终一次性奖金。

在进行工资薪金中的全年一次性奖金个人所得税税务筹划时，可以牢牢抓住2022年1月1日之前的这个时期，在“对年终奖进行单独计算、并入综合所得纳税、合理拆分”这三种方案中选择年终奖的最优发放方式，以降低税负。

二、劳务报酬所得的税务筹划案例分析

《个人所得税法实施条例》第6条第1款第2项规定：劳务报酬所得，是指个人从事劳务取得的所得，包括从事设计、装潢、安装、制图、化验、测试、医疗、法律、会计、咨询、讲学、翻译、审稿、书画、雕刻、影视、录音、录像、演出、表演、广告、展览、技术服务、介绍服务、经纪服务、代办服务以及其他劳务取得的所得。

【案例8-2】王老师给某企业的高级管理人员授课，双方在合同上约定王老师讲课的劳务报酬为：“甲方（企业）给乙方（王老师）支付20天讲课费50 000元人民币，往返交通费、住宿费、伙食费等其他费用一概由乙方自行支付，个人所得税由甲方代扣代缴。”王老师共获劳务报酬50 000元，自行支付交通费、住宿费、伙食费等费用10 000元。按照税法规定（暂不考虑个人所得税汇算清缴的综合计税），王老师的劳务报酬所得应如何预扣缴税款？王老师预缴税款后的净收益为多少？

（一）筹划类别

属于劳务报酬中的相关费用转移的税务筹划。

（二）税收政策

1. 应纳税所得额的计算

依据《个人所得税法》第6条第1款第1项和第2款，应纳税所得额的计算：（1）居民个人的综合所得，以每一纳税年度的收入额减除费用六万元以及专项扣除、专项附加扣除和依法确定的其他扣除后的余额，为应纳税所得额。（2）劳务报酬所得、稿酬所得、特许权使用费所得以收入减除20%的费用后的余额为收入额。稿酬所得的收入额减按70%计算。

2. 征收方式和税率规定

依据国家税务总局印发的《关于全面实施新个人所得税法若干征管衔接

问题的公告》（国家税务总局公告2018年第56号），扣缴义务人向居民个人支付劳务报酬所得、稿酬所得、特许权使用费所得，按次或者按月预扣预缴个人所得税。具体预扣预缴方案如下：（1）劳务报酬所得、稿酬所得、特许权使用费所得以收入减除费用后的余额为收入额。其中，稿酬所得的收入额减按70%计算。（2）减除费用：劳务报酬所得、稿酬所得、特许权使用费所得每次收入不超过4000元的，减除费用按800元计算；每次收入4000元以上的，减除费用按20%计算。

劳动报酬所得适用20%至40%的超额累进预扣率，如表8－2所示。

表8－2　劳务报酬所得预扣预缴税率

级数	本次应缴纳所得额	税率（%）	速算扣除数
1	不超过20 000元的部分	20	0
2	超过20 000元至50 000元的部分	30	2000
3	超过50 000元的部分	40	7000

（三）筹划方案

1. 方案一：往返杂费由王老师承担，王老师应按50 000元预缴个人所得税

应预缴个人所得税额＝50 000×（1－20%）×30%－2000＝10 000（元）

预缴税款后的总报酬＝50 000－10 000＝40 000（元）

扣除相关费用后的实际净收益＝40 000－10 000＝30 000（元）

2. 方案二：往返杂费由公司承担，王老师应按40 000元预缴个人所得税

应预缴个人所得税额＝40 000×（1－20%）×30%－2000＝7600（元）

预缴税款后的总报酬＝40 000－7600＝32 400（元）

即王老师的税后净收益为32 400元，方案二比方案一增加收益2400元。

（四）筹划结论与分析

综上所述，应选择税负更低且全年净收入更高的方案二。

为了降低税收负担，与劳务报酬相关的费用，最好由支付方负担，从劳务报酬总额中减去。两种方案对于支付方而言没有影响，均是以50 000元的费用在税前扣除，对于劳务提供者而言，却可以达到降低应纳税所得额的效

果，从而降低应纳税额。方案二的应纳税所得额为 32 400 元，应纳税额为 7600 元；方案一的应纳税所得额为 40 000 元，应纳税额为 1000 元，第二个方案比第一个方案税后净收益增加 2400 元。

三、稿酬的税务筹划分析

《个人所得税法实施条例》规定：稿酬所得，是指个人因其作品以图书、报刊等形式出版、发表而取得的所得。

（一）税收政策

1. 稿酬所得的次数规定

依据国家税务总局印发的《征收个人所得税若干问题的规定》（国税发〔1994〕089 号）第 4 条，关于稿酬所得的征税问题：（1）个人每次以图书、报刊方式出版、发表同一作品（文字作品、书画作品、摄影作品以及其他作品），不论出版单位是预付还是分笔支付稿酬，或者加印该作品后再付稿酬，均应合并其稿酬所得按一次计征个人所得税。在两处或两处以上出版、发表或再版同一作品而取得稿酬所得，则可分别各处取得的所得或再版所得按分次所得计征个人所得税。（2）个人的同一作品在报刊上连载，应合并其因连载而取得的所有稿酬所得为一次，按税法法规定计征个人所得税。在其连载之后又出书取得稿酬所得，或先出书后连载取得稿酬所得，应视同再版稿酬分次计征个人所得税。

2. 应纳税所得额的计算

依据《个人所得税法》第 6 条，应纳税所得额按照以下方式计算：（1）居民个人的综合所得，以每一纳税年度的收入额减除费用六万元以及专项扣除、专项附加扣除和依法确定的其他扣除后的余额，为应纳税所得额。（2）劳务报酬所得、稿酬所得、特许权使用费所得以收入减除 20% 的费用后的余额为收入额。稿酬所得的收入额减按 70% 计算。

3. 预扣预缴和税率规定

依据《国家税务总局关于全面实施新个人所得税法若干征管衔接问题的公告》（国家税务总局公告 2018 年第 56 号），扣缴义务人向居民个人支付劳务报酬所得、稿酬所得、特许权使用费所得，按次或者按月预扣预缴个人所得税。具体预扣预缴方案如下：（1）劳务报酬所得、稿酬所得、特许权使用费所得以收入减除费用后的余额为收入额。其中，稿酬所得的收入额减按70% 计算。（2）减除费用：劳务报酬所得、稿酬所得、特许权使用费所得，以每次收入不超过 4000 元的，减除费用按 800 元计算；每次收入 4000 元以上的，减除费用按 20% 计算。

依据《国家税务总局关于全面实施新个人所得税法若干征管衔接问题的公告》（国家税务总局公告 2018 年第 56 号），稿酬所得适用 20% 的比例预扣率。

（二）常见的稿酬税务筹划方法

当纳税人有连载后出书或者出书后连载的情况时，连载所得与出书所得应分次征收个税，而出书需要考虑出书的形式：出版系列书还是整合为一本。一般老说，出版系列书通常跨几个年度，每本书的（年）稿酬所得平均后会下降，应纳税所得额较低，税收负担较低。但是，确定出书的形式时还要考虑出版成本与收益。因为若内容不多，系列书会提高成本，如果销量不好则会影响收益，最终可能没有出版社愿意出版。因此，在与出版社签订稿酬相关合同时，需要双方进行充分沟通，著作权人应准确地表达自己的想法，争取达成一个尽可能完美的纳税方案。

四、特许权使用费的税务筹划分析

（一）税法规定

1. 概念

依据《个人所得税法实施条例》，特许权使用费所得是指个人提供专利权、商标权、著作权、非专利技术以及其他特许权的使用权取得的所得；提供著作权的使用权取得的所得，不包括稿酬所得。

2. 年度应纳税所得额的计算和综合所得的累进税率

依据《个人所得税法》第 6 条，应纳税所得额的计算：（1）居民个人的综合所得，以每一纳税年度的收入额减除费用6万元以及专项扣除、专项附加扣除和依法确定的其他扣除后的余额，为应纳税所得额。(2) 劳务报酬所得、稿酬所得、特许权使用费所得以收入减除20%的费用后的余额为收入额。

特许权使用费所得在年度汇算清缴时，应合并到年综合所得中，适用综合所得的个人所得税累进税率表，如表8-2所示。

3. 按次预扣预缴和预扣率的规定

依据《国家税务总局关于全面实施新个人所得税法若干征管衔接问题的公告》(国家税务总局公告2018年第56号) 第2条，扣缴义务人向居民个人支付劳务报酬所得、稿酬所得、特许权使用费所得，按次或者按月预扣预缴个人所得税。具体预扣预缴方案如下。

(1) 劳务报酬所得、稿酬所得、特许权使用费所得以收入减除费用后的余额为收入额。其中，稿酬所得的收入额减按70%计算。

(2) 减除费用：劳务报酬所得、稿酬所得、特许权使用费所得每次收入不超过4000元的，减除费用按800元计算；每次收入4000元以上的，减除费用按20%计算。

依据《国家税务总局关于全面实施新个人所得税法若干征管衔接问题的公告》(国家税务总局公告2018年第56号)，特许权使用费所得适用20%的比例预扣率。

(二) 特许权使用费所得常见的税务筹划方法

特许权使用费所得属于综合性所得项目，在按次取得所得时虽然按照20%的比例税率预扣预缴个人所得税，但在年度综合所得汇算清缴时，按照综合所得的累进税率3%—45%来征税，因此常用的税务筹划方法是尽量平均化年度特许权使用费所得，从而降低累进税率表中的适用税率的档次，降低边际税负。平均化年度转让特许权使用费所得的常用方法，例如，按年签订特许权使用的转让合同，或者对跨税收（会计）年度的合同，在合同条款中明确按年按次征收。

第二节　个人经营所得的税务筹划

依据《个人所得税法实施条例》第6条，经营所得是指：（1）个体工商户从事生产、经营活动取得的所得，个人独资企业投资人、合伙企业的个人合伙人来源于境内注册的个人独资企业、合伙企业生产、经营的所得；（2）个人依法从事办学、医疗、咨询以及其他有偿服务活动取得的所得；（3）个人对企业、事业单位承包经营、承租经营以及转包、转租取得的所得；（4）个人从事其他生产、经营活动取得的所得。本节以个体工商户经营所得和合伙企业个人合伙人经营所得为对象进行两个税务筹划案例示范。

一、个体工商户经营所得的税务筹划案例分析

【案例8－3】个体工商户小红经营一家花店，2019年净收益为50 000元，2020年净收益为20 000元。请为其进行税务筹划。

（一）筹划类别

个体工商户经营所得的税务筹划。

（二）税收政策

《个人所得税法》第6条规定，经营所得，以每一纳税年度的收入总额减除成本、费用以及损失后的余额，为应纳税所得额。

个人所得税税率（经营所得）具体如表8－3所示。

表8－3　个人所得税累进税率（经营所得适用）

级数	全年应纳税所得额	税率（%）	速算扣除数
1	不超过30 000元的	5	0
2	超过30 000元至90 000元的部分	10	1500
3	超过90 000元至300 000元的部分	20	10 500
4	超过300 000元至500 000元的部分	30	40 500
5	超过500 000元的部分	35	65 500

（三）筹划方案

1. 方案一：每年按实际收入缴纳个人所得税

2019 年应缴纳个人所得税 = 50 000 × 10% − 1500 = 3500（元）

2020 年应缴纳个人所得税 = 20 000 × 5% = 1000（元）

两年应缴纳个人所得税总额 = 3500 + 1000 = 4500（元）

2. 方案二：递延收入

2019 年与客户商议，客户将部分货款 20 000 元递延到 2020 年支付。

2019 年应缴纳个人所得税 = 30 000 × 5% = 1500（元）

2020 年应缴纳个人所得税 = 40 000 × 10% − 1500 = 2500（元）

两年应缴纳个人所得税总额 = 1500 + 2500 = 4000（元）

（四）筹划结论与分析

综上所述，方案二两年累计应缴纳个人所得税总额更少，应该选择方案二。

若个体工商户的营业收入每年分布不均，则可以采用“递延收入”的方式，均衡每年收入，使税负减少。但采用这种方案时需要与客户进行充分沟通达成一致，不能单方面更改，以避免不必要的麻烦。

二、合伙企业股东经营所得的税务筹划案例分析

【案例 8 −4】 自然人 A、B、C、D 准备合伙成立一个公司，四人出资额相等。假设年利润总额为 1 000 000 元（应纳税所得额 = 年利润总额），如何进行税务筹划让总体税负最少？

（一）筹划类别

生产经营之企业组织形式选择的税务筹划。

（二）税收政策

《个人所得税法》第 3 条规定，利息、股息、红利所得，财产租赁所得，财产转让所得和偶然所得，适用比例税率，税率为 20%。该法第 6 条规定，经营所得，以每一纳税年度的收入总额减除成本、费用以及损失后的余额，为应纳税所得额。

《企业所得税法》第1条规定，“在中华人民共和国境内，企业和其他取得收入的组织（以下统称企业）为企业所得税的纳税人，依照本法的规定缴纳企业所得税。个人独资企业、合伙企业不适用本法”。该法第4条第1款规定，企业所得税的税率为25%。

个人所得税税率（经营所得）具体如表8-3所示。

（三）筹划方案

1. 方案一：成立有限责任公司

需先缴纳企业所得税，再提取法定盈余公积金（比例为10%），最后再将剩余利润平均分配给四个股东。

可分配利润＝1 000 000×75%×90%＝675 000（元）

四个股东按照“利息、股息、红利所得”应纳个人所得税总额＝675 000×20%＝135 000（元）

企业所得税额＝1 000 000×25%＝250 000（元）

因此，总的税负＝135 000＋250 000＝385 000（元）

2. 方案二：成立合伙企业

将利润总额直接按“经营所得”进行个人所得税的计算，不缴纳企业所得税。

1 000 000÷4＝250 000（元）

250 000×20%－10 500＝39 500（元）

39 500×4＝158 000（元）

因此，总的税负＝158 000（元）

（四）筹划结论与分析

综上所述，方案二总税负更低，应该选择方案二。

纳税人在成立公司时，公司组织类型对于税务筹划具有至关重要的作用。应考虑是成立要缴纳企业所得税的股份有限公司、有限责任公司，还是无须缴纳企业所得税的个人独资企业、合伙企业。尽管不具有法人资格的企业会多缴个人所得税，但在某些情况下总的税负会比具有法人资格的企业更少。因此，纳税人应在不影响正常经营的情况下进行综合考虑。

第三节　个人财产转让所得的税务筹划

依据《个人所得税法实施条例》第 6 条财产转让所得是指个人转让有价证券、股权、合伙企业中的财产份额、不动产、机器设备、车船以及其他财产取得的所得。

一、个人转让股票所得的税务筹划案例分析

【案例 8 -5】老李持有某上市公司股票，因资金周转出现问题，现准备将所持股票进行转让。应该如何进行税务筹划?

（一）筹划类别

财产转让之个人股权转让的筹划。

（二）税收政策

1. 税基和税率

《个人所得税法》第 3 条规定，利息、股息、红利所得，财产租赁所得，财产转让所得和偶然所得，适用比例税率，税率为 20%。该法第 6 条规定，财产转让所得，以转让财产的收入额减除财产原值和合理费用后的余额，为应纳税所得额。

2. 转让收入偏低特殊事项的规定

国家税务总局发布的《股权转让所得个人所得税管理办法（试行）》（国家税务总局公告 2014 年第 67 号）第 13 条规定，符合下列条件之一的股权转让收入明显偏低，视为有正当理由：（1）能出具有效文件，证明被投资企业因国家政策调整，生产经营受到重大影响，导致低价转让股权；（2）继承或将股权转让给其能提供具有法律效力身份关系证明的配偶、父母、子女、祖父母、外祖父母、孙子女、外孙子女、兄弟姐妹以及对转让人承担直接抚养或者赡养义务的抚养人或者赡养人；（3）相关法律、政府文件或企业章程规定，并有相关资料充分证明转让价格合理且真实的本企业员工持有的不能对

外转让股权的内部转让；（4）股权转让双方能够提供有效证据证明其合理性的其他合理情形。

3. 印花税

《中华人民共和国印花税暂行条例》（以下简称《印花税暂行条例》）第2条规定，产权转移书据为应纳税凭证。

（三）筹划方案

从《营业税改征增值税试点实施办法》所附“销售服务、无形资产、不动产注释”中看，此次营改增试点征收范围不包括股权转让行为，也就是说，股权转让行为不属于营改增试点征收范围，因此，股权转让行为营改增后不征增值税。同时，印花税作为一种行为税，只要纳税人书立、领受《印花税暂行条例》列举的应税凭证，就必须贴花。股权转让所立的书据属于印花税征税税目，即“产权转移书据”税目中“财产所有权”，按所载金额万分之五贴花。因此，个人股权转让需要缴纳个人所得税、印花税即可。

1. 方案一：通过证券交易平台转让股票

老李通过证券交易平台将股票进行转让，得到收入350 000元。其中，股票成本加上合理费用为150 000元。

应缴印花税＝350 000×5‱＝175（元）

应缴个人所得税＝（350 000－150 000）×20%＝40 000（元）

合计缴税金额＝40 000＋175＝40 175（元）

2. 方案二：利用“正当理由”实现低价转让股权

老李利用“继承或将股权转让给其能提供具有法律效力身份关系证明的配偶、父母、子女、祖父母、外祖父母、孙子女、外孙子女、兄弟姐妹以及对转让人承担直接抚养或者赡养义务的抚养人或者赡养人”这条正当理由，将股票转让给自己的儿子小李，转让价格为200 000元。其中，股票成本加上合理费用为150 000元。

应缴印花税＝200 000×5‱＝100（元）

应缴个税＝（200 000－150 000）×20%＝10 000（元）

合计缴税金额＝10 000＋100＝10 100（元）

（四）筹划结论与分析

综上所述，应选择方案二税负最少。

对于个人股权转让的税务筹划，可考虑利用“股权转让收入明显偏低，视为有正当理由”这一规定中的理由，在不损害自身利益合理减少股权转让收入的同时，达到减少税负的目的。

二、个人转让住房的税务筹划案例分析

【案例8－6】 小王于2018年在成都买了一套市中心的普通住房，购入价为500万元。2019年，小王准备回老家工作，因此拟转让该住房。应该如何进行税务筹划？

（一）筹划类别

财产转让之个人住房转让的筹划。

（二）税收政策

1. 个人转让住房的所得计算

国家税务总局印发的《关于个人住房转让所得征收个人所得税有关问题的通知》（国税发〔2006〕108号）第1条规定，对住房转让所得征收个人所得税时，以实际成交价格为转让收入。纳税人申报的住房成交价格明显低于市场价格且无正当理由的，征收机关依法有权根据有关信息核定其转让收入，但必须保证各税种计税价格一致。

该通知第2条规定，对转让住房收入计算个人所得税应纳税所得额时，纳税人可凭原购房合同、发票等有效凭证，经税务机关审核后，允许从其转让收入中减除房屋原值、转让住房过程中缴纳的税金及有关合理费用。

2. 印花税和土地增值税

财政部、国家税务总局印发的《关于调整房地产交易环节税收政策的通知》（财税〔2008〕137号）规定，（1）对个人销售或购买住房暂免征收印花税。（2）对个人销售住房暂免征收土地增值税。

3. 增值税

国家税务总局发布的《纳税人转让不动产增值税征收管理暂行办法》

（国家税务总局公告2016年第14号）第5条规定，个人转让其购买的住房，按照以下规定缴纳增值税：（1）个人转让其购买的住房，按照有关规定全额缴纳增值税的，以取得的全部价款和价外费用为销售额，按照5%的征收率计算应纳税额。（2）个人转让其购买的住房，按照有关规定差额缴纳增值税的，以取得的全部价款和价外费用扣除购买住房价款后的余额为销售额，按照5%的征收率计算应纳税额。

依据财政部、国家税务总局印发的《关于全面推开营业税改征增值税试点的通知》（财税〔2016〕36号）中的附件3《营业税改征增值税试点过渡政策的规定》，（1）个人将购买不足2年的住房对外销售的，按照5%的征收率全额缴纳增值税；个人将购买2年以上（含2年）的住房对外销售的，免征增值税。上述政策适用于北京市、上海市、广州市和深圳市之外的地区。（2）个人将购买不足2年的住房对外销售的，按照5%的征收率全额缴纳增值税；个人将购买2年以上（含2年）的非普通住房对外销售的，以销售收入减去购买住房价款后的差额按照5%的征收率缴纳增值税；个人将购买2年以上（含2年）的普通住房对外销售的，免征增值税。上述政策仅适用于北京市、上海市、广州市和深圳市。

（三）筹划方案

个人住房转让的卖方缴税种类有增值税、城市维护建设税、教育费附加以及个税。

1. 方案一：直接于2019年转让住房，转让价为800万元

由于该房屋购买未满2年，因此要全额征收增值税。

小王应缴增值税 = 800 ÷ （1 + 5%） × 5% = 38.10（万元）

应缴城市维护建设税和教育费附加 = 38.10 × （7% + 3%） = 3.81（万元）

应缴个人所得税 = （800 − 500 − 38.10 − 3.81） × 20% = 51.62（万元）

合计应缴税费 = 38.10 + 3.81 + 51.62 = 93.53（万元）

2. 方案二：利用“个人将购买2年以上（含2年）的住房对外销售的，免征增值税”这条政策，2020年以后再转让，转让价为850万元

由于该房屋购买已满2年，因此无须缴纳增值税，城市维护建设税和教

育费附加也无需缴纳，只用缴纳个人所得税。

小王应缴个人所得税 =（850 - 500）×20% = 70（万元）

（四）筹划结论与分析

综上所述，应选择税负较少的方案二。

个人有偿转让房屋时可以利用“购买年限 2 年”这个节点进行税务筹划。对新购入的房屋可以等到满了 2 年后再转让，在等待年限满足条件的这段时间可以将房屋进行出租，赚取房屋租赁费，减少时间成本。除此之外，如果是家人亲戚之间转让房屋，其目的不在于获得收益，则可以考虑无偿转让，可实现税费为 0。

思考题：

1. 简述 2019 年 1 月 1 日后个人所得税的综合所得包括哪些所得。
2. 简述工资薪金所得的税务筹划思路。
3. 简述合伙企业股东经营所得的税务筹划思路。
4. 简述个人转让住房的税务筹划思路。

第九章 国际税务筹划

本章概述

国际税务筹划比国内税务筹划更复杂，因为涉及多国税法的差异和对当前国际税收规则及改革前沿问题的了解。本章主要介绍税收管辖权的概念和国际税务筹划的特点，着重论述境外投融资架构的税务筹划，当前热门的解决财富传承问题的家庭信托的税务筹划。最后，介绍二十国集团（G20）和经济合作与发展组织（OECD）正在进行的国际反避税新举措：共同申报准则（CRS）与税基侵蚀和利润转移（BEPS）行动计划。

第一节　税收管辖权与国际税务筹划

一、税收管辖权

税收管辖权是指国家所拥有的依法确定纳税居民和征税客体范围并进行征税的权力。税收管辖权是国家主权在税收实践中的具体应用和反映，是国家主权的组成部分。

（一）税收管辖权的三种学说

第一种意见认为，任何一个主权国家，都有权在本国的政治权力管辖范围内，按自己的意志来课征税收。这种理论称为“主权说”，它与国际公法的原则相一致。国际公法认为，一个主权国家的基本权利应包括独立权、平等权、自保权和管辖权。在各国长期实践的基础上，国际法中形成了关于管辖权的四项原则：（1）属地原则（领域原则），即国家对在其领域内的人、物、事件，除国际法规定的外交特权与豁免外，有权按照本国的法律和政策实行管辖；（2）属人原则（国籍原则），即国家有权对一切具有本国国籍的人实行管辖；（3）保护性原则，即国家有权对外国人在该国领域内所犯的某种罪行实行管辖；（4）普遍性原则，即对于某些国际罪行，如海盗、劫机、贩毒、贩卖人口等，各国均有权对其罪行实行管辖。第二种意见认为，国家给人民以利益，人民应给国家以税收。这种理论称为“交换说”，主张国家提供的保护和服务范围有多大，其税收管辖权范围就有多大。第三种意见认为，税收管辖权行使范围的确定，要看纳税主体（纳税人）附属于哪个国家，或者看纳税客体（征税对象）附属于哪个国家。附属于哪国，哪国就可以行使税收管辖权。这种理论被称为“附属说”。在三种学说中，得到普遍承认的是“主权说”。

（二）现代意义上的税收管辖权

现代意义上的税收管辖权的概念和理论形成于 19 世纪末、20 世纪初，并随着国际经济贸易往来的日益频繁、税收冲突的增加，逐步得以完善。现在，国际公认的确定国家税收管辖权的原则有两个，即属人主义原则和属地主义原则。按属人主义原则确定，称居民管辖权，也称居住管辖权，即国家拥有对本国居民在世界范围内的一切所得和收入行使征税的权力，这使国家得以对本国居民来源于国外的收入行使征税权。按属地主义原则确定，称收入来源地管辖权，也称所得来源地管辖权，即国家拥有对一切来源于本国的所得和收入行使征税权。世界上多数国家，为维护本国利益，都采用两种税收管辖权相结合的双重税收管辖权，并以立法方式或与他国订立税收协定的方式，对特定范围内某种税收管辖权的行使加以限制。这些国家包括中国、日本、澳大利亚、巴基斯坦、印度、新加坡、新西兰、菲律宾、斯里兰卡、泰国、哥伦比亚、秘鲁、奥地利、比利时、丹麦、芬兰、德国、希腊、意大利、荷兰、挪威、葡萄牙、西班牙、瑞典、土耳其、瑞士、英国、法国、加拿大、美国、墨西哥、罗马尼亚等。单一行使收入来源地税收管辖权的国家和地区有阿根廷、巴西、玻利维亚、危地马拉、尼加拉瓜、巴拿马、乌拉圭、厄瓜多尔、委内瑞拉、文莱、中国香港等。各国和各地区间税收管辖权范围的交叉，导致了国际重复征税的产生。

二、国际税务筹划的特点

随着经济全球化的发展，各个国家之间、税收居民之间、纳税个人之间经济联系日益密切，由于各个国家之间在一段时间保持平衡存在相对优势，但是这种平衡状态也存在不稳定性，这给世界带来机遇的同时也带来风险。利益主体涉及在多个国家之间税款缴纳的问题越来越突出，不得不考虑相关税务风险。国际税务筹划主体不仅包括从事跨国经营的企业，还包括个人等利益主体，如高净值人士群体等，这些经济利益主体通过合法的经营活动安排，对相关涉税事项进行提前安排，达到整体税务负担减少以及其他经济利益目标。

（一）视野着眼于多国税法和税收协定

与通常意义上的税务筹划不同的是，进行国际税务筹划不仅要熟悉本国税法，更需熟悉其他各国税法。由于大部分国家的税收管辖权实行居民管辖权和地域管辖权并行，因而大部分国家对境外企业在境内从事生产经营活动取得的所得要征收所得税，同时对本国居民在境内外从事经营活动取得的全部所得也要征收所得税。因此，当一个国家企业到另一国开展生产经营活动并取得收入时，往往需要按照东道国税法规定缴纳企业所得税，同时还要按照本国税法规定缴纳企业所得税。

需要说明的是，各国行使税收管辖权的方式和规定体现了其对企业跨国所得的税收利益之争。为了避免国家间的利益之争对企业的跨国经营活动造成影响，许多国家之间签订了国际税收协定，并据此完善了本国税法。因此，如果一家企业的某项跨国所得被不同国家同时征税，根据税收协定和各国税法，可以采取相应的方法消除重复征税。

（二）筹划目标着眼于跨国公司的整体税负下降

跨国经营活动使得企业可以在不同国家获得收入，并且需要依据不同国家的税法缴纳税款。国际税务筹划不是在某一个国家降低其税负，而是要在降低其总体税负的同时使得税收利益最大化。因此，国际税务筹划应研究各个国家税制的特点与差异，合理安排组织结构、交易方式、成本费用与收入等，使得税收利益最大化。

（三）比较国际税务筹划空间和反避税风险

由于国际税务筹划涉及多个国家，与国内税务筹划相比，国际税务筹划需要利用各国的税收优惠、税法空白等减轻税负，并且还需利用各国的税法差异实现节税目的；因而允许税务师运用更多、更复杂的手段，从而拥有更大的税务筹划空间。为了发展当地经济，部分国家或地区采取了非常优惠的税收政策，如被称为“避税天堂”的英属维尔京群岛、开曼群岛等。然而，收益越高，风险越大，与高收益相伴的是高税务筹划风险。特别是全球各个国家越来越重视税收治理，经济合作与发展组织（OECD）发布的“税基侵蚀和利润转移”（BEPS）行动计划就对国际税务筹划加强限制，稍有不慎，税务筹划的方法和手段可能就要遭受反避税调查，面对税务局的税务稽查风险，甚至是人民检察院提起公诉而承担刑事责任的风险。

第二节　境外投融资架构的税务筹划

一、国际税收协定

国际税收协定是指两个以及两个以上国家为了消除重复征税和处理跨国纳税人征纳税收事务之间的关系所签订的书面协议。本来税收协定是消除国家间重复征税而签订的，经过发展，如今涵盖了消除重复征税、税收管辖权的划分、国际税收管理等更加广泛的内容，已经形成比较完备的、得到大多数国家认可的国际准则：经济合作与发展组织税收协定和联合国税收协定范本。目前，绝大多数国家之间签订的税收协定都是以这两个协定为范本制定的。国际税收协定专门对税收居民和所得来源地（常设机构）作出了明确的规定，还根据不同类型跨国所得的性质划分了缔约各国的征税权。由于这些条款在各国执行的程度、掌握的标准并不完全一致，并且这些条款并未涵盖跨国所得的全部领域，因而这就为企业开展国际税务筹划活动提供了空间。

（一）税收居民与常设机构

国际税收协定的两个范本同时认可各国的居民管辖权与地域管辖权。税收居民（resident）和常设机构（permanent establishment，PE）是两个重要的概念，其中税收居民体现了国际税收协定对缔约国双方居民管辖权的认可，即承认一国对其居民的无限征税权；常设机构则给出了一国是否可以对境外企业征税的标准，即只有在境外企业在一国境内拥有常设机构的情况下，该国才可以对其征收所得税。由于国际税收协定通常只是给出了税收居民和常设机构的一般规定，各国在执行协定时对其相关条款理解的程度、掌握的尺度、采取的具体标准和规定有可能会不一致，这就给跨国税务筹划带来了空间。

就税收居民而言，如果一个企业或个人被一个国家认定为税收居民，就要在该国承担无限纳税义务，即该企业来自世界各国的所得都要在该国缴纳所得税；相反，如果一个企业或个人被一个国家认定为非税收居民，只需要承担有限纳税义务，仅就其来源该国境内的所得在该国缴纳所得税。国际税收协定主要致力于解决纳税人税收居民身份冲突问题：在一个纳税人同时被多个国家认定为税收居民时，需要按照国际税收协定关于税收居民条款的规定进行处理，以解决缔约国双方居民管辖权的重叠问题。无论对于自然人还是法人，各国都可以自行制定其具体标准。由于各国税法对税收居民的认定标准并不相同，这就为企业开展跨国税务筹划活动提供了条件。

对跨国企业而言，其通过税收居民进行跨国税务筹划的主要方式是尽可能避免成为多国或一国的税收居民，从而规避无限纳税义务。企业在多个国家开展生产经营活动，很有可能同时被几个国家认定为税收居民。这一问题可以通过国际税收协定的规定加以解决。但是根据协定解决的结果，很有可能并不是税负最低的结果。例如，A、B 两国的所得税税率分别为 25% 和 30%，如果 A 国的居民企业到 B 国从事经营活动，同时被 B 国认定为其税收居民。而根据两国的税收协定，该企业最终应被认定为 B 国居民。这对该企业来说并不是一个最优的结果，因为 B 国的税率高于 A 国，该企业被认定为 B 国税收居民且在 B 国承担无限纳税义务，显然比它作为 A 国居民要缴纳更多的所得税。因此，在这种情况下，该企业的最好选择是：在其到 B 国从事生产经营活动之初，就采取措施尽可能避免成为 B 国的税收居民。

与税收居民的国际税务筹划相类似，对跨国企业来讲，其对于常设机构的跨国税务筹划方式主要是尽量避免在多个国家或一个国家构成常设机构。一国的企业到另一国从事生产经营活动，其是否需要在另一个国家缴纳企业所得税，主要依据是该企业是否在另一国设立了常设机构。如果该企业在另一国设立了常设机构，其就需要在该国缴纳所得税；反之，则不需要缴纳所得税。因此，在另一国税率较高、税负较重的情况下，该企业最好的选择是：不构成常设机构，就可以不在该国缴纳所得税。

（二）税收管辖权的划分

根据性质的不同，经济合作与发展组织税收协定范本和联合国税收协定范本将企业的跨国所得分为营业利润、不动产所得、国际运输所得、股息、利息、特许权使用费所得、资本所得等类型，将个人所得分为非受雇所得、受雇所得、董事费、艺术家和运动员、养老金、政府服务、学生等类型。针对不同类型所得，这两个范本划分了缔约国双方的征税权。对于不同类型的所得，这两个范本对征税权的划分的详尽程度不同，并且，在签订税收协定时，缔约国对协定中某些条款的理解程度和执行力度也不相同，这就给企业提供了跨国税务筹划的条件。例如，国际税收协定中针对企业向境外支付特许权使用费的行为，规定了来源国可以按照限制税率（一般不超过 10%）征税，而针对企业向境外支付的服务费，国际税收协定却没有作出规定；因此，许多国家对其税收居民企业对外支付的服务费都采取了不征税的措施。更重要的是，在现实中，特许权使用费和服务费往往很难划分，并且国际税收协定对两者的界定也远远无法满足现实所需，因此，跨国企业往往利用“特许权使用费”和服务费的税收待遇不同、界定标准的不统一来进行税务筹划。

二、国际税务筹划的原理

（一）关税、商品税的各国税制差异与税务筹划空间

从各国税制发展的历史来看，关税作为比较古老的税种对经济的跨国流动一直产生十分重要的影响。一国关税税率的高低，往往意味着其经济壁垒的强弱。迄今为止，关税仍然是各国贸易战的主要工具。对跨国企业而言，其跨国经营活动（特别是商品贸易活动）在很大程度上取决于各国关税税率的高低。从跨国公司的整体战略而言，各国关税的税率状况往往是其不可跨越的客观因素和现实屏障，总体而言，跨国企业在关税领域的税务筹划空间较为有限。在更多情况下，各国关税税率的高低被这些企业视为其经营决策不可撼动的客观条件。与关税相比，各国国内的商品税（典型的如增值税、消费税）在征税原则上基本达成了一致，各国之间的征税衔接也相对顺畅，因此，其留给企业进行跨国税务筹划的空间也比较有限。

（二）所得税的各国税制差异与税务筹划空间

与商品税相比，各国在所得税领域的税法差异为跨国税务筹划提供了更大的空间。一方面，与商品税法相比，所得税法往往更为复杂。因为各国的国情存在巨大的差异，所以各国根据自己的立法程序、社会需求和国家战略等国情制定的所得税法往往也存在巨大的差异。另一方面，各国所得税法的衔接存在较大的困难，这同样与所得税法的复杂性紧密相关。尽管国际税收协定为各国所得税征税权的划分规定了大致的框架和思路，但是由于生产经营活动形式的多样性和性质的复杂性，其远远未能涵盖现实中的全部经营活动。在这种情况下，各国所得税法也未能得以充分的衔接。因此，各国所得税法的差异就为跨国税务筹划活动提供了较大的空间。

（三）各国税率的差异

从税收角度看，各国税率的差异是引导跨国企业经营活动的直接因素。

由于经济发展阶段、国家治理水平及税制结构的不同，各国税率不可避免地存在差异。一方面，各国的税率会随着本国国情的变化而不断调整，从全球来看，各国税率的这种动态调整使得各国间税率的差异也在不断发生变化；另一方面，从国家之间税率的相互影响来看，国际税收竞争主要表现为税率的竞争，一国旨在吸引外来资本的低税率政策很可能会引发区域性甚至全球性的减税浪潮，这进一步加剧了国家之间税率的差异性。

从全球范围看，各国间的税率差异非常之大，这就为跨国税务筹划提供了巨大的空间：为了实现利润最大化，跨国企业往往将其生产要素及其相关的经营活动转移到税率最低的国家或地区，以尽可能减轻税负。

（四）各国税收优惠政策的差异

在各国的所得税制度中，或多或少都会存在一些税收优惠的条款。从全球来看，这些优惠政策的目的不一、内容丰富、形式各异，成为跨国税务筹划的主要工具和手段。对于一些亟须引进外资的发展中国家来说，其税收政策的优惠往往是吸引外国投资的首要工具。为了吸引外资，我国在 20 世纪 90 年代实施的《中华人民共和国外商投资企业和外国企业所得税法》中专门有系统性的税收优惠条款。如今，一些发展中国家的特殊税收优惠政策依然对跨国企业税务筹划有着极大的吸引力。即便是在发达国家，为了实现特定政策的目标，税法中也不可避免会有一些税收优惠条款。例如，为了促进科技创新而制定的研发费用加计扣除政策，为了促进中小企业发展而制定的税收减免政策等。这些均是对跨国投融资进行税务筹划的主要途径。

三、常用的国际投融资架构的搭建

（一）导管公司的引入

在经济合作与发展组织和联合国的两个国际税收协定范本产生后，世界各国签订的税收协定越来越多。迄今为止，世界上已签署的税收协定已经超过 4000 个；中国目前对外正式签署的税收协定也达 100 多个。这些税收协定形成了巨大的税收协定网络。由于税收协定的双边特性，因而签署不同税收协定的缔约国之间，以及缔约国与非缔约国之间存在明显税制差异。在税制差异的前提下，跨国投资者可以预先设计投资的税务安排，他们通常并不直接从自己的居住国向所得来源国进行投资，而是通过在一个与所得来源国签订有税收协定，或者与居住国和所得来源国都签订有税收协定的第三方国家或地区设立分支机构，即所谓的导管公司，并利用导管公司进行实际利益归属于自己的经济活动，从而享受税收协定的优惠。

（二）导管公司的类型

导管公司有两种类型：直接导管公司和“垫脚石”导管公司。

1. 直接导管公司

假设 A 国与 B 国没有签订税收协定，A 国居民对 B 国的投资所得会被征收较高的预提所得税，这里假定税率为 30% 。A 国居民发现第三方——C 国与 B 国签订有税收协定，按照税收协定，B 国仅对 C 国征收较低的预提所得税，假定税率为 10% 。在此背景下，A 公司不直接投资 B 国，而是在 C 国设立一个子公司，即设立一个导管公司来对 B 国进行投资。这样，跨国投资者便享受 10% 的预提所得税税率，从而使其所负担的所得税大大降低。从另一个角度分析，即使 A 国与 B 国签订了税收协定，但是只要其协定的预提所得税税率高于 10% ，就存在利用导管公司筹划节税的空间。

2. “垫脚石”导管公司

如果 C 国对在其国内的导管公司来源 B 国的所得实行免税政策，那么 C 国的导管公司就被称为直接导管公司，它的作用是利用税收协定控制投资环节的税负；如果 C 国仍然对导管公司来源 B 国的所得全额征税，则跨国投资者就需要考虑将 B 国的利润（通过支付利息、管理费用等方式）转移到另一个对来源 C 国的所得不征税的国家 D，母公司就需要在 D 国设立一个辅助性导管公司。这样，C 国的公司一方面把利润转移到 D 国公司，另一方面获得 C 国成本费用的税前扣除，D 国导管公司的作用则是保留所得。这种模式称为“垫脚石”导管公司。如图 9 – 1 所示。

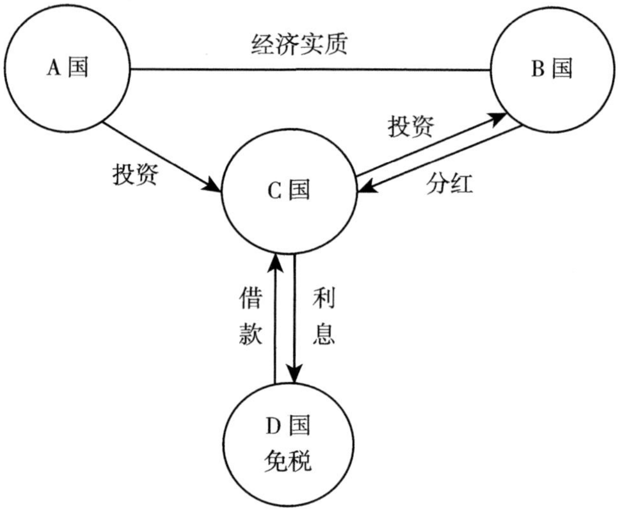

图 9－1 “垫脚石”导管公司

（三）各国应对滥用税收协定的措施和企业设立导管公司的注意事项

在国际税收领域，导管公司这种税务筹划方法因游走于合法性的边缘，一直受到国际税收界的广泛关注。一些导管公司的税收实践，由于过度偏离税收协定的意图，在国际上被视为滥用税收协定。许多国家根据实质课税原则，对滥用税收协定的行为采取了必要的防范措施。例如，在德国与瑞士的税收协定中，规定了瑞士的公司如果大部分股权归属于第三国，则不应该享有相应的低预提所得税税率。美国与加拿大 1994 年也签订了有关防范滥用税收协定的相关条款。关于税收协定的未来发展，有专家提出建立一次性多边的税收协定以替代现有的双边税收协定的前沿观念。2014 年，经济合作与发展组织发布的税基侵蚀和利润转移行动计划中重点针对滥用税收协定提出了更新常设机构的定义的行动计划。

根据实质课税原则，判断税收协定是否被滥用的标准有两个：一是是否是受益所有人；二是是否为合理商业目的。受益所有人是指对所得或所得据以产生的权利或财产具有所有权和支配权的人。该标准意指不从事实质经营活动的导管公司不是真正的受益所有人，因此不应该适用税收协定的优惠税率。合理的商业目的则是指企业适用税收政策的商业行为主要或唯一目的不是获取税收利益。

国际上采用应对滥用税收协定的方法主要有透视法、渠道法、善意法等。透视法是指最终取得股息的受益人应当是缔约国居民的公司，这种方法对享受税收协定优惠的公司的股东也作出了规定。渠道法则是对享受税收协定优惠的公司支付给第三方居民的股息、利息、特许权使用费的比例作出规定，常常与透视法结合使用。善意法则是指税收协定的优惠只允许从事实质交易的公司享受。

为了避免与这些应对滥用税收协定的条款相抵触，跨国投资者在设立导管公司时，首先，必须考虑税务当局的税收监管能力与反滥用税收协定的政策规定，选择适当的地点设立导管公司；其次，在导管公司设立国应开展实质性的经营生产活动，避免单纯建立用来避税的空壳公司，以免引起税务当局的注意。

第三节　家族信托的税务筹划——以龙湖地产为例

一、信托和家族信托

（一）信托

1. 信托的概念

《中华人民共和国信托法》（以下简称《信托法》）第 2 条规定，信托是指委托人基于对受托人的信任，将其财产权委托给受托人，由受托人按委托人的意愿以自己的名义，为受益人的利益或特定目的，进行管理和处分的行为。

2. 信托的特点

（1）存在多方关系，其中各方至少有三方，包括委托方、受托方、受益方。（2）基于委托人对受托人的信任。（3）涉及信托财产和财产权的转移。信托财产是除身份权、名誉权、姓名权之外，其他任何权利或可以用金钱来计算价值的财产权，包括有形财产、无形财产、物权、著作权、商标权等。（4）信托是按照委托人的意愿，以受托人的名义，只能由受益人受益的行为。

（二）家族信托

1. 家族信托的概念

家族信托也称家庭信托，是指家族创始人作为委托人，以家族财富的管理、传承和保护为目的而设立的信托，受益人一般为本家族的成员。

信托资产的所有权归信托公司，但实际控制权仍归委托人。

2. 家族信托的特点

（1）受托人是信托资产法定上的所有人，但其必须依据信托协议的相关条款和签订地所适用的法律，忠实地遵从委托人的意志来管理家族的资产。

（2）信托资产独立于受托人的固有资产。《信托法》第 16 条规定，信托财产与属于受托人固有财产相区别，不得归入受托人的固有财产或者成为固有财产的一部分。受托人死亡或者依法解散、被依法撤销、被宣告破产而终止，信托财产不属于其遗产或者清算财产，而是依照信托文件或相关规定选任新受托人。《信托法》第 29 条规定，受托人必须将信托财产与其固有财产分别管理、分别记账，并将不同委托人的信托财产分别管理、分别记账。

（3）家族信托具有破产隔离的优势。《信托法》第 15 条规定，信托财产与委托人未设立信托的其他财产相区别。设立信托后，委托人死亡或者依法解散、被依法撤销、被宣告破产时，委托人是唯一受益人的，信托终止，信托财产作为其遗产或者清算财产；委托人不是唯一受益人的，信托存续，信托财产不作为其遗产或者清算财产；但作为共同受益人的委托人死亡或者依法解散、被依法撤销、被宣告破产时，其信托受益权作为其遗产或者清算财产。

3. 家族信托常见的“三权分离”结构模式

家族信托常见的“三权分离”结构模式如图 9－2 所示，成立人（委托人）持有海外控股子公司 A、B、C 的股份，信托财产包括不动产、上市公司等其他资产，受托人（信托公司）成立离岸投资公司，通过收购海外控股子公司 A、B、C，将信托财产的所有权转移到家族信托，受益人由委托人指定。形成了一个委托人拥有决策权、受托人拥有名义财产权、受益人拥有受益权的“三权分离”结构。

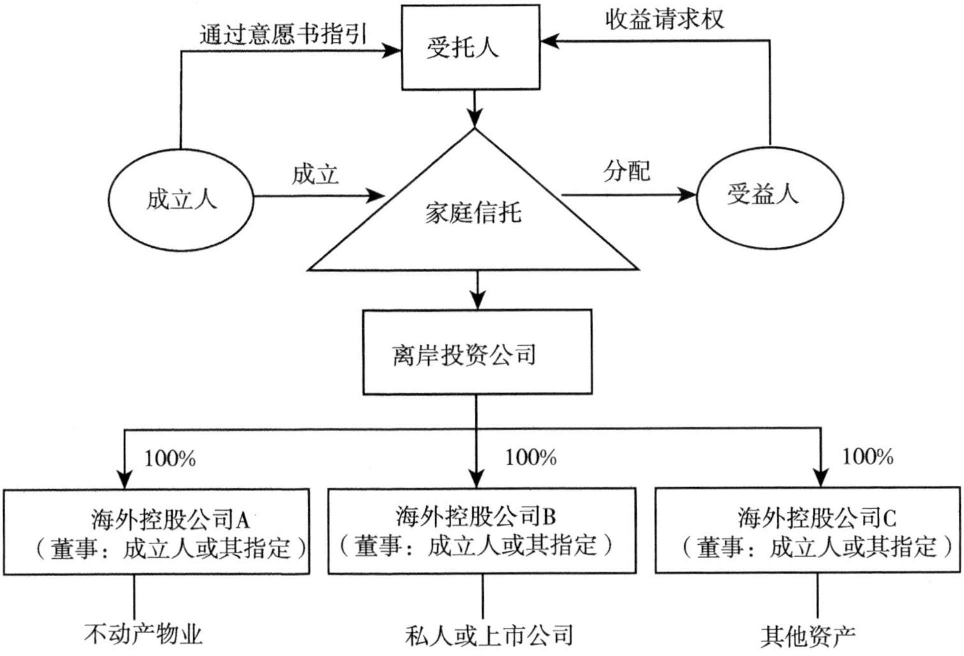

图 9－2　家族信托“三权分离”结构模式

家族信托进行“三权分离”可以达到如下效果：第一，信托结构与股权结构相融合，能够较好地实现“三权分离”的模式；第二，各个权利主体分割明确，独立运行，保证公司运营的高效率和可持续；第三，设立结构更加灵活，公司可以根据自身的特点，设置更加适合的信托架构和分配方式，为更好地进行公司节税和平衡各方利益提供了发挥空间；第四，保密性更强，有助于更平稳、更高效地完成股权的分离和交接；第五，稳定性和延续性更强，有助于降低公司股权分割的不确定性风险。

从公司运营的整体效果可以看出，家族信托具有完备的“三权分离”结构，可以较为高效、独立、平稳地进行股权分割，为解决委托人所面临的难题，提供了一个创新的解决思路。

4. 国内外家族信托发展比较

为使读者对家族信托有较为宏观的理解，现对国内外家族信托的发展做比较，如表 9-1 所示。

表 9-1　国内外家族信托对比

项目	国外家族信托	国内家族信托
发展过程	百年发展历史，起源于英国中世纪"尤斯制"，英美法系国家大量运用	处于萌芽阶段，目前有 68 家信托公司。20 世纪初的信托普遍绕道海外设立。2013 年，平安信托发售了中国境内首个家族信托
法律制度	较为完善。家族信托持有股权，以此实现股权结构的稳定	国内信托财产登记制度缺失。信托财产受国内外汇制度限制。《信托法》中未明确规定股权资产的管理
专业化服务方式	资产管理类为主	融资类为主
政府和政策支持力度	较为规范，政府支持信托业发展	不够规范且未得到充分财税政策支持，国内信托易形成"民间借贷"

二、家族信托的税务筹划案例分析——以龙湖地产为例

1993 年，吴女士和其丈夫蔡先生共同创立了重庆佳辰经济发展有限公司，注册资金 200 万元，后更名为重庆龙湖企业拓展有限责任公司。2002 年，在香港注册成立嘉逊发展有限责任公司（以下简称嘉逊发展），注册资本为 200 万元（吴女士持股 60%，蔡先生持股 40%）。2005 年，增加注册资本，夫妻两人仍持有重庆龙湖企业拓展有限责任公司全部股权，其中吴女士持股 63%，蔡先生持股 37%。2007 年，嘉逊发展通过增加注资的方式增持重庆龙湖企业拓展有限责任公司的股权 91.3%，吴女士和蔡先生夫妇持有 8.7%。2008 年，吴女士和蔡先生夫妇将持有的 8.7% 的股权转让给重庆旭科有限责任公司。

龙湖地产经过一系列上市之前的股权运作，为后期海外股权架构做了充分准备，最终形成如图 9-3 所示的股权结构。

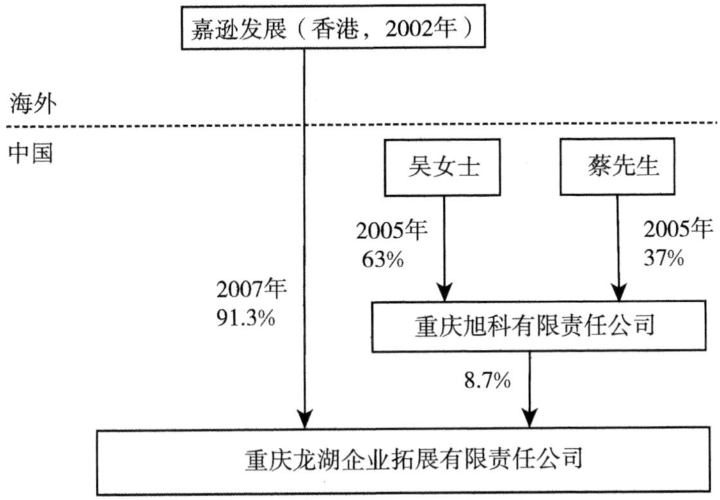

图9－3　上市前龙湖地产股权结构

公司的扩张性发展并未使夫妇俩的感情日益稳固，由于对公司发展战略上存在较大分歧及长时间的分居两地，导致夫妻间日渐疏离，在事业腾飞的同时，吴女士与蔡先生的婚姻却逐渐走向了终点。然而，此时离公司上市的日程越来越近，如果此时离婚，将直接面临“夫妻公司”股权分割的问题。但此时对公司股权进行分割，势必需要变更公司形式或者直接解散公司。同时，依据《最高人民法院关于适用〈中华人民共和国婚姻法〉若干问题的解释（二）》第16条①，如果夫妻双方能够就股权转让份额及价格达成一致，经过半数的股东同意且其他股东放弃优先购买权的情况下，可以依据《公司法》的相关规定进行股权转让。

产权主要包括财产的占有权、支配权、收益权和处置权等，是所有制经

① 《最高人民法院关于适用〈中华人民共和国婚姻法〉若干问题的解释（二）》第16条规定，人民法院审理离婚案件，涉及分割夫妻共同财产中以一方名义在有限责任公司的出资额，另一方不是该公司股东的，按以下情形分别处理：（1）夫妻双方协商一致将出资额部分或者全部转让给该股东的配偶，过半数股东同意、其他股东明确表示放弃优先购买权的，该股东的配偶可以成为该公司股东；（2）夫妻双方就出资额转让份额和转让价格等事项协商一致后，过半数股东不同意转让，但愿意以同等价格购买该出资额的，人民法院可以对转让出资所得财产进行分割。过半数股东不同意转让，也不愿意以同等价格购买该出资额的，视为其同意转让，该股东的配偶可以成为该公司股东。用于证明前款规定的过半数股东同意的证据，可以是股东会决议，也可以是当事人通过其他合法途径取得的股东的书面声明材料。

济中的一种法律表现形式。在市场经济条件下，产权的主要功能包括激励、约束、资源配置、协调等。公司股权作为产权的一种表现形式，其本质是集所有权、控制权和收益权为一身的，例如，股东通过直接持股的方式拥有公司的所有权，并通过委任董事的方式实施对公司的控制权；经理层由董事会直接选任，并拥有对公司的实际经营权；受益人（家族成员、雇员、投资者等）则通过公司分配的股息红利获得公司的收益权。如果能通过一系列的安排，将产权的这四种权利分离开来，发挥专业人做专业事的功能，并且做到各取所需，平衡各方利益，形成一个以公司共同利益为目标的相互制约和可持续的治理机制，则上述的各种诉求及相关问题都会迎刃而解了。

（一）税收政策

离岸股权信托架构需要符合以下三个规范：其一，国家外汇管理局 2014 年 7 月发布的《国家外汇管理局关于境内居民通过特殊目的公司境外投融资及返程投资外汇管理有关问题的通知》（汇发〔2014〕37 号）；其二，商务部 2009 年 6 月公布的《商务部关于外国投资者并购境内企业的规定》（商务部令 2009 年第 6 号）；其三，国家税务总局 2015 年 2 月发布的《关于非居民企业间接转让财产企业所得税若干问题的公告》（国家税务总局公告 2015 年第 7 号）。

（二）筹划架构

1. 家族信托的设计思路

（1）了解委托人的家庭背景和目标需求。需了解的内容主要包括委托人自身的家庭状况，实际放入的信托资产信息，受益人的数量以及委托人设立信托的主要目的等。（2）有效的选择和设计适合的家族信托形式、信托设立地点、放入的信托资产类别和数量。（3）根据规划的设计思路，选择最优化的实施路径。

2. 家族信托的类型选择

根据不同标准，家族信托可以分为多种类型，如表 9－2 所示。根据委托人是否有解除信托的权利可分为可撤销信托和不可撤销信托，不可撤销信托实际上由受托人拥有信托控制权，视同财产转移，从而达到风险隔离和避税的目的。根据受托人能否自由分配信托收益或资本给受益人可分为全权信托和固定信托，全权信托是指赋予受托人行使权力的选择权，其可以在委托人意愿的指导下自行决定信托财产的管理和分配方式等；而固定信托中受托人的处置权受到一定的限制，通常会在信托契约中对信托财产的管理和分配方式等作出明确的规定。

表9-2 家族信托类型及其特点

类型	特点
可撤销信托	委托人可以解除信托，课税时委托人被认为是信托财产的实际拥有人
不可撤销信托	委托人放弃对信托的控制权，该类信托可避免对委托人的债务追索，同样也可避免遗产税
全权信托	由受托人根据现实情况，酌情分配信托收益或资本给各个受益人
固定信托	受托人的处置权受到一定的限制，须根据信托契约中约定好的固定比例分配信托收益或资本给各个受益人

从吴女士、蔡先生及其家族成员的基本情况中看出，夫妻俩有一个准备出国继续深造的女儿，由于尚未完全独立，如果设立固定信托模式，即事先约定好分配的比例，如女儿在完成学业之后可分配30%的收益，则会缺乏相对的灵活性，因为这个比例会随着社会经济环境的变化而有所失衡。经过斟酌，夫妻俩最终选择了全权信托，受益人的分配顺序和大致范围在信托契约中进行清晰的规定，建立一个分配基准框架，同时，在此基础上，受托人可以根据现实的情况和具体需求，酌情作出决策，如女儿读书期间，以所需基本费用为标准分配收益，防止随意挥霍；而在女儿需要创业基金的时候，则可以酌情根据需求提供一笔资金作为支持等。全权信托兼顾稳定与灵活的特点，选择全权信托的模式会更好地满足委托人对家族成员的妥善照顾和安排的需求。

3. 家族信托设立地的选择

常见的家族信托设立地点和信托设立年限如表9-3所示，中国香港、泽西岛、英属维尔京群岛、开曼群岛等，信托年限从80年到永续不等。英属维尔京群岛则特别设计出以公司股权作为信托资产的有关信托持股方面的特别规定。根据其颁布的《英属维京群岛特别信托法案》（Virgin Island Special

Trusts Act，以下简称《VISTA 法案》），其中特别指出：如果信托设立地选择在英属维尔京群岛，则信托的受托人将会被禁止干涉其所持有的英属维尔京群岛控股公司的实际运作，实体公司的具体运作仍然将交由公司董事（由委托人本人或其指定的人）来进行全权负责。

表 9－3　常见信托设立地点和信托设立年限

（单位：年）

信托设立地点	信托设立年限
中国香港	80
泽西岛	100
英属维尔京群岛	100
开曼群岛	150
百慕大	永续
美国特拉华州	永续
新加坡	禁止永续（除慈善信托外）
列支敦士登	禁止永续（除慈善信托外）

资料来源：Sitkoff, Robert H. & Schanzenbach, Max M. Jurisdiction Competition for Trust Funds: An Empirical Analysis of Perpetuities and Taxes［J］. Yale Law Journal, 2011, 23（7）: 698－712.

（三）筹划方案

基于上述对家族信托类型、设立地点、信托资产等因素的综合分析，龙湖地产最终采用将拟上市的公司股权作为信托资产，以专业信托机构作为受托人，在英属维尔京群岛设立全权信托的方式分别设立两个家族信托。

1. 在离岸地注册海外投资公司及拟上市的空壳公司

首先，在英属维尔京群岛注册一系列的离岸投资公司：2007 年 7 月，注册成立 Fit All Investment Limited（以下简称 Fit All），日后将会作为持有雇员股权激励计划股份的主体；9 月注册成立 Precious Full International Limited（以下简称 Precious Full），由蔡先生注资成立，日后将会作为蔡先生持有部分公司股份的主体；10 月注册成立 Charm Talent International Limited（以下简称 Charm Talent），由吴女士注资成立，日后将会作为吴女士持有部分公司股份的主体。其次，2007 年 12 月，在开曼群岛注册龙湖地产（开曼）有限公司，日后将作为在香港上市的主体。

2. 将内地的优质资产注入拟在香港上市的空壳公司

首先，注册特殊目的公司（Special Purpose Vehicle，SPV）：2008 年 1 月，在英属维尔京群岛注册成立一家由龙湖地产（开曼）全资持有的海外控股公司 Long for Investment Co. Ltd（以下简称 Long for Investment）。其次，Long for Investment 通过股权收购的方式持有内地拟上市的资产——嘉逊发展的全部已发行股本，由此完成龙湖地产（开曼）对嘉逊发展的 100% 控股。

3. 将公司股权按照双方协定进行分割并由两家离岸投资公司分别持有

2008 年 6 月，Charm Talent（由吴女士持有）以 19.2 亿港元收购 Long for Investment 60% 的股份，Precious Full（由蔡先生持有）以 12.8 亿港元收购 Long for Investment 40% 的股份，由此完成对拟上市公司——龙湖地产（开曼）有限公司的全部股权分割。与此同时，双方也将分别拿出部分股权作为对雇员股权激励计划（Fit All）和高管激励计划（Long Fith）的奖励。

4. 将公司股权作为信托资产分别注入两个家族信托，并由受托人统一持有

首先，以汇丰国际信托有限公司（以下简称汇丰国际信托）作为受托人，分别成立两个全权信托：2008 年 6 月，吴女士作为委托人和保护人，以吴氏家族成员及 Fit All、Long Fith 作为受益人成立“吴氏家族信托”；同时，蔡先生作为委托人和保护人，以蔡氏家族成员及 Fit All、Long Fith 作为受益人成立“蔡氏家族信托”。其次，双方将各自持有的股权以馈赠的方式，分别注入汇丰国际信托在英属维尔京群岛的全资子公司中：2008 年，Charm Talent 将吴女士持有的 58.59% 的龙湖地产股权无偿转让给 Sliver Sea Assets Limited（以下简称 Sliver Sea），由汇丰国际信托以“吴氏家族信托”的受托人身份全资拥有）；同时，Precious Full 将蔡先生持有的 39.06% 的龙湖地产股权无偿转让给 Sliver Land Assets Limited（以下简称 Sliver Land），由汇丰国际信托以“蔡氏家族信托”的受托人身份全资拥有。

通过以上四步，吴女士和蔡先生完成了对他们家族财富的家族信托，家

族信托后，龙湖地产的股权架构如图 9－4 所示。

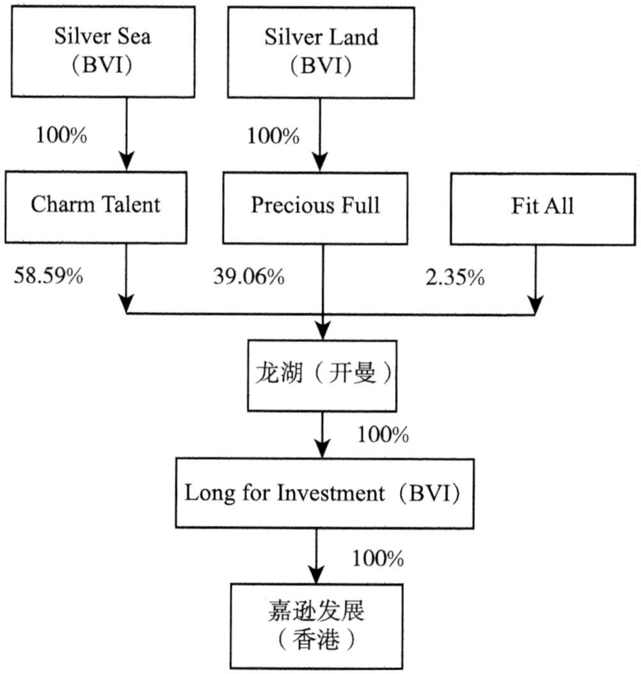

图 9－4　龙湖地产设立海外家族信托控股关系

资料来源：香港联合交易所官网：www. hkex. com. hk，2009 年《龙湖地产招股说明书》第 103 页“历史、重组及集团架构”。

（四）筹划结论

由此，家族信托由成立到注资，完成了整个设立流程，公司股权结构也随之改变，信托一旦设立之后，吴女士和蔡先生都将不再直接控制龙湖地产的股权，而是分别以吴氏和蔡氏家族信托的名义持有。在这一信托构架下，无论以后吴女士和蔡先生两人的身份性质发生何种变化，公司股权最终都需要通过家族信托汇于一体来共同产生效力，在解决了由于日后离婚而导致股权分割困境的同时也最大限度地保障了两大股东行动上的一致性。家族信托模式，除了完成家庭财富传承之外，还最大限度地实现了避税功能，该案例的经济实质是吴蔡两人在离婚过程中成功地分割了重庆龙湖企业拓展有限责任公司和嘉逊发展的股权，规避了转让价值 30 多亿港币财产的税收负担 6 亿多元，通过避税港+信托方式实现了零纳税。

三、信托架构在公司治理中的多重功效

（一）创新建立“三位一体”的内部制衡机制

通过设立家族信托，将公司股权中的各要素进行分离，并分别由相对独立的不同主体持有，结合龙湖地产的案例，即汇丰国际信托享有法定名义上的公司所有权，负有保证公司股权的集中及酌情对收益进行合理分配的义务。吴女士通过出任董事长和首席执行官，享有对公司的实际控制权，负有对公司重大事项作出决策和保证公司正常高效运营的义务。通过由委托人指定受益人的方式，吴氏家族成员、蔡氏家族成员及公司、高管和主要雇员均享有收益权，即公司股息分红的利益请求权。由此，建立起一个由所有者、控制者及受益者三方相互制衡的同时又都受益于公司发展的“三位一体”的创新机制。

在这个“三权分离”的公司治理机制中，由家族信托统一持有公司股权（即法人持股），一方面，避免无谓的股权结构变更，尤其是由于企业创始人离婚或突然身故所造成的股权分割和转移，最大限度地保证企业股权的集中和结构的稳定性，从而解决由于股权过度分散所造成的代理问题，提高公司治理效率；另一方面，信托机构以法人身份作为一个有依据、有节制的外部监督者，以中立的身份监督各方权利主体的行为，忠实地为受益人的相关利益服务。

控制权又细分为决策权和管理权。首先，企业创始人及其有能力的后代通过出任执行董事的方式，保证其对企业的实际决策权，把握企业发展的大方向；其次，董事会通过任命经理层来实现其对公司的经营管理权，引入对企业发展有巨大帮助的外部职业经理人来管理企业事务，更好地实现家族事业的长远发展。从法权关系上来说，所有者与控制者实质上是一种相互变换委托人与受托人身份的信托关系，具体来说，在信托成立之前，企业主（委托人）将公司的股权转移给信托机构（受托人），委托其代为持有和管理；在信托成立之后，信托机构（委托人）又将公司的法人资产委托给企业主

(受托人)进行控制和管理。

从监督机制上来说，由于信托机构是一个相对独立运营的主体，其本身并不参与公司的实际经营，因而其可以作为一个很好的外部监督者实施对公司董事会的监管；此外，经理层的委任和管理由作为决策机构的董事会负责，董事会代表股东的权益监督经理层的运作。同时，董事会中设立的独立董事（一般由律师、会计师或金融专家担任）作为内部监督者实施对公司董事会的内部监管。由此形成的内外监督机制，在保证公司各个权力机构各司其职的同时进行有效的相互制约，达到各方在平衡中共同发展的目的。

对于没有管理能力的家族成员来说，通过收益权的分配，保障其优越生活的同时，降低其对企业实际经营的影响，从而让渡给更有能力的职业经理人进行管理，规避家族企业“任人唯亲”的经营弊端，通过这种健全的公司治理机制进行优胜劣汰和去家族化，保障企业持续运营的高效性。

（二）保证公司员工持股计划的高效运作

分析龙湖地产2009年的招股说明书可以看出，当时吴女士采取的是以权益结算的股权激励计划，具体包括限制性股票和股票期权两种方式，对包括董事在内的550名雇员进行奖励。其中，限制性股票（股份奖励计划）在2007年11月至2009年6月已授出9401.4万股，占总股本的2.35%，归属期（行权限制期）为4—5年，旨在表彰指定雇员（共计550名）所作出的贡献，特别是对公司的早期发展和增长作出积极贡献者，并使其利益与股东利益一致。这部分股权由Fit All（2008年6月在英属维尔京群岛公司成立，汇丰国际信托为受托人的全权信托）统一持有。股票期权（购股权计划）在2007年11月至2009年6月已授出3794万股，占总股本的0.95%，归属期（行权限制期）为4年，从2009年1月开始至2012年1月以每年25%的比例逐年进行归属，行权有效期为10年，授出日的购买价格为2.94港元/股，旨在表彰指定高级管理人员所作出的贡献，用于挽留和激励公司管理层。这部分股权由Long Faith（2008年6月在英属维尔京群岛公司成立，汇丰国际信托为受托人的全权信托）统一持有。激励人员情况如表9-4所示。

表 9－4　龙湖地产股权激励计划

受益人姓名	头衔/职位	加入公司时间	授予的股份数目
林某某	执行董事，首席财务官	2007 年 7 月	1000 万股
房某某	执行董事，首席营销官	2005 年 8 月	558.8 万股
樊某	成都业务部总经理	1997 年 8 月	558.8 万股
赵某某	上海和西安业务部总经理	2001 年 6 月	558.8 万股
邵某某	北京业务部总经理	2006 年 3 月	558.8 万股
周某某	重庆业务部总经理	2005 年 7 月	558.8 万股

资料来源：香港联合交易所官网：www.hkex.com.hk，2009 年《龙湖地产招股说明书》第 130 页“与我们的创办人及控股股东的关系”。

股权激励计划在实施过程中，常会遇到持股员工的资金来源及其持股方式的问题。

首先，员工大多采用现金购股的方式参与持股计划，但其资金来源渠道较少。一方面，我国人力资本相对低廉，多数员工无法一次性缴付大笔购股资金；另一方面，银行等金融机构又无法提供有效的融资方式，即使采用股权质押的形式，其折现率也很低，无法满足员工的资金需求。其次，现行员工持股方式相对单一，存在较大的弊端：如果采用员工直接持股的方式，当涉及较多员工时，公司的股权结构可能会被复杂化。与此同时，每当其中任何一个持股员工的持股比例发生变化，或者以后再新增持股员工时，都需要向有关政府部门进行登记和申报，审批流程比较烦琐，尤其是在企业挂牌上市的情况下，往往还涉及有关公告等程序。因此，采用这种员工直接持有公司股权的股权激励方式会增加公司的行政成本。如果采用员工间接持股的方式，如持股平台，即持股平台持有本公司的一定股权，指定员工在符合相关条件的情况下，通过持有该持股平台的股权或份额的方式来间接持有本公司的激励股权。一方面，双重纳税矛盾，无明显的税收优惠。持股平台一般采用有限责任公司的形式，其所得的股权转让收益将要缴纳 25% 的企业所得税，同时该有限责任公司再向指定员工进行分红，则还将产生 20% 的个人所得税，所以合计将产生约 40% 的双重所得税税负。另一方面，股权处置受到较大限制。若持股平台的部分股东希望处置公司股权，而另一部分则不希望处置，在这种情况下就无法由持股平台来直接处置本公司的股权，而只能由前一部分股东通过转让其持有的该持股平台的股权或份额来间接实现。以上两种方式在解决员工持有股票、购股资金及股权管理等方面都存在较大的问题。

如果采用西方发达国家所流行的解决方法——员工持股信托（Employee Stock Ownership Trust，ESOT），则这些问题都将迎刃而解。员工持股信托是指在员工持股计划的基础上建立的，持股员工作为委托人，将其买入的本公司股票作为信托资产交由信托机构进行专业管理和运作，同时享受公司股权收益的一种信托安排。其起源于美国，是美国股权激励计划中的一种信托业务。采用信托持股的方式，可以保证科学有效的运行机制，创造良好的内部环境，主要体现在以下几个方面：第一，为员工持股所需资金提供了融资的便利。信托持股的资金来源主要有两种途径：一种是本公司作为担保人，由信托机构以该信托的名义向银行进行贷款，用贷款金额从公司股东手中购买股票，再在规定的年限内用股息和红利偿还贷款；另一种是由公司直接转让股权给该信托（如 Fit All 和 Long Faith 均是采用定向增发和股东转让的方式注入部分股权），之后再用分配的股息和红利逐年偿还债务。第二，持股信托可以进行独立运营和专业管理。信托机构本身的资产与信托资产是相互独立的，即使信托机构遭受破产，信托资产也是不被追偿的，因此可以进行很好的风险隔离。同时，通过信托机构进行专业的股权管理，具体包括股息红利的发放及偿还贷款、建立员工个人账户、税务筹划（避免双重征税）、受益人变更登记、投资理财咨询等，可以让员工更加安心的工作。同时，信托机构始终代表持股员工的利益，可以更好地保障员工享有公司福利，从而降低人员的流动率。第三，可以充分发挥法人治理结构的优势。员工持股计划让员工当家作主，经营者和所有者的权益得到了统一，经营者不仅可以获得工资，更可以获得股权收益，并使其所得与个人业绩、公司效益息息相关，真正形成风险共担、利益共享的长效机制。在保证公司股权结构稳定的基础上，让员工更多地参与到公司经营和决策中来，发挥群策群力的功效，提升公司的向心力和凝聚力，从而更好地实现员工持股的激励作用。由此可以看出，信托对于员工持股计划是一种积极有效的实施方式，它在灵活地解决购股融资、股权管理及收益分配等方面具有诸多的优势，是保证股权激励计划有效运行，充分调动员工积极性，实现全员与企业共同发展的一副催化剂。

（三）通过完善的法人治理打造“百年老店”

胡润曾说，相对西方国家而言，中国的富人大多还没达到贵族的阶段，因为他们把大部分的精力都放在赚钱上面，没有太多的时间去思考金钱以外的东西。[①] 事实上，中国大部分的企业家都是把自己管理的核心、决策的重心、财富增长的主力，都放在其自身或其身边几个人身上，没时间去考虑金钱以外的事情，这个就是我们常说的“人治”。然而，独断专权、任人唯亲、权责不清、高层人才流失等都是企业发展初期“人治”所带来的弊端。随着社会经济和企业自身的不断发展，公司的市场价值将会在很大程度上取决于其自身的管理水平，而提高管理水平就需要不断加强和完善其内部治理结构，形成一个科学有效的决策机制，使企业创始人及其后代能够形成对公司的有效控制，同时引进优秀的职业经理人团队，保证企业经营者在公司的运作上享有自主权；理顺产权关系，平衡各方利益，保证公司高效运转的基础上，实现企业的长远发展，这就是现代化企业所强调的治理核心：“法治”。

如何实现及优化企业的法人治理？

第一个要解决的问题是“控制”。一个庞大的家族企业通常会有一个相对复杂的架构，里面会有很多资产，而其中最重要、最核心的必须要能控制在家族成员手中。但资产和财富并不是一个概念，资产是可以在未来带来收益的，能够自然增值的资源，主要分为两种：一种称为“经营资产”，另一种称为“核心资产”，例如，同仁堂的秘方、可口可乐的商标。很多成功的家族企业，他们很多时候并不在意公司的股权会在谁的手中，部分股份其实已经通过层层激励机制掌控在为公司作出努力的人身上，但核心资产（无形资产和精神资产）却仍牢牢控制在自己家族成员手中。例如，企业的品牌、价值观及经营理念等这些可以产生巨大商业价值的关键，通过设立家族信托，以企业创始人书写意愿书的方式记录下来，如果后代及家族成员违背订立的

① 王槊．胡润：中国的富人还只是富人而不是贵族［EB/OL］．2010－09－30［2020－02－20］．http：//www.chinanews.com/cj/2010/09－30/2566307.shtml.

家族精神，将会被剥夺继承权和收益权。以龙湖地产的吴女士为例，其将公司股权都打包放在家族信托中，表面看上去家族成员丧失了所有权，但实际上她是将龙湖地产“注重细节”“善待你一生”的品牌价值作为核心资产保留下来，从而真正实现其对企业的控制权。

第二个要解决的问题是“运作”，即一个持续经营、动态平衡的过程。企业家辛勤半生打造出一个集团，之后可能需要逐个面对诸如离婚、争产及企业传承等问题。想要实现企业的持续高效经营，就要考虑把专业的事情交给擅长的人去做。现阶段，中国普遍缺乏职业经理人这样一个专业的群体，缺乏如何去制约和平衡职业经理人的机制，但这个阶层却对未来中国经济的发展及企业的运转起到至关重要的作用。龙湖地产的吴女士就很清醒地认识到了这一点，在她的企业中几乎看不到家族成员的身影，她将企业的管理交给专业人员，如何有效地节约成本、如何更好地配置人力资源、如何灵活地运营企业资本，全部由外部董事和职业经理人来做，而收益也由这些人来共同分享。

再以龙湖地产为例，龙湖地产的董事会由八名董事构成，包括五名执行董事和三名独立董事，吴女士作为董事长及执行总裁，代表大股东（吴氏及蔡氏家族信托）行使控制权，参与公司决策；其余四名执行董事均是职业经理人，在公司进行全国性扩张时加入，为公司日后的高速发展及海外上市作出了突出的贡献。同时，具有丰富实操经验的亚洲市场专家 Churchouse、融资及资本运营专家陈某某和会计财务专家项某作为公司的非执行董事，成为公司智囊团成员的同时作为独立个体监督董事会的运行，保证科学决策的形成和有效实施。龙湖地产公司董事会成员结构如表 9－5 所示。而吴女士唯一的女儿，则在海外继续深造，并且主攻的是生物科技方向，与房地产行业毫不沾边。由此，通过完善的法人治理结构，将公司的所有权、控制权及收益权进行适度分离，将“独断专制”变为“共同决策”、将“任人唯亲”变为“能者居上”、将“权责不清”变为“分工明确”，为成功打造一个公司治理结构清晰、由职业经理团队管理的现代百年企业打下坚实的基础。

表 9－5　龙湖地产公司董事会成员结构

成员姓名	头衔/职位	是否为家族成员	所持股权占比
吴女士	董事长、首席执行官	是	78.2%
林某某	执行董事、首席财务官	否	0.82%
房某某	执行董事、首席营销官	否	0.84%
陈某	执行董事、首席运营官	否	0.07%
秦某某	执行董事及品牌经理	否	0.07%
Churchouse	独立董事	否	0.00%
陈某某	独立董事	否	0.00%
项某	独立董事	否	0.00%

资料来源：香港联合交易所官网：www.hkex.com.hk，2009 年《龙湖地产招股说明书》第 235 页“董事、高级管理员及雇员”。

第四节　共同申报准则（CRS）与税基侵蚀和利润转移（BEPS）行动计划

一、共同申报准则（CRS）

（一）共同申报准则（CRS）的概念

共同申报准则（Common Reporting Standard，以下简称 CRS）就是全世界的国家制定了一套共同的、大家一致认可的、税收信息可以交换和申报的准则。签约国家之间互相可以交换税务信息。

CRS 的主要内容是签署国之间相互披露对方国家公民在本国的经济财产情况以提升税收透明度和打击跨境逃税。

（二）CRS 影响的人群

CRS 主要影响以下八类人群：（1）已经移民的中国人。（2）海外有金融资产配置的人。（3）通过持有海外壳公司进行投资理财的公司。（4）在海外藏钱的境内公职人员。（5）在海外购买大额人寿保险的高净值客户。（6）已经设立海外家族信托的高净值客户。（7）在境外设立公司从事国际贸易的老板。(8) 金融财富机构从业人员。

（三）被交换信息的内容

CRS 覆盖了几乎所有的海外金融机构，包括银行、信托、券商、律师事务所、会计师事务所、提供各种金融投资产品的投资实体、特定的保险机构等。CRS 覆盖的资产信息包括存款账户、托管账户、有现金的基金或者保险合同、年金合约，这些资产信息都要被交换。CRS 覆盖的个人信息包括你的账户、账户余额、姓名、出生日期、年龄、性别、居住地，这些个人信息都要被交换。

（四）CRS 的运行机制

举例来说，中国和新加坡采纳 CRS 之后，某位中国税收居民在新加坡金融机构拥有账户，则该居民的个人信息以及账户收入所得会被新加坡金融机构收集并上报新加坡相关政府部门，并与中国相关政府部门进行信息交换，这种交换每年进行一次。理论上讲，中国税务部门将掌握中国税收居民海外资产的收入状况，如图 9－5 所示。

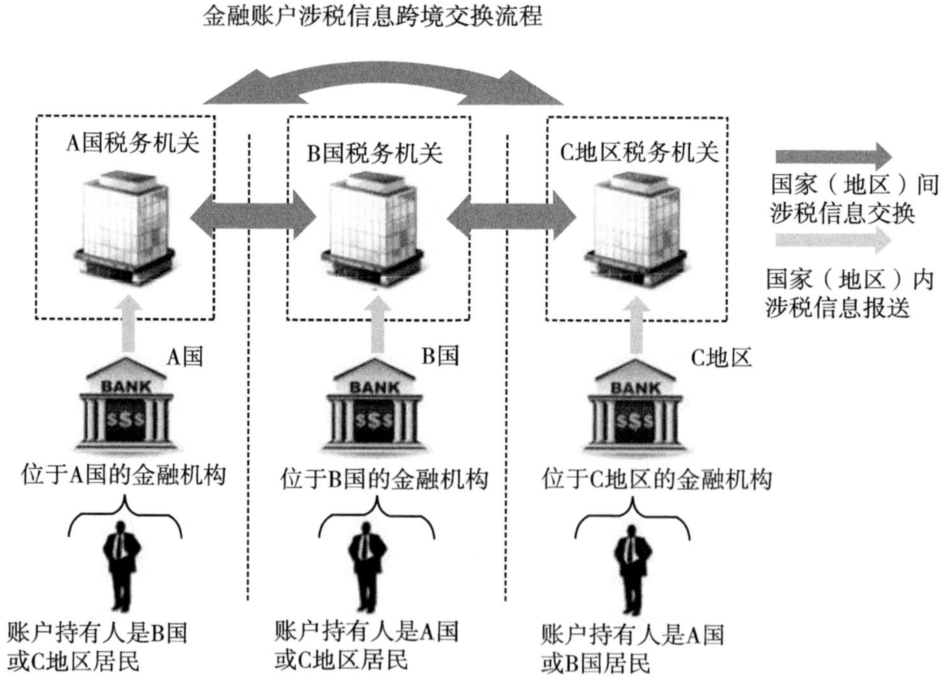

图 9－5　CRS 的运作机制

（五）CRS与税收的关系

CRS与税收主要存在以下关系：（1）CRS不创造新的税收，也不会多缴税让财富更加透明。（2）CRS本质是为了抵制偷税漏税而在不同国家之间进行自动报告财务信息。（3）CRS不会影响纳税人本应履行的纳税义务。

（六）CRS实施以后，设立离岸信托的意义

1. 信托的功能

信托主要具有以下功能：（1）委托人可以通过信托架构，统筹规划持有金融资产、不动产、公司股权。（2）委托人可以通过离岸地的挑选，合理地运用规则实现债务隔离，实现资产保全。（3）委托人可以通过家族信托实现财富传承，合理避开一些法定程序等障碍。（4）委托人可以通过家族信托筹划和递延未来的遗产税。（5）受益人突破既有家庭成员，即可以扩大受益人的范围。（6）受益人领取信托分配的时间自由灵活，且对受益人有激励机制和约束机制。

上述功能，是信托架构所具备的特有功能。因此，不能因为CRS的实施可能会让信托架构下的委托人、受益人透明化，就否定家族信托的其他功效。

2. 信托构建的核心关系和信托的安全性

信托构建的核心关系是实现信托财产由委托人，通过受托人，传递给受益人。如图9－6所示。

图9－6　信托构建的核心关系

离岸信托在资产分离和保全、税收优化以及信息隐秘性上具有其他投资架构不可比拟的优势，因此在资产配置方面受到世界上很多高净值个人和家庭的青睐。

信托被纳入CRS下的申报体系，并不会导致信托丧失其本身具有的资产分离和保全、税收优化以及信息隐秘等优势。

在CRS下，所谓“资产曝光”只是相对税务机关来说的，并且CRS下跨国之间交换的信息具有十分严格的保密性要求，信托本身的隐秘性仍然存

在，并不会公之于众。

在 CRS 下，信托公司有可能被判定为是金融机构，而需要对其账户持有人（如委托人和受益人等）进行尽职调查；或者被判定为是消极非金融机构，如果其在金融机构持有账户，则会被要求提供信托实际控制人（如委托人和受益人）的信息。

3. 高净值人群应理智、全面看待 CRS 的影响

全球税务信息的交换和透明是大势所趋，高净值人群的财务状况会越来越透明化，并且不仅会带来金钱的曝光，还会带来其他信息的曝光。CRS 的全球逐步推行，会重构高端客户全球财富的布局。因此，高净值人群要高度重视 CRS 的影响，海外藏富将成为过去式，应当正视全球合作打击海外避税的大趋势，尽早合理、合规、合法的筹划。

4. 金融、税务等专业从业人员，该如何迎接挑战

金融、税务等专业从业人员应做好以下准备：（1）积极储备 CRS 相关专业知识。（2）注重中介机构间的合作，如私人银行、保险公司、信托公司、律师、税务师、移民等中间机构的合作。（3）树立良好的职业道德观，切莫有欺骗的意图，防范潜在的职业风险。（4）改变对高端人士提供商业服务的模式。

CRS 带来的全球信息透明化的今天，我们唯有科学配置资产类别，合理布局境内外资产，科学筹划自己的税务身份，真正做到合法、合规，才既能够真正拥有财富，又能够有效管理财富，安全地传承财富！

二、税基侵蚀和利润转移（BEPS）行动计划

税基侵蚀和利润转移（以下简称 BEPS）项目是二十国集团领导人在 2013 年圣彼得堡峰会委托经济合作与发展组织启动实施的国际税收改革项目，旨在修改国际税收规则、遏制跨国公司规避全球纳税义务和侵蚀各国税基的行为。2016 年 1 月 1 日起，二十国集团国际税收改革进入成果实施阶段，此后的时代被称为“后 BEPS 时代”。

（一）BEPS 十五项行动计划

为遏制跨国公司规避全球纳税义务和侵蚀各国税基的行为，BEPS 制订了

行动计划，具体包括十五项，如表 9 -6 所示。

表 9 -6　BEPS 十五项行动计划概览

序号	名称	目的	影响领域			
			国际规则	经营架构	融资领域	投资架构
1	数字经济	应对数字经济带来的挑战	√			√
2	混合错配	协调各国公司所得税税制			√	√
3	受控外国公司规则					√
4	利息扣除				√	√
5	有害税收实践			√		√
6	税收协定滥用	重塑现行税收协定、转让定价国际规则		√		√
7	常设机构					√
8	无形资产			√		
9	风险和资本			√		
10	其他高风险交易			√		
11	数据统计分析	提高税收透明度和确定性	√			
12	强制披露原则		√			
13	转让定价同期资料		√	√		
14	争端解决机制		√			
15	多边工具	开发多边工具促进行动计划实施	√			

（二）BEPS 行动计划分析

BEPS 成果报告根据约束性强弱分为“最低标准”“共同方法”和“最佳实践”三大类。

（1）“最低标准”约束性最强，将纳入监督执行机制，共包括四项计划，即有害税收实践（行动计划 5）、税收协定滥用（行动计划 6）、转让定价同期资料（行动计划 13）和争端解决机制（行动计划 14）。

（2）“共同方法”是未来可能发展成为最低标准，但因目前时机尚不成熟而统一监督执行的规则，如混合错配（行动计划 2）、利息扣除（行动计划

4）等。

（3）“最佳实践”是推荐使用的，约束性相对低一些，如受控外国公司规则（行动计划3）等。

（三）BEPS行动计划在我国国内的转化

为完善我国税收征收管理的监督，我国积极参与BEPS行动计划，并规定了一系列的有关文件。

（1）2015年2月实施的《一般反避税管理办法（试行）》（国家税务总局令第32号）是我国落实BEPS行动计划的第一份文件。

（2）2016年6月实施的《国家税务总局关于完善关联申报和同期资料管理有关事项的公告》（国家税务总局公告2016年第42号）明确了国别报告的报送方式和内容，同时增加了同期资料内容，分为主体文档、本地文档和特殊事项文档。

（3）2016年12月实施的《国家税务总局关于完善预约定价安排管理有关事项的公告》（国家税务总局公告2016年第64号），进一步规范了预约定价安排管理，完善了预约定价安排谈签流程，并规定了纳税人的预约定价安排将会被用于与其他国家的税务管理部门间进行的自发的强制的信息交换。

（4）2017年5月实施的《特别纳税调查调整及相互协商程序管理办法》（国家税务总局公告2017年第6号），结合BEPS行动计划中“实现利润在经济活动发生地和价值创造地征税”的核心内容，就无形资产、地域特殊因素、集团内劳务、相互协商程序等事项作出规定。

（5）2015年3月实施的《关于公司向境外关联方支付费用有关公司所得税问题的公告》（国家税务总局公告2015年第16号），进一步规范了公司向境外关联方对外支付的相关内容，强调了公司向未履行功能、承担风险、无实质性经营活动的境外关联方支付的费用，在计算公司应纳税所得额时不得扣除。

思考题：

1. 什么是税收管辖权？
2. 试述国际税务筹划的特点。
3. 什么是国际税收协定？试述国际税务筹划的原理。
4. 什么是家族信托基金？在解决财富传承中家族信托基金的税务筹划运用。
5. 试述 BEPS 行动计划包括哪些计划。

第十章 税务法律救济

本章概述

税务风险中最大的风险就是纳税人和税务机关在涉税事项上存在争议，纳税人认为是合理避税，税务机关认为是没有合理商业目的的偷逃税。在我国现行法律体系中，《中华人民共和国行政复议法》（以下简称）《行政复议法》，（中华人民共和国行政诉讼法）（以下简称《行政诉讼法》）和《税收征管法》起到了对纳税人权利的部分保障作用，当存在涉税争议时，税务法律救济就是税务律师的主要职责。税务法律救济包括两步：税务行政复议和税务行政诉讼。本章介绍了税务行政复议和税务行政诉讼的概念、特点、程序和案例，并对我国税务法律救济制度存在的缺陷进行了探讨，提出了对《税收征管法》的修改建议。

第一节　税务行政复议

为了防止和纠正违法的或不当的税务具体行政行为，保护纳税人及其他税务当事人的合法权益，保障和监督税务机关依法行使职权。国家税务总局依据《行政复议法》和其他有关法律法规，制定了《税务行政复议规则》。

一、税务行政复议的概念和特点

（一）税务行政复议的概念

税务行政复议是我国行政复议制度的一个重要组成部分。税务行政复议是指当事人（纳税人、扣缴义务人、纳税担保人及其他税务当事人）不服税务机关及其工作人员作出的税务具体行政行为，依法向上一级税务机关（复议机关）提出申请，复议机关经审理对原税务机关具体行政行为依法作出维持、变更、撤销等决定的活动。

（二）税务行政复议的特点

（1）税务行政复议以当事人不服税务机关及其工作人员作出的税务具体行政行为为前提。这是由行政复议对当事人进行行政救济的目的所决定的。如果当事人认为税务机关的处理合法、适当，或税务机关还没有作出处理，当事人的合法权益没有受到侵害，就不存在税务行政复议。

（2）税务行政复议因当事人的申请而产生。当事人提出申请是引起税务行政复议的重要条件之一，当事人不提出申请就不可能通过行政复议这种形式获得救济。

（3）税务行政复议案件的审理一般由原处理税务机关的上一级税务机关进行。

（4）税务行政复议与行政诉讼相衔接。根据《行政诉讼法》和《行政复议法》的规定，对于大多数行政案件来说，当事人都可以选择行政复议或者行政诉讼程序解决，当事人对行政复议决定不服的，还可以向人民法院提起行政诉讼。在此基础上，两个程序的衔接方面，税务行政案件的适用还有其特殊性。依据《征管法》第 88 条，对于因纳税问题引起的争议，税务行政复议是税务行政诉讼的必经前置程序，未经复议不能向人民法院起诉，经复议仍不服的，才能起诉；对于因处罚、保全措施及强制执行引起的争议，当事人可以选择适用复议或诉讼程序，如选择复议程序，对复议决定仍不服的，可以向人民法院起诉。

二、税务行政复议的受案范围

依据《税收征管法》《行政复议法》和《税务行政复议规则》，税务行政复议的受案范围仅限于税务机关作出的税务具体行政行为。税务具体行政行为是指税务机关及其工作人员在税务行政管理活动中行使行政职权，针对特定的公民、法人或者其他组织，就特定的具体事项，作出的有关该公民、法人或者其他组织权利、义务的单方行为。主要包括以下行为。

（一）税务机关作出的征税行为

具体包括：（1）征收税款、加收滞纳金。（2）扣缴义务人、受税务机关委托征收的单位作出的代扣代缴、代收代缴行为及代征行为。

（二）税务机关作出的责令纳税人提供纳税担保的行为

（三）税务机关作出的税收保全措施

具体包括：（1）书面通知银行或者其他金融机构冻结纳税人存款。（2）扣押、查封商品、货物或其他财产。

（四）税务机关未及时解除税收保全措施，使纳税人等合法权益遭受损失的行为

（五）税务机关作出的税收强制执行措施

具体包括：（1）书面通知银行或者其他金融机构从当事人存款中扣缴税款。（2）拍卖或者变卖扣押、查封商品、货物或其他财产。

（六）税务机关作出的税务行政处罚行为

税务机关作出的税务行政处罚行为具体包括：（1）罚款。（2）没收财产。（3）停止出口退税权。（4）收缴发票和暂停供应发票。（5）责令限期改正。

（七）税务机关不予依法办理或答复的行为

税务机关不予依法办理或答复的行为具体包括：（1）不予审批减免税或出口退税。（2）不予抵扣税款。（3）不予退还税款。（4）不予颁发税务登记证、发售发票。（5）不予开具完税凭证和出具票据。（6）不予认定为增值税一般纳税人。（7）不予核准延期申报、批准延期缴纳税款。

（八）税务机关作出的取消增值税一般纳税人资格的行为

（九）税务机关作出的通知出境管理机关阻止出境行为

（十）税务机关作出的其他税务具体行政行为

根据以上内容可以看出，只要是税务机关作出的具体行政行为，纳税人均可以申请税务行政复议，这是《行政复议法》实施后，有关税务行政复议的一个新的规定。

另外，《税务行政复议规则》规定，纳税人可以对税务机关作出的具体行政行为所依据的规定提出行政复议申请。《税务行政复议规则》第 15 条规定，申请人认为税务机关的具体行政行为所依据的下列规定不合法，对具体行政行为申请行政复议时，可以一并向行政复议机关提出对有关规定的审查申请：（1）国家税务总局和国务院其他部门的规定。（2）其他各级税务机关的规定。（3）地方各级人民政府的规定。（4）地方人民政府工作部门的规定。需要注意的是，以上规定不含国家税务总局制定的规章以及国务院各部委和地方人民政府制定的规章，也就是说，部委规章一级的规范性文件不可以提请审查。

三、税务行政复议的程序

（一）纳税人申请

（1）申请人。依法提起行政复议的纳税人或其他税务当事人为税务行政复议申请人，具体是指纳税义务人、扣缴义务人、纳税担保人和其他税务当事人。有权申请行政复议的公民死亡的，其近亲属可以申请行政复议；有权申请行政复议的公民为无行为能力人或者限制行为能力人，其法定代理人可以代理申请行政复议。有权申请行政复议的法人或者其他组织发生合并、分立或终止的，承受其权利的法人或其他组织可以申请行政复议。

（2）被申请人。作出具体行政行为的税务机关是被申请人。

（3）申请时限。申请人可以在得知税务机关作出具体行政行为之日起 60 日内提出行政复议申请。因不可抗力或者被申请人设置障碍等其他正当理由耽误法定申请期限的，申请期限自障碍消除之日起继续计算。

（4）申请方式。申请人申请行政复议，可以书面申请，也可以口头申请；口头申请的，复议机关应当当场记录申请人的基本情况、行政复议请求、申请行政复议的主要事实、理由和时间。

（二）税务行政复议的受理

（1）复议机关收到行政复议申请后，应当在5日内进行审查，对不符合规定的行政复议申请，决定不予受理，并书面告知申请人；对符合规定，但是不属于复议机关受理的行政复议申请，应当告知申请人向有关行政复议机关提出申请。

（2）对符合规定的行政复议申请，自复议机关法制工作机构收到之日起即为受理。

（3）对应当先向复议机关申请行政复议，对行政复议决定不服再向人民法院提起行政诉讼的具体行政行为，复议机关决定不予受理或者受理后超过复议期限不作答复的，纳税人和其他税务当事人可以自收到不予受理决定书之日起，或者行政复议期满之日起15日内，依法向人民法院提起行政诉讼。

（4）纳税人及其他税务当事人依法提出行政复议申请，复议机关无正当理由不予受理且申请人没有向人民法院提起行政诉讼的，上级税务机关应当责令其受理；必要时，上级税务机关也可以直接受理。

（5）行政复议期间税务具体行政行为不停止执行。

（三）税务行政复议的决定

（1）行政复议原则上采用书面审查的办法，但是申请人提出要求或者税务机关内部负责行政复议的工作机构认为有必要时，应当听取申请人、被申请人和第三人的意见，并可以向有关组织和人员调查了解情况。

（2）复议机关内部有关工作机构应当自受理行政复议申请之日起7日内，将行政复议申请书副本或者行政复议申请笔录复印件发送被申请人。被申请人应当自收到申请书副本或者申请笔录复印件之日起10日内，提出书面答复，并提交当初作出具体行政行为的证据、依据和其他有关材料。

（3）申请人和第三人可以查阅被申请人提出的书面答复、作出具体行政行为的证据、依据和其他有关材料，除涉及国家秘密、商业秘密或者个人隐私外，复议机关不得拒绝。

（4）在行政复议过程中，被申请人不得自行向申请人和其他有关组织或者个人收集证据。

（5）行政复议决定作出前，申请人要求撤回行政复议申请的，经说明理由，可以撤回；撤回行政复议申请的，行政复议终止。

（6）申请人在申请行政复议时，依据一并提出对有关规定的审查申请的，复议机关对该规定有权处理的，应当在30日内依法处理；无权处理的，应当在7日内按照法定程序转送有权处理的行政机关依法处理，有权处理的行政机关应当在60日内依法处理。处理期间，中止对具体行政行为的审查。

（7）复议机关在对被申请人作出的具体行政行为进行审查时，认为其依据不合法，复议机关有权处理的，应当在30日内依法处理。无权处理的，应当在7日内按照法定程序转送有权处理的行政机关依法处理。处理期间，中止对具体行政行为的审查。

（8）复议机关内部有关工作机构应当对被申请人作出的具体行政行为进行合法性与适当性审查，提出意见，经复议机关负责人同意，按照下列规定作出行政复议决定：①具体行政行为认定事实清楚，证据确凿，适用依据正确，程序合法，内容适当的，决定维持。②具体行政行为有下列情形之一的，决定撤销、变更或者确认该具体行政行为违法；决定撤销或者确认该具体行政行为违法的，可以责令被申请人在一定期限内重新作出具体行政行为：事实不清、证据不足的；适用依据错误的；违反法定程序的；超越或者滥用职权的；具体行政行为明显不当的。③被申请人不按照规定提出书面答复，提交当初作出具体行政行为的证据、依据的，应决定撤销该具体行政行为。

（9）申请人在申请行政复议时可以一并提出行政赔偿请求，复议机关对符合《国家赔偿法》的有关规定应予赔偿的，在决定撤销、变更具体行政行为或者确认具体行政行为违法时，应当同时决定被申请人依法给予赔偿。

申请人在申请行政复议时没有提出行政赔偿请求的，复议机关在依法决定撤销或者变更原具体行政行为确定的税款、滞纳金、罚款以及对财产的扣押、查封等强制措施时，应当同时责令被申请人退还税款、滞纳金和罚款，解除对财产的扣押、查封等强制措施，或者赔偿相应的价款；税务机关退还多征纳税人多缴的税款时，应加算银行同期存款利息。

（10）复议机关应当自受理申请之日起60日内作出行政复议决定。情况复杂，不能在规定期限内作出行政复议决定的，经复议机关负责人批准，可以适当延长，并告知申请人和被申请人；但是延长期限最多不超过30日。

四、当前我国税务行政复议制度的不足

（一）税务争议的复议前置制度损害了当事人的司法救济权

《税收征管法》以是否为税款征收方面的争议为衡量界限，针对两类争议分别实施不同的处理方式。一类是针对征收税款行为，实施复议前置原则，对复议机关的决定不服才能提起诉讼，非经复议不得诉讼。复议前置的行政行为一般包括确认主体、征税对象、征收范围、减免退税、适用税率和纳税的期限、地点、方式等行为。提起复议的前置条件是先提出复议申请并先行缴纳税款或提供相应担保，对复议结果仍有异议的，才能提起诉讼。另一类是对征收行为以外的涉税具体行政行为，由行政相对人自行选择行政复议还是行政诉讼来解决争议，即“复议选择原则”。该类行为包括纳税担保行为、税收保全行为、强制执行、行政处罚、不予办理或答复、取消相关资格、发票审批等。

学术界对于复议前置制度持有不同的观点，一些人认为，税收争议所涉及的事项专业性较强，而税务机关通过内部的复议程序解决争议，便于发挥自己的专业优势，另外由于税务系统的垂直管理模式，由上级机关直接对下级机构的不当具体行政行为进行纠正，从效率上讲比较简便、易于操作，因此，有利于降低税收成本，提高行政效率；而另一些人则认为，复议前置模式牺牲了税务行政相对人的一部分选择权，对于不便于提起复议，或因复议周期时间长，或对复议机构的权威性有所质疑的部分税务行政相对人，复议前置模式实质上限制了诉权，降低了行政效率，增大了税收成本，不利于对纳税人权力的保护，从程序设置上讲，并没有做到按照保护纳税人权益来进行合法设置，损害了当事人的司法救济权。

复议前置模式使纳税人在面临纳税争议时丧失了选择权，无法通过选择

争议解决方式来降低因涉税纠纷而带来的风险。从程序权利上讲，纳税人丧失了部分程序权利。法定的行政复议前置程序，无疑是基于这样一个假设：一旦取消复议前置，纳税争议绝大部分会涌向人民法院。这一方面增加了人民法院的诉讼负担，另一方面不利于税务机关自纠自查。但是，复议前置制度设立之后，其在实践中解决争议的方式往往是由上一级机关首先对下级机关的具体行政行为进行确认、修改或撤销，以达到复议的监督功能。该做法从制定之初即排除了相对人对救济方式的选择权，限制了纳税人的部分程序权利，损害了行政相对人的权利和利益，这对纳税人来讲是不合理的，无法实现化解纠纷的目的，违背了立法者的初衷，也就无法对纳税人的权利进行保护。

我国的税务行政复议前置制度，在实践中的运用范围较为有限，《税收征管法》对此有明确的规定与阐述："纳税人、扣缴义务人、纳税担保人同税务机关在纳税上发生争议时，必须先依照税务机关的纳税决定缴纳或者解缴税款及滞纳金或者提供相应的担保，然后可以依法申请行政复议；对行政复议决定不服的，可以依法向人民法院起诉。"因此，税务行政复议前，必须先缴纳税款及滞纳金或提供相应担保才可以提起税务行政复议，体现了财政主义原则，现实中很多纳税人由于缺乏货币资金缴税，而无法提起税务行政复议和税务行政诉讼。

（二）可申请附带审查的抽象行政行为范围过窄

《税务行政复议规则》和《行政复议法》均规定：把行政相对人认为不合理的部分税务抽象行政行为纳入复议的受案范围，允许相对人对上述抽象行政行为提起复议审查申请，无论是对司法领域还是对行政领域，都具有积极的意义。该制度的确定试图从根本上解决错误的具体行政行为的发生，并对抽象行政行为进行自下而上的监督，从而有利于税务行政复议行为的健康，良好的发展。然而，从范围上看，我国现行法律条文均采用列举方式对复议审查的范围进行规定，目前只有四种抽象行政行为可以由行政相对人申请附带性审查，这种做法直接导致列举范围外的抽象行政行为被排除在复议审查的范围之外，大大限制了复议的范围，增加了附带性审查的困难，不利于税务行政相对人权利的实现。

因此，在司法实践中，即便某一具体征税行为被判决撤销或变更，但作为作出该行为合法依据的税务抽象行政行为依然存在，并可能被其他具体行政行为发生时得以再次适用，如果再次适用，则可能出现两种不利结果：一是再次侵害相对人的合法权益，二是可能再次引起税务行政复议或者行政诉讼，增加行政和司法成本，达不到从根本上解决纠纷的目的，亦达不到化解纠纷，减少诉讼的最终目的。此外，我国行政复议制度及相关法律对行政复议只做了基本规定，并未明确规定在具体案件中复议应采用何种方式、何种手段或审查方法。所造成的结果就是复议机关仍然需要通过原有的法律文件及判断依据，在原有的复议方式下进行复议裁判。这在实践中往往造成复议机关的困惑以及法律依据适用上的为难。

第一，抽象行政行为的附带性审查限制过多。针对抽象行政行为的附带性审查，我国现有的法律规定是以相对人“认为”具体行政行为侵害其合法权益，税务纠纷发生并已经提出复议申请为前提。《行政复议法》确定了附带性审查必须在税务行政相对人对税务具体行政行为申请复议时，才可以“附带”提出，该制度从两方面限制了纳税人的权利，一是提出附带审查的主体。附带审查的提出主体确定为“认为”具体行政行为会对自身权益造成侵害的，否则不具有申请权。从表面上看，“认为”所包含的相对人范围会相对广泛，赋予纳税人的申请权会比较宽松，但实际上，当纳税人对该具体行政行为所包含的潜在风险或潜在影响不甚了解的情况下，便会放弃“认为”侵权，因而放弃复议的申请权。二是附带性审查的提出实践。在行政机关作出抽象行政行为的决定后，行政相对人即便是对该行为作出的规定存在异议，“认为”该行为可能对自己的合法权益造成损害，也不能提起申请，只能在作出具体行政行为后，“认为”具体行政行为侵害自己的合法利益时，才能提出，而“复议不停止执行”制度，又造成该具体行政行为必然会执行，结果就是该具体行政行为必然会执行，导致不可避免地发生损害。

第二，列举法不能穷尽所有的可复议抽象行政行为。随着税务争议的日益复杂和专业化的提高，抽象行政行为的作出，需要以较高的立法技术和实践经验为基础，在某些问题上需要多个规范性文件或规章等抽象性行政行为来共同规范。而列举法不能穷尽所有抽象行政行为的前提，就直接造成某些行政行为被排除在可复议范围之外，造成复议制度所需要解决的抽象性行政行为无法通过该制度被监督和被审查。压缩了纳税人利用该制度进行维权的空间，容易造成侵权的发生。由于“规范性文件”的制定主体层级不一，对于下级制定的“规范性文件”提出审查申请后，作为其制定依据的规章却无法提出审查申请，这也就造成了无法从源头上避免复议行为的发生。

第三，忽略合理性审查仅对抽象性行政行为进行合法性审查是明显不够的。我国行政法要求行政机关以合理、合法行政为基本原则，具体行政行为在实践中虽合法但却不合理的现象仍大量存在，这些行为往往会给相对人的合法权益造成损害，而附带性审查所审查的范围却将合法性排除在外，并且未制定任何关于附带性审查的具体规定。另外，由于行政管理活动的项目内容繁多，无法通过制定确定的规章制度对所有的行为加以规制，更多地是通过自由裁量行政行为来规范。

（三）我国税收行政复议机关缺乏独立性

我国现行的行政复议案件的实际执行机构是各级行政复议机关内设的法制工作机构，该机构的名称有多种，常冠以“法治”“法规”等不同的称谓，组织形式也较为多样，如“××科”“××办公室”等。

该机构的职责理论上较其他机构更为独立，参与复议的人员与被复议机关的人员相对分离，符合司法审查程序的各项要求。但是从实际情况来看，这种在行政机关内设法制工作机构的做法，与其他内设机构在组织关系上处于平行状态，并无太大差别，在承办案件时，难免受到部门利益的影响，以及上下级领导关系的影响，而无法独立进行，其中立、独立的地位无法保证，所作出的复议结果就无法保证客观性。这种机构设置上的弊端，直接导致复议结果的说服力大打折扣。

首先，行政复议机构是我国行政机关内设的工作部门，内设机构作为行政机关内部的科室无法摆脱同级各科室相关因素的干扰，更无法摆脱税务机关自上而下的整体利益，这一部门的工作往往要服从行政复议机关负责人的绝对领导，独立开展工作的可能性低。行政复议机构的职责之一是“审查申请行政复议的具体行政行为是否合法与适当，拟定行政复议决定”，这条款是对复议机构职责的明确规定，行政复议机构的职责是对争议的具体行政行为进行初审，并根据初审结果拟定初步意见，对于复议决定的最终作出仍然需要复议机构所在的行政机关负责人来决定，该决定通常状态下需要服从税务机关负责人的意见。这种机制就意味着行政复议机关的复议过程同其他内设机构的行政管理过程基本相同，基本等同于一般行政程序。行政机关并未独立地根据自己的意见作出最终决定，缺乏独立性的裁判其公正性必然难以保证。

其次，就复议机关与被复议机关隶属关系来讲，复议案件的具体执行机构在我国的行政复议体系中缺乏足够的独立性，行政相对人的复议申请有可能导致复议机关与被复议机关之间存在一致的利益关系。在部分税务机关工作人员来看，发生税务纠纷并且未被及时处理，并进一步引发行政复议或诉讼，应被认为是基层税务行政机关工作失职，也有可能被看作上级税务机关对下级工作的指导不力。但无论如何，在面对行政相对人时，上下级之间出于维护本机关利益的目的很容易就某件事达成一致看法，形成利益共同体，从而影响到行政复议案件的公正审理。

（四）税务行政复议案件的审理水平偏低

税务行政复议制度是建立在行政管理框架下的一种行政行为，由于其自上而下的内部监督功能以及对争议案件的诉前裁判功能而具有部门司法属性。其行政与司法的双重属性要求行政复议工作人员既应当熟练掌握税务系统的行政规则，又能熟练运用相关法律知识和基本原理，以解决实际工作中出现的各类涉税纠纷与问题。在复议案件的日常审理中，税务行政复议的审理人员却普遍存在以下问题。

一是专业水平有待提高。随着我国市场经济的逐渐发展，市场经济所需要的人才也出现多样化、专业化、综合化的特征。税收政策的出台亦随之不断频繁，税收体制日渐完善。在这种背景下，税务机关亦应逐步吸纳或培养相应的高素质人才来建设税务干部队伍，以更好地执行税收政策。实践工作中，省级以下各级税务机关的复议工作人员往往只具备税务机关工作经验，缺乏相应的司法工作经验，这导致复议案件的审理结果遵守了现有的行政制度与行政规则，体现出更多的税务特点，而忽视了案件审理过程中的程序正义，甚至是法的理念价值与司法精神，不利于较为复杂的复议案件的合理公正解决，因而缺乏中立性和说服力。

二是内设复议机构的非专业化。我国税务行政争议案件通常由内设机构来负责具体的案件复议工作。一般设在法规部门或综合部门，上述部门通常处理本行政机关内各项业务的流转、上级工作指示的传达、行政审批工作等，日常工作中税务事项仅占少数，涉法税务事项又占税务事项少数。从人员上讲，工作人员不具专业性；从工作内容上讲，工作内容不具有专一性。从复议案件的发生上看，基层工作单位发生复议案件的数量更多，但是从复议人员分布上看，基层复议人员的数量较少且与专业性更薄弱。这种状况直接影响了复议案件的结果，降低了复议的效率。

五、完善《税收征管法》的建议

（一）建议取消税务争议复议前置及其相关规定

税务行政复议前置制度及其相关规定已严重滞后于当今经济发展形势和我国不断完善的司法进程，其弊端逐渐显现，虽然存在部分合理性，但已难以适应现今快速发展的经济形势，应当予以废止。

首先，复议前置制度在权利保障的程序上妨碍了诉权的优先行使。解决税务争议的复议前置制度可能导致纳税人失去通过制度寻求救济的机会，无法获得面对税务行政机关的抗辩权，从而使纳税人丧失了权益救济的自主选择权，也在根本上使财产权这项基本权利无法得到合理的保护。正是由于复议前置制度及其相关规定缺乏操作性，背离了保护纳税人基本权益的初衷，剥夺了相对人的程序参与权，导致复议案件发生率极低。因此，废止该项制度可以在制度设计方面保护纳税人的基本权益，对于司法制度而言，亦有查缺补漏之意义。应当通过合理程序允许相对人以合适的身份参与到行政决策的过程中，赋予其一定的知情权，并进一步在此过程中听取相对人的合理意见，使其有权利表达自己的观点与见解，维护自身合法权益。

其次，税款的征纳并不会因为复议制度的废止而产生实质影响。在制度设定上，可以通过完善纳税担保、税收保全、限制出境、行使代位权、行使撤销权等制度来避免税收流失。即为防范税收流失风险，可以通过限期提供纳税担保制度来加以防范。未提供纳税担保的，可以采取《税收征管法》第38条规定的相应的税收保全措施。复议申请人需要出境，但未提供担保，存在税收流失可能的，税务行政机关可以根据《税收征管法》的相关规定联合出入境管理机关限制其出境。此外，纳税人、扣缴义务人或者纳税保证人在税务行政复议期间未履行应有的债权的，或者放弃到期债务，或者恶意转移财产，而第三人知道该情形，损害国家税收权的，税务机关可以依照《合同法》第73条、第74条的规定行使代位权、撤销权。由于税收强制措施和法律责任的规定，废除税务复议前置制度不会对当期税款的足额征收带来较大损害，无须过多担心纳税人拖欠逃避纳税。

最后，建议采取复议选择模式，将税务行政复议与行政诉讼两套制度由“串联”方式改为“并联”方式，由“先复议后诉讼”改为“可复议可诉讼”。是先进行简便的不服行政行为提出复议申请，还是直接向人民法院提起诉讼，这本来都属于纳税者自由判断的问题，在不服行政行为提出复议申请前置主义的基础上，如果在一定期日之前不进行合法的异议申请或审查，原则上纳税者将不能提起诉讼，在这个意义上，不服行政行为提出复议申请前置主义想必有在事实上剥夺纳税者接受裁判的权利，如此分析，不服行政行为提出复议申请前置主义也就具有“行政权侵犯司法权”的功能了。

在我国的征纳关系中，拥有强制征收权的税务机关明显处于强制地位，容易造成对纳税人权利侵害，因此应采取更为有效的措施对其权益进行保护。因此，赋予行政相对人一定的程序选择权是一种很好的方式，即要申请复议还是直接向人民法院诉讼，应由当事人自己选择。赋予其选择权还意味着行政相对人要对选择何种方式解决争议所带来的利益作出正确的判断，要对风险承担责任。这使得行政相对人在行使选择权的同时，必然会考虑多种因素，例如，人力资源成本、实践成本，谨慎选择效率最高、风险最低、资源最节约的方式来解决争议。这样可以间接地节约行政资源与司法资源，做到更好的外部监督和取得更好的救济结果。

（二）建议允许对部分抽象行政行为单独提起行政复议

从国外的立法情况看，美国《联邦行政程序法》第553条第5项规定：“各行政机关应给予有利害关系的人申请发布、修改或废除某项规章的权利。”法国的行政救济制度中也规定：“由于法律或上级条例的出现，而使下级行政机关某项条例的存在成为不合法时，根据行政法院的判例，利害关系人可以在法律和上级条例公布后两个月内，请求行政机关废除或修改不符合法律情况的条例。”该规定同样赋予了相对人要求行政机关修改不合理法律、规章的单独请求权利。从上述两国的法律规定上看，两者均未对相对人的单独申请审查的权利予以过多限制。相比较而言，我国《行政复议法》规定的附带性审查对行政相对人的限制却比较严格，我国《行政复议法》规定不允许单独就抽象行政行为提起复议，只能对其合法性进行附带性审查，这种规定限制了大部分行政相对人的申请权，换言之，只有申请复议的行政相对人才有权申请附带性审查，而对于其他行政相对人，则排除了其他行政相对人对抽象行政行为提出审查的权利。这种做法，一是不利于相对人对自己合法权益的保护；二是抽象行政行为脱离了大部分行政相对人的监督，不利于规章及规范性文件等制定、实施、修订过程的健康发展；三是由于抽象行政行为得不到全面的合理监督和审查，那么据此抽象行政行为而作出具体行政行为的机关无法从源头上杜绝行政风险，存在进一步引发行政复议的可能。因此，建议赋予行政相对人对部分抽象行政行为单独提起行政复议的申请权，对不允许单独复议的情况用列举法予以明确规定，进一步扩大可提起行政复议的抽象行政行为的范围。

（三）采用多种途径强化税务行政复议的独立性

1. 从组织地位方面考虑

借鉴国外经验，我国的税务行政复议机构在组织地位方面，可以考虑建立直属于国家税务总局局长领导下的、独立于征管和稽查等系列的税务行政复议系列，其机构分中央与省、市三级设立，市一级的复议机构可视案源情况对应多个市的征管单位，而不必拘泥于现有的行政区划，并且针对市级以下征管单位提起的行政复议案件，都统一由市一级的复议机构受理，针对市级征管单位提起的行政复议由省级复议机构受理，针对省级征管单位提起的行政复议由中央级的复议机构受理。相对集中地设置复议机构的主要目的，是避免组织庞大，并且便于严格选用优秀的人才从事行政复议工作。依据《税收征管法》，严格实行复议机构的职责独立、机构独立。复议机构要从承担的大量日常事务性工作中摆脱出来，专门从事复议工作，以提高复议的质量，真正起到复议解决纠纷的作用。

2. 从人员构成上考虑

为了确保行政复议的公正与中立，在人员的构成上，除了从税务部门中选用之外，可以广泛地吸收税务机关之外的专家，可以采用交流的方式，吸收法官、检察官、律师、税务师等专业人员从事复议审理工作。税务行政复议委员会中的外聘专家人数不少于1/2，并赋予税务复议委员会相对独立的裁决决定权。保障专职税务复议人员的相对独立性，在工资待遇、职务升迁上不完全受有关税务部门领导的控制。建立税务行政复议人员的统一选拔制度、培训制度，提高复议人员的专业素质。必须在复议机构中充实法律专门人才，尤其是财税法方面的人才，他们既懂经济又谙熟法律，既可以在税务执法中把大量的案件化解在萌芽状态，又可以在税务行政复议中公平公正地化解矛盾，解决纠纷，提高税收行政复议的质量。

第二节　税务行政诉讼

一、税务行政诉讼的概念和特点

（一）税务行政诉讼的概念

税务行政诉讼是指公民、法人和其他组织认为税务机关及其工作人员的具体税务行政行为违法或者不当，侵犯了其合法权益，依法向人民法院提起行政诉讼，由人民法院对具体税务行政行为的合法性进行审查并作出裁决的司法活动。其目的是保证人民法院正确、及时审理税务行政案件，保护纳税人、扣缴义务等当事人的合法权益，维护和监督税务机关依法行使行政职权。税务行政诉讼作为行政诉讼的一个重要组成部分，必须遵循《行政诉讼法》所确立的基本原则和普遍程序，同时税务行政诉讼又不可避免地具有自身特点。

（二）税务行政诉讼的特点

从税务行政与税务行政复议及其他行政诉讼活动的比较中可以看出，税务行政诉讼具有以下特殊性。

1. 税务行政诉讼是由人民法院进行审理并作出裁决的一种诉讼活动

这是税务行政诉讼与税务行政复议的根本区别。税务行政复议和税务行政诉讼是解决税务行政争议的两条重要途径。由于税务行政争议范围广、数量多、专业性强，大量税务行政争议由税务机关以税务复议方式解决，只有由人民法院对税务进行审理并作出裁决的活动，才是税务行政诉讼。

2. 税务行政诉讼以解决税务行政争议为前提

这是行政诉讼与其他行政诉讼活动的根本区别，具体体现在：（1）被告必须是税务机关，或经法律、法规授权的行使税务行政管理权的组织，而不是其他行政机关或组织。（2）税务行政诉讼解决的争议发生在税务行政管理过程中。（3）因税款征纳问题发生的争议，当事人在向人民法院提起行政诉讼前，必须先经税务行政复议程序，即复议前置。

二、税务行政诉讼的受案范围

税务行政诉讼案件的受案范围除受《行政诉讼法》有关规定的限制外，也受《税收征管法》及其他相关法律、法规的调整和制约。具体来说，税务行政诉讼的受案范围与税务行政复议的受案范围基本一致，主要包括以下行为：

（一）税务机关作出的征税行为

一是征收税款、加收滞纳金；二是扣缴义务人、受税务机关委托的单位作出代扣代缴、代收代缴行为及代征行为。

（二）税务机关作出的责令纳税人提缴纳税保证金或者纳税担保行为

（三）税务机关作出的行政处罚行为

一是罚款；二是没收违法所得；三是停止出口退税权；四是收缴发票和暂停供应发票。

（四）税务机关作出的通知出境管理机关阻止出境行为

（五）税务机关作出的税收保全措施

一是书面通知银行或者其他金融机构冻结存款；二是扣押、查封商品、货物或者其他财产。

（六）税务机关作出的税收强制执行措施

一是书面通知银行或者其他金融机构扣缴税款；二是拍卖所扣押、查封的商品、货物或者其他财产抵缴税款。

（七）认为符合法定条件申请税务机关颁发税务登记证和发售发票，税务机关拒绝颁发、发售或者不予答复的行为

（八）税务机关的复议行为

一是复议机关改变了原具体行政行为；二是期限届满，税务机关不予答复。

三、税务行政诉讼的程序

（一）起诉

1. 起诉权

在税务行政诉讼等行政诉讼中，起诉权是单向性的权利，税务机关不享有起诉权，只有应诉权，即税务机关只能作为被告；与民事诉讼不同，作为被告的税务机关不能反诉。

2. 起诉条件

纳税人、扣缴义务人等税务管理相对人在提起税务行政诉讼时，必须符合下列条件：原告是认为具体税务行为侵犯其合法权益的公民、法人或者其他组织；有明确的被告；有具体的诉讼请求和事实、法律根据；属于人民法院的受案范围和受诉人民法院管辖。

3. 法定的期限和必经的程序

依据《税收征管法》第 88 条及其他相关规定，对税务机关的征税行为提起诉讼，必须先经过复议；对复议决定不服的，可以在接到复议决定书之日起 15 日内向人民法院起诉。对其他具体行政行为不服的，当事人可以在接到通知或者知道之日起 6 个月内直接向人民法院起诉。税务机关作出具体行政行为时，未告知当事人诉权和起诉期限，致使当事人逾期向人民法院起诉的，其起诉期限从当事人实际知道诉权或者起诉期限时计算。但最长不得超过 2 年。

（二）受理

根据法律规定，人民法院接到诉状，经过审查，应当在 7 日内立案或者作出裁定不予受理。原告对不予受理的裁定不服的，可以提起上诉。

（三）审理

人民法院审理行政案件实行合议、回避、公开审判和两审终审的审判制度。审理的核心是审查被诉具体行政行为是否合法，即作出该行为的税务机关是否依法享有该税务行政管理权；该行为是否依据一定的事实和法律作出；税务机关作出该行为是否遵照必备的程序等。

依据《行政诉讼法》第 63 条，人民法院审理行政案件，以法律和行政法规、地方性法规为依据。地方性法规适用于本行政区域内发生的行政案件。人民法院审理民族自治地方的行政案件，并以该民族自治地方的自治条例和单行条例为依据。人民法院审理行政案件，参照规章。

（四）判决

人民法院对受理的税务行政案件。经过调查、收集证据、开庭审理之后。分别作出如下判决。

1. 维持判决

适用于具体行政行为证据确凿，适用法律、法规正确，符合法定程序的案件。

2. 撤销判决

被诉的具体行政行为主要证据不足，适用法律、法规错误，违反法定程序，或者超越职权、滥用职权，人民法院应判决撤销或部分撤销，同时可判决税务机关重新作出具体行政行为。

3. 履行判决

税务机关不履行或拖延履行法定职责的，判决其在一定期限内履行。

4. 变更判决

税务行政处罚显失公正的，可以判决变更。

对一审人民法院的判决不服，当事人可以上诉。对发生法律效力的判决，当事人必须执行，否则人民法院有权依对方当事人的申请予以强制执行。

四、当前我国税务行政诉讼制度的不足

（一）纳税人起诉意愿不足

截至 2020 年 1 月 20 日，中国裁判文书网显示我国行政诉讼案件总数为 2 481 781篇，其中有关税收行政诉讼的案件总数为 27 114 篇，仅占全部案件的 1% 。由此可见，我国纳税人在涉及税收争议时起诉意愿较低。究其原因，最典型的解释有以下几种：一是文化说。亚洲地区的国家普遍存在厌讼意识，即在一个封建意识强烈，喜欢通过调解和合意的方式来解决纠纷的社会，诉讼被认为是一种极具攻击性的个人主义纠纷解决办法，通常被视为纠纷解决的最终手段。二是制度原因说。起诉率低是因为起诉成本通常比较高，税务行政诉讼案件偏低的重要原因是两个前置问题——税款支付前置和税务行政复议前置，给纳税人造成巨大的成本。三是担心审理不够公正，纳税人虽然知道可以通过行政诉讼来进行维权，但也担心行政诉讼会不够公正，认为人民法院有可能会站在税务机关一方，自身胜诉的可能性较小。四是害怕税务机关打击报复。纳税人通常长期处于地方税务机关的管理之下，他们认为提起税务行政诉讼就相当于和税务机关彻底撕破脸皮，会将当前的争议持续到未来许许多多的事件中，担心会受到税务机关的打击报复，不利于自己长期在当地发展。因此，除非该纳税人已经不想继续在当地进行经营性活动，否则他们通常不会选择诉讼方式，而更愿意通过协商与和解的方式来进行权利救济，这在一定程度上解释了我国税收行政诉讼案件较少的现象。

（二）纳税争议清税前置制度影响了纳税人诉讼救济权的实现

《税收征管法》第88条第1款规定："纳税人、扣缴义务人、纳税担保人同税务机关在纳税上发生争议时，必须先依照税务机关的纳税决定缴纳或者解缴税款及滞纳金或者提供相应担保，然后可以依法申请行政复议；对行政复议决定不服的，可以依法向人民法院起诉。"这条规定强制性要求纳税人在与税务机关发生争议时必须先经过复议才能提起诉讼。同时要求，有关纳税争议必须先解缴税款或者提供相应担保才能够提起复议，否则纳税人将失去救济的权利。一个直接结果就是将许多没有能力解缴税款或者提供担保的纳税人拒之门外，实质上是为纳税人行使诉讼救济权设置了一道门槛，这也是我国税收行政诉讼案件起诉率低的原因之一。

（三）人民法院对涉税案件争议焦点的审理专业性不强

我国税收行政诉讼案件的类型多种多样，具有复杂性和专业性强的特点。税收争议的对象包括税务行政处罚、税收行政强制执行、税务机关不履行法定职责、税收征收行为、税务行政管理等多个不同方面、不同环节。案件的争议焦点不同，需要的专业知识可能会有所差异，需要法官在审判过程中运用充裕的专业知识进行判断。而我国现行的司法体系中懂得税务专业知识并具有审查复杂税务争议案件的法官少之又少，许多基层人民法院不具有审理复杂税务争议案件的专业能力。在案件的审理中，多按照行政诉讼法的审判思维来审理税务诉讼案件，虽然税务诉讼案件与行政诉讼有相当大的交叉部分，但其更具有自身的特点，这要求人民法院在案件的审判中必须将税务诉讼案件的专业性和特殊性放在重要位置。然而，我国部分人民法院目前还不具有审理复杂的税务行政诉讼案件的专业能力，这是导致此类案件的审理出现判决不当进而侵害纳税人合法权益的重要原因。例如，在实际工作中经常碰到的，针对纳税人虚开发票或者让他人为自己虚开发票行为的处罚，税务稽查局在审查其是否虚开发票或使用虚开发票时可能不考虑纳税人取得发票时是否属于善意，此类案件的争议焦点往往集中于税务机关作出的税务行政处罚是否具有合法性以及行政处罚与刑事处罚发生竞合时如何处理。如果人民法院在审判过程中对刑事处罚和行政处罚的竞合没有进行详细审查，那么就可能会对纳税人进行错误处罚，从而损害纳税人的合法权益。

（四）我国税收行政法律不完善不利于保护纳税人的权利

1. 税收行政诉讼案件受案范围过小

在2017年修订的《行政诉讼法》第二章第12条中，明确列举了行政相对人可以提起诉讼和不可以提起诉讼的范围。而依据《税收征管法》和《税收行政复议规则》，我国的税收行政诉讼案件以具体的行政行为为审查对象，主要集中在税务机关作出的征税行为、责令纳税人交纳保证金或纳税担保行为、税务机关作出的行政处罚行为、税收保全措施、税收强制执行措施以及税务机关的复议行为。根据特别法优于普通法的原则，在涉税案件的审理中，应当适用特别法的规定，即应当适用《税收征管法》的规定。但我国《税收征管法》相较于《行政诉讼法》的受案范围来讲，其受案范围较小，不能完全覆盖实务中所有的税务争议。与此同时，由于我国法律规定税务行政诉讼案件只能审查具体行政行为的合法性，税收抽象行政行为以及税收具体行政行为的合理性审查不能纳入税收行政诉讼的范围，这将相当大的一部分税收争议案件排除在司法审查范围之外，使其无法进入司法程序得到救济。这意味着许多纳税人的有关诉讼请求无法得到人民法院的支持和保护。因此，我国税收行政诉讼案件受案范围过小不利于保护纳税人的合法权益。

2. 我国税收司法审查范围过小

《行政诉讼法》对规范性文件的附带性审查作出了明确规定，其中第53条规定："公民、法人或者其他组织认为行政行为所依据的国务院部门和地方人民政府及其部门制定的规范性文件不合法，在对行政行为提起诉讼时，可以一并请求对该规范性文件进行审查。前款规定的规范性文件不含规章。"此条规定说明我国税收司法审查的范围非常有限，税收行政诉讼只能对规章以下的抽象行政行为进行审查。该法第64条规定："人民法院在审理行政案件中，经审查认为本法第五十三条的规范性文件不合法的，不作为认定行政行为合法的依据，并向制定机关提出处理建议。"对此条进行分析可以得出，在税收行政诉讼案件中，人民法院对违法的抽象行政行为只有不予适用的权力而没有撤销的权力。这就导致了在税收行政诉讼中即使人民法院发现了某些规范性文件是不合法的，只能在审判中不予适用，但该规范性文件依旧存在并且在税务争议中可能被反复适用，这可能会导致同类型案件的反复审理，浪费司法资源。同时，如果纳税人并未提出对该规范性文件的审查，则在司法实践中很有可能导致纳税人的败诉，不利于保护纳税人的合法权益。

五、完善《税收征管法》的建议

（一）完善有关制度以增强纳税人的起诉意愿

要解决我国纳税人起诉意愿低的问题，首先，要从纳税人的意识方面入手，加大对纳税人尤其是西部偏远地区纳税人的普法宣传教育，向纳税人宣传其享有的各项权利，对纳税人如何保护自己的权利进行教育和引导，使其意识到在与税务机关发生争议时不仅可以通过协商与和解的方式解决问题，还可以通过税务行政诉讼的方式进行解决。税务机关在作出具体行政行为时，应当告知纳税人可以进行复议或提起诉讼的权利、期限以及实现的途径。其次，为了解决纳税人担心复议机关或人民法院“官官相护”而不敢诉讼的问题，在进行行政诉讼改革时，应当从制度上保证人民法院依法独立公正行使审判权，同时提高审判机构的专业性。国际上有许多国家为了解决这个问题专门设立了相应的机构，例如，日本设立的“国税不服审判所”独立于国税局和税务署，国税审判官来源于精通税收业务的税务人员及司法工作人员。在美国，税务行政复议由上诉部行使，上诉部独立于联邦税务局，其独立性也得到保障。我国现行的税务复议机关是设置在税务机关内部的机构，独立性受影响。因此，可以考虑设立专门的税务复议机构，选拔既懂税又懂法的专业人才作为复议机构的人员，以保障纳税人的合法权益，化解纳税人担心。

（二）取消纳税争议案件的清税前置制度

《税收征管法》规定了有关纳税争议的案件必须先向复议机关申请复议并且在申请复议之前必须缴清税款或提供相应担保，有学者将其称为纳税争议案件的双重前置制度，包括复议前置和清税前置两个方面。设置该制度考虑的是国家税源流失以及司法资源的浪费问题，清税前置制度的目的在于防止纳税人通过复议或诉讼的手段恶意拖延税款，造成税款的流失，以此来确保国家税款及时入库。复议前置制度是为了防止大量税务争议案件进入司法程序，浪费司法资源。但这项规定没有考虑税务机关可能也会存在过错，导致无论税务机关是否具有过错，缴清税款或提供担保的不利后果都将由纳税人承担，这其实与《行政诉讼法》的立法目的并不完全契合，并未达到法律的应然效果，反而增加了纳税人的负担和诉讼成本。

在《税收征管法》2015 年的征求意见稿中，虽然将复议前要求纳税人缴清税款或提供担保这一规定挪到了复议后、起诉前缴清税款或提供担保，但在一定程度上来说，由于我国复议机关与作出决定的税务机关属于同一系统，因而将缴清税款或提供担保挪至起诉前并没有在实际上起到维护纳税人诉权的作用。同时，笔者认为，复议前置制度本身并非无可取之处，根据我国现状，许多人可能会通过滥用诉权来进行所谓的“维权”，因此，在针对税务行政诉讼案件时，保留复议前置制度也有其自身的优势，在国际上也有许多国家如德国和日本都将复议前置作为提起税务行政诉讼的必经程序。综上，复议前置制度仍旧有其存在的必要性。但在我国的税收征纳关系中，纳税人往往处于弱势地位，我们更应当遵循其自身的意志，让纳税人能够在遇到税务争议时获得救济。因此，取消清税前置，保留复议前置或许是有利于完善当前我国税务诉讼机制，扩大对纳税人诉权保护的一项可行措施。

（三）促进税收司法化进程，增强审判专业性

根据以上对我国税务司法实践活动的分析，可知我国人民法院在税务行政诉讼案件的审理方面缺乏应有的专业性，同时因为受到地方行政权力的干涉，纳税人败诉率较高，其司法公信力受到质疑，长此以往，不利于我国税收行政诉讼机制的完善以及我国纳税人诉讼权利的保护。我国目前的税务行政诉讼案件还比较少，且主要集中在经济发达的东南沿海地区，在各个地区建立专门的税务法院需要消耗巨大的司法资源，并且需要相当数量的精通税务和法律的专业人才，我国当前还不具备这样的条件。但是，可以通过以下几个方面来增强税务案件的审判专业性。

1. 建立专门的税务巡回法庭

当前背景下，在我国建立税务巡回法庭存在法律方面的依据。我国 2018

年修订的《中华人民共和国人民法院组织法》第 27 条第 1 款规定，人民法院根据审判工作需要，可以设必要的专业审判庭。可见，我国法律允许各级法院根据需要设立相应的审判庭。同时，我国已经存在最高人民法院派驻各地的巡回法庭，在建立巡回法庭方面有经验可循。因此，在我国建立税务巡回法庭不存在法律和设置上的阻碍。我国可以根据地区的发展情况和税务案件的数量来决定在部分地区设立税务巡回法庭。税务巡回法庭的设立不仅可以使得司法资源集约化，更有利于解决我国当前人民法院在税务案件的审判中存在的专业性不足的问题。例如，可以将税务处罚案件中涉及的行政处罚和刑事处罚竞合的问题交由既懂税务又懂法律的专门法官来审理，以避免产生遗漏争议焦点的问题。对于税务行政征收案件中涉及的许多规范性文件的准确适用问题，在税务巡回法庭的专门法官的审理之下，也能最大限度减少错误适用法律的概率。而对于税务举报这类案件，各地由于没有统一的奖励数额标准，出现同案不同判的现象甚至不予奖励等问题，在建立税务巡回法庭后都可以得到解决。税务巡回法庭可以在全国范围内发布指导性判例以解决税务争议案件中法律规定不够明确的地方，保障法律适用的统一性。对于税务争议中的其他类型的复杂案件，在建立税务巡回法庭后，也可以最大限度地保障审判的专业性。因此，在我国建立税务巡回法庭既能够提高诉讼效率，还能够最大限度地保护纳税人的合法权益。同时，我们可以借鉴国外经验，允许纳税人在发生争议时自由选择获得救济的方式，既可以提起复议也可以向专门的税务巡回法庭提起诉讼。这样不仅能够节约司法资源，也有利于促进纳税人行使权利。

2. 建立审判人员的统一选拔制度

建立专门的税务巡回法庭必须配备精通税务和法律的专业人才，只有这样才能发挥出税务巡回法庭的作用。因此，必须建立税务审判人员的统一选拔和淘汰制度，保证税务巡回法庭审判人员的专业性和纯洁性。最高人民法院可以从各级法院中选拔对税务争议案件有丰富经验的法官来组成税务巡回法庭的审判队伍，并对其进行定期的税务、财会知识的培训，来保证其能够审理各类新型的税务争议案件。与此同时，税务巡回法庭也可以从各级税务机关以及社会各界选拔通过司法考试、具有注册会计师以及税务师资格的人才进行培训，作为税务巡回法庭的后备人员，保证我国税务巡回法庭的专业水准。

3. 建立小额税收争议案件的简易审理程序

按照税收争议诉讼标的额的大小，可将税收争议案件分为普通案件和小额案件。针对小额案件，可以借鉴美国和加拿大的经验。美国税务法院对于欠税或者多缴税款的数额不超过 1 万美元的案件，当事人可以选择小额诉讼程序进行解决，其判决具有一裁终局的效力。加拿大对争议标的数额在12 000加元以下的案件，若当事人选择非正常程序进行审理，也具有一裁终局的效力。我国在司法实践中也存在小额诉讼程序，因此，在税务争议案件中可以借鉴此制度，建立税务案件的小额诉讼程序，对于数额较小的税收争议，例如，税务行政征收中的标的额较小的案件，纳税人可以选择小额诉讼程序进行诉讼。但要明确一点，税务争议的小额诉讼程序必须在双方均同意的情况下才能适用，人民法院不得强制适用该简易程序。这样不仅能够保证诉讼效率，也给予了纳税人争议解决的选择权。

（四）完善税收行政诉讼的法律依据

1. 明确税收行政诉讼案件的受案范围

我国税收行政诉讼的受案范围不明确，是因为规定受案范围的有两部法律，一部是《行政诉讼法》，一部是《税收征管法》。当前《税收征管法》规定的能够提起诉讼的具体行政行为主要集中在税务机关作出的征税行为、责令纳税人交纳保证金或纳税担保行为、税务机关作出的行政处罚行为、税收保全措施、税收强制执行措施以及税务机关的复议行为。但随着社会经济的发展，我国税务机关作出的具体行政行为的种类越来越多，出现对小规模纳税人与一般纳税人的认定问题，税务答复问题、社会保险费滞纳金征收问题、拍卖变卖抵税财务决定等许多其他类型的争议。有理由认为类似的复杂争议会越来越多，但我国的税收争议诉讼范围较小，已经无法满足当前时代发展需求。因此，必须对税收争议诉讼的受案范围加以明确，最好用列举式加兜底式的条款明确税收争议的受案范围，以兜底式条款加大人民法院受理的自由裁量权，将更多的税务争议纳入可诉的范围。同时，应当明确人民法院从扩大诉权的角度保护纳税人合法权益的责任。

2. 扩大税收司法的审查范围

我国人民法院司法审查的范围仅限于规章以下的规范性文件，对于违法的规范性文件，人民法院只有不予适用和提出建议的权力，而没有确认违法和废除的权力。对税收争议的审查范围则限制得更小，法院只针对税务机关作出的具体行政行为的合法性进行审查。因此，完善税收行政诉讼解决机制必须扩大税收司法的审查范围，将税务机关作出的抽象行政行为也纳入税收司法的审查范围，同时应当赋予人民法院对抽象行政行为的审查权、确认违法的权力以及要求制定机关对规范性文件进行修改的权力。只有这样，才能真正意义上促进纳税人权利的保护。

六、税务行政诉讼案例分析

（一）基本案情

原告中国二十二冶集团有限公司2008—2013年共取得承德市四户劳务派遣公司虚开的劳务费发票149 701 046.49元，具体情形如下：（1）原告利用虚开劳务费发票套取资金。以赶工费、奖金、施工补贴、高原津贴等名义发放给本单位员工145 422 763.12元。（2）原告利用虚开劳务费发票套取资金。原告机械电气安装工程分公司综合管理部2012年7月用转账支票购入招待客户用酒115 800元。（3）原告利用虚开劳务费发票套取资金。原告金属结构工程分公司2010—2013年发生的食堂招待费239 003元、购买红酒包装盒3500元、印度业主来唐山考察费31 511元。（4）原告利用虚开劳务费发票套取资金。以就餐补贴、节日补助、话费补助名义支付给非本公司员工483 673元。2009年5月至2013年7月，金属结构工程分公司在合同中没有约定的情况下，以现金方式支付给非本公司员工的驻场监理人员就餐补贴400 673元、节日补助81 100元、话费补助1900元。（5）原告为取得涉案虚开发票，向承德中泰劳务派遣有限公司等企业额外支付虚开发票金额1.2%—3%的”管理费”3 474 276.37元。

被告唐山市国家税务局稽查局、河北省国家税务局认为利用虚开发票套取资金发放工资薪金不合理，认定应调增原告 2008—2013 年应纳税所得额 149 701 046.49元，造成少缴所得税37 425 261.63元，构成偷税。

（二）争议焦点

上述第一种情形，利用虚开发票套取资金145 422 763.12元发放工资薪金，是否属于按企业工资制度规定发放的合理工资薪金。

（三）判决结果

一审法院河北省唐山市路北区人民法院认为，原告中国二十二冶集团有限公司主张给职工支付的 145 422 763.12 元工资未违反本公司的工资制度，被告唐山市国家税务局否认原告支付 145 422 763.12 元工资的合理性，但未提供充分证据予以证明，应承担举证不能的法律责任，该工资应认定为合理支出。应当指出，企业职工工资的合理性与工资资金的来源方式是否合法没有必然联系，原告虚开发票套取本企业资金，其行为违法并不必然导致原告使用套取的资金给职工发放工资违法。本案争议的 145 422 763.12 元工资性支出是原告生产经营中客观存在的成本，被告根据该资金来源的违法性否定为职工支付工资的合理性既不符合《企业所得税法》第 8 条之规定，也存在主要证据不足的问题。被告认定 145 422 763.12 元工资性支出为应调增应纳税所得额依法不能成立，以此为依据作出的税务处理决定依法应予撤销。

二审法院河北省唐山市中级人民法院认为，上诉人河北省国家税务局、唐山市国家税务局稽查局及被上诉人中国二十二冶集团有限公司对于该145 422 763.12元属于给职工支付的工资并无异议。

《企业所得税法实施条例》第 34 条规定："企业发生的合理的工资薪金支出，准予扣除。前款所称工资薪金，是指企业每一纳税年度支付给在本企业任职或者受雇的员工的所有现金形式或者非现金形式的劳动报酬，包括基本工资、奖金、津贴、补贴、年终加薪、加班工资，以及与员工任职或者受雇有关的其他支出。"

上诉人认定 145 422 763.12 元工资性支出不准在税前扣除，为应调增应纳税所得额，不符合上述法律法规的规定，作出的税务处理决定理据不足，依法应予撤销。

（四）案件评析

（1）经过长时间的行政司法和法制宣传，税务行政执法不重视程序，出现程序违法的情况越来越少。但需要注意对自主的主张要提供充分的证据，包括税务行政执法部门在内的大部分行政执法部门当前存在的问题，必须重视。本案被告否认支付工资的合理性，却不提出充分的证据。

（2）《企业所得税法》第 8 条的规定不具体，也难在法律层面具体、明确，会为将来的此类税务行政争议留下甩不掉的“尾巴”，让此类争议难以彻底消除。

（3）税前扣除凭证看本质还是看形式。虚开增值税发票影响增值税的抵扣，但能决定所得税的扣除吗？虚开不能抵扣，是因为《增值税暂行条例》第 9 条有明确规定，纳税人购进货物、劳务、服务、无形资产、不动产，取得的增值税扣税凭证不符合法律、行政法规或者国务院税务主管部门有关规定的，其进项税额不得从销项税额中抵扣。虚开不能扣除实际发生的成本费用，法律、行政法规层面还未见明确规定。虽有《企业所得税税前扣除凭证管理办法》的明确规定，但因其自身文件法律层级不高，实践中会有纳税人不断挑战这一规则。

（4）企业职工工资的合理性与工资资金的来源方式是否合法没有必然联系，原告虚开发票套取本企业资金，其行为违法并不必然导致原告使用套取的资金给职工发放工资违法。法官的智慧，体现在对法律的理解上，更体现在文书说理上。对于不能或不便发表意见的问题，回避正面冲突，灵活“借话说话”，把握住法律的精神或要旨公正又合法处理案子是大智慧。

（5）该案再次说明，人人都会犯错，税务机关也不例外。纳税人敢于拿起法律救济的武器对税务局说不，税务机关勇于接受纳税人的法律挑战，税务局的执法水平会更快提升，纳税人的税法遵从度也会越来越高。

思考题：

1. 试述税务行政复议的概念和特点。
2. 试述税务行政复议的程序。
3. 试述税务行政诉讼的概念和特点。
4. 试述税务行政诉讼的程序。
5. 思考我国税收法律救济制度的不足及完善建议。

参考文献

［1］艾华．税务筹划研究［M］．武汉：武汉大学出版社，2006：5.

［2］安徽税务筹划网．企业规模对税务风险控制的影响［EB/OL］．2008－09－30［2020－03－15］．http：//www. shui5. cn/article/1e/5107. html.

［3］蔡昌．避税那些事儿［M］．南昌：江西人民出版社，2015.

［4］罗霞．小微金融蓝海广阔［EB/OL］．2013－04－07［2020－03－15］．http：//hnrb. hinews. cn/html/2013－04/07/content_ 7_ 3. htm.

［5］蔡昌．税收筹划：理论、实务与案例：第2版［M］．北京：中国人民大学出版社，2018：97－100.

［6］陈成．“互联网＋”下共享经济商业模式创新研究：以滴滴出行为例［J］．铜陵学院学报，2019，18（4）：12－17.

［7］车成林．论产权分离模式与企业资本保全［J］．机械管理开发，2003（1）：51－52，54.

［8］陈静．商业企业促销方式的纳税筹划［J］．现代商业，2012（35）：234.

［9］重庆渝中总部经济园区管委会．重庆渝总部经济园区［EB/OL］．［2020－02－20］．http：//www. sohu. com/a/307884692_ 120064303.

［10］池生清．论美国税务法院的纳税人诉权保障［J］．税务研究，2015（11）：80－83.

［11］崔威．中国税务行政诉讼实证研究［J］．清华法学，2015（3）：135－155.

［12］楚洵娜．企业投资活动中的税收筹划相关问题研究［J］．财经界：学术版，2014（24）：254－255.

［13］蔡小雪．行政复议与行政诉讼的衔接［M］．北京：中国法制出版社，2003.

［14］曹志华．企业筹资活动中税收筹划问题研究［J］．中外企业家，2019（20）：32.

［15］段佑宁．企业公益性捐赠的税收优惠法律制度研究［D］．长春：吉林财经大学，2016.

［16］付春香．我国企业设立中的税收筹划研究［D］．兰州：兰州大学，2008.

［17］付大学．比例原则视角下税务诉讼“双重前置”之审视［J］．政治与法律，2016（1）：135－143.

［18］冯守东．税务执法内控机制建设探讨［J］．税务研究，2012（5）：69－72.

［19］葛长银．如何处理业务招待费涉及的财税问题［J］．财会学习，2011（2）：45－46.

［20］盖地．税务会计与纳税筹划［M］．大连：东北财经大学出版社，2001：25－46.

［21］郭宏宝．《BEPS 行动计划》背景下跨国公司的避税行为与应对策略研究［J］．国际经贸探索，2018（6）：67－77.

［22］龚辉文．对 BEPS 行动计划及其成果的若干认识［N］．中国财经报，2016－07－12（6）．

［23］盖悦萍．企业筹资活动税收筹划研究［J］．商场现代化，2015（13）：214.

［24］胡静．基于设立分支机构的税收筹划研究［D］．大连：大连理工大学，2010.

［25］霍爽．税收法规与会计准则差异及调整对策研究［J］．财政监督，2014（2）：29－31.

［26］黄士洲．税务诉讼的举证责任［M］．北京：北京大学出版社，2004.

［27］黄新颖．混合销售与兼营行为纳税筹划浅探［J］．广西民族师范

学院学报，2013（3）：41－43.

［28］Jesse Dukeminier and James E. Krier. The Rise of the Perpetual Trust［J］. UCLA Report，2009，34（2）：550－568.

［29］Jesse Dukeminier，Robert H. Sitkoff and Mr. James Lindgren. Wills，Trusts，and Estates［J］. The Economist，2011，27（2）：435－467.

［30］姜明安．行政法与行政诉讼法［M］. 北京：北京大学出版社，1999.

［31］解世祥．企业筹资活动中税收筹划问题研究［J］. 纳税，2019，13（9）：36.

［32］景韬，刘志成．后 BEPS 时代的国际税收博弈与应对［J］. 税务研究，2018（10）：78－81.

［33］寇韵楳．共享经济商业模式税收征管问题［J］. 天水行政学院学报，2019，20（4）：110－115.

［34］李柏生．对业务招待费扣除标准合理筹划的思考［J］. 会计之友，2009（7）：32－33.

［35］李道奇．试谈我国税收行政复议制度的缺陷及完善［J］. 法制与社会，2008（26）：247.

［36］李桂荣．上市公司业务招待费隐藏的问题及监管［J］. 财会月刊，2014（21）：31－32.

［37］刘洪学．业务招待费的管理与核算［N］. 中国会计报，2014－11－28（16）.

［38］刘洁．完善我国税收争议诉讼解决机制的研究［J］. 税收经济研究，2019（1）：37－45.

［39］连凯．家族财富管理信托面临的障碍［R］. 诺亚研究报告，2011（2）：3－5.

［40］吕良晔．Y 零售企业促销业务纳税筹划研究［D］. 青岛：青岛科技大学，2018.

［41］吕玲玲，吴淑芳．企业筹资活动中的税务筹划研究：以恒丰纸业为例［J］. 商业经济，2016（9）：84－85，107.

［42］李林木．小微企业增值税课征模式的比较与选择［J］．税务研究，2014（3）：25－30.

［43］卢明宇．企业税务筹划管理问题研究［J］．财会学习，2016（2）：110.

［44］吕树豪．互联网时代基于价值创造的商业模式创新：以“京东”为例［J］．河北企业，2019（2）：63－64.

［45］李瑜茜．企业投资过程中的税收筹划研究［J］．中国市场，2018（29）：159，196.

［46］穆琳清．企业分立过程中纳税筹划问题研究：以 H 公司为例［D］．广州：广东外语外贸大学，2017.

［47］孟立昕．“让出行更美好”：滴滴出行的商业模式分析［D］．北京：北京理工大学，2016.

［48］茅铭晨．税务行政复议纳税义务前置的法理反思［J］．税务研究，2004（10）：58－60.

［49］马玉波，陈荣秋．从“两权分离”到“三权分离”：公司制企业委托——代理问题的解决途径［J］．科技进步与对策，2003（02）：44－46.

［50］彭媛．行政法上的比例原则探析［J］．法制与经济，2013（12）：48，50.

［51］邱庆剑，邹静，白敬平．节税工程：颠覆传统纳税筹划［M］．北京：电子工业出版社，2010.

［52］翟继光，张晓冬．企业纳税筹划实用技巧与典型案例分析［M］．上海：立信会计出版社，2020.

［53］Ronald D. Aucutt. Current Thinking on Zeroed Out GRATs and Sales to Grantor Trusts［J］．Mc Guire Woods LLP，2010，27（4）：478－489.

［54］阮友利．对我国税务行政复议制度的几点思考［J］．税务与经济，2010（5）：94－97.

［55］施丹丹．企业重组中的税收政策及筹划［D］．北京：财政部财政科学研究所，2014.

［56］孙凯．企业筹资活动纳税筹划研究：以 A 公司为例［D］．北京：

北京交通大学，2009.

［57］侍磊，巫珊玲．债务重组企业所得税特殊性税务处理探析：基于财税〔2009〕59 号文件［J］．财政与税务，2013（2）：94－96.

［58］史正保．论我国税务行政救济制度的完善［J］．税务研究，2009（7）：72－74.

［59］汤凤林．CRS 框架下跨国企业的涉税风险及应对策略［J］．国际税收，2018（5）：55－57.

［60］谭乃川．企业融资的税收筹划研究：以 A 企业为例［D］．广州：广东财经大学，2018.

［61］唐榕璐．微店模式的 SWOT 分析及发展策略［J］．经贸实践，2015（16）：201.

［62］吴柏涛．S 公司纳税筹划问题研究［D］．哈尔滨市：黑龙江大学，2018.

［63］王宏昌，齐晨曦．浅析增值税税率下调背景下纳税人身份抉择的税务筹划：基于市场公允价格的新增值率法［J］．黑龙江工业学院学报：综合版，2019，19（11）：85－88.

［64］温洪伟．企业筹资活动中的税收筹划风险及对策［J］．现代经济信息，2014（8）：243.

［65］王丽君．完善新疆霍尔果斯特殊经济开发区税收优惠政策探析［J］．西部财会，2019（8）：17－20.

［66］魏萍，施捷．小规模纳税人如何克服增值税的负面影响［J］．税务研究，2000（3）：77－79.

［67］王盛军．信托：突破家庭企业财权分配困境［J］．印刷经理人，2004（2）：36－37.

［68］吴思琦．现行税法下企业业务招待费的税务筹划［J］．时代金融，2013（9）：40.

［69］魏旭，王瑞．税收筹划新论［J］．财经问题研究，2012（11）：94－99.

［70］王晓雯．基于税收优惠政策的企业所得税纳税筹划研究［J］．纳

税，2019，13（34）：53.

［71］武一凤.ZL企业所得税纳税筹划研究［D］．西安：西安石油大学，2019.

［72］王亚茹．企业融资活动税收筹划研究［D］．石家庄：河北经贸大学，2019.

［73］薛东成．促销方式税收筹划的政策理解探讨［J］．财务与会计，2010（8）：20－21.

［74］徐建民．企业促销活动涉税会计及税务筹划处理［J］．新会计，2016（5）：59－61.

［75］许乔蕙．投资活动中的税收筹划相关问题探讨［J］．新经济，2016（17）：61－62.

［76］谢尚果．行政复议与行政诉讼衔接机制之反思与重构［J］．河北法学，2013（2）：8－12.

［77］先礼琼．债务重组所得税会计探讨与选择：财税〔2009〕59号文解读［J］．财会通讯，2011（16）：106－108.

［78］杨惠．现代企业筹资活动中的税收筹划初探［J］．纳税，2018（7）：7，10.

［79］余苹：我国产业结构调整中财税政策效果的行业差异研究［D］．长沙：湖南大学，2018.

［80］杨硕．淘宝商业运营模式问题与对策研究［J］．现代经济信息，2016（3）：331－332.

［81］叶顺赟．我国企业所得税公益性捐赠优惠政策的研究［D］．杭州：浙江财经大学，2017.

［82］应松年．行政救济制度之完善［J］．行政法学研究，2012（2）：3－9.

［83］杨学富，蔡报纯．论会计政策的选择在企业所得税筹划中的运用［J］．企业经济，2005（7）：150－151.

［84］中国注册会计师协会．会计［M］．北京：中国财政经济出版社，2019.

［85］中国注册会计师协会．税法［M］．北京：中国财政经济出版社，2019.

［86］张宏波，李广才．一种新的激励机制：员工持股信托（ESOT）［J］．沈阳大学学报，2006（3）：29－31.

［87］张环环．浅谈企业筹资活动中的税务筹划［J］．合作经济与科技，2013（24）：75－76.

［88］邹建．企业职工教育经费使用与管理的思考［J］．东方企业文化，2014（20）：111.

［89］周林葆．企业所得税核算之业务招待费扣除［J］．中国乡镇企业会计，2011（8）：36.

［90］张岐楠．M公司税收筹划研究［D］．长春：吉林大学，2019.

［91］张瑞华．企业税收筹划战略管理体系及其构建［J］．企业改革与管理，2019（8）：117－118.

［92］周树立．中国信托业的选择［M］．北京：中国金融出版社，2000.

［93］张守文．税权的定位与分配［J］．法商研究，2000（1）：43－49.

［94］张伟，叶名怡．离婚时夫妻所持公司股权分割问题研究［J］．法商研究，2009（3）：88－93.

［95］郑文哲，夏凤．家族制企业控制权转换路径探讨［J］．现代管理科学，2006（1）：61－62.

［96］张宇．公司治理机制相关理论［J］．山东纺织经济，2011（4）：56－57.

［97］张越．行政复议法学［M］．北京：中国法制出版社，2007.

［98］赵亚奎．信托与财富的代际传承：当前的问题及出路［J］．国际金融，2011（9）：77－80.

［99］张营周，马鑫．房地产业增值税纳税评估案例浅析：以LC房地产开发公司为例［J］．财会月刊，2017（31）：76－81.

［100］周志红．美国员工持股制度对我国的启示［J］．高科技与产业化，2004（6）：36－38.